U0100153

大展好書　好書大展
品嘗好書　冠群可期

大展好書　好書大展
品嘗好書　冠群可期

心靈雅集 77

范天涯 著

《放一些禪在工作裏》

禪林清音・工作篇

大展出版社有限公司

一切思想、語言、行為，都
從慈悲心出發，就不會增加別人
的困擾與痛苦。

——淨心長老法語

前　言

　　有人問很有名的一休禪師：「禪師！什麼法號不好叫，為什麼您要叫『一休』呢？」

　　一休：「一休萬事休，有什麼不好？」

　　信徒聽了認為不錯，一休萬事休，很好，很好！

　　一休：「其實一休不好，二休才好。」

　　信徒：「二休怎麼好呢？」

　　一休：「生要休，死也要休，生死一齊休才能了脫生死，所以是煩惱也要休，涅槃也要休，二者一齊休。」

　　信徒：「不錯，不錯，二休才好。」

　　一休：「二休以後，還要三休才好！」

　　信徒：「三休怎麼好？」

　　「你看，你老婆天天和你吵架，像隻母老虎，最好是休妻；做官要奉迎，也很辛苦，最好是休官；做人處事有爭執，所以要休爭；能夠做到休妻、休官、休爭這三休是最快樂的、最好的了！」

　　信徒：「不錯，不錯，三休真好！」

　　一休：「四休才是最好。」

　　信徒：「四休怎麼好呢？」

　　「酒、色、財、氣四種一齊休才好呢！」

　　信徒認為四休也是很好。

　　一休：「四休不夠，五休才好，什麼叫五休？人生最

苦的，就是為了我們有五臟廟，這個肚子要吃飯，所以才有種種的辛苦，假如把這個五臟廟『一休』，統統都沒有事了。」

「五休歸一休，一休萬事休」，這種提綱挈領、收放自如的高明智慧不僅有益於修禪，還有益於職場中奔走操勞的人們。許多人整日奔走於職場上，總有數不清的事情要處理，似乎永遠處於一種焦頭爛額的狀態，一年下來，總感覺自己付出太多，回報太少，有時難免會有自暴自棄的情緒。

一時間，許多人都在尋找一股安定我們浮躁心靈的力量。而禪，就是去除我們心中焦慮疑懼的力量，是安定我們身心的一劑清涼散。禪的裡面有智慧：禪的裡面有幽默，禪的裡面有慈悲。禪可以把我們的妄想煩惱止於無形。一句難堪的言語，一個尷尬的動作，一件不堪回想的前塵往事，在禪的灑脫、幽默、逍遙之中，一切都如春波無痕，煙消雲散。

禪，是一種藝術的生活；禪，更是一種圓融的生命，是自然天成的本來面目。如此美妙的禪，不只屬於寺院，也不僅僅被出家人所獨享，禪，屬於我們每個人——每個人的工作裡都需要禪的智慧、自在、率性與逍遙。

《禪林清音‧工作篇》一書就是對禪的智慧的通俗而實用的闡釋。它以中國文化的精髓為基礎，以佛家感悟人世的高超智慧為核心，從工作方面，透過經典的禪理，全方位展示了禪的智慧，並結合現代職場故事歸納了相關的人生哲理，貼近生活，一定能滿足讀者的精神需求。讀者可以時時刻刻從本書中獲得新的指引，並把得到的感悟落

實到工作當中，令自己的心靈世界在歷涉一切真理後頓悟，變得平靜、智慧、愉悅、幸福。

最後，感謝本書的編委：蔣海倫、楊建忠、蔣敏、楊政、王春紅、馮杏芬；嚴建良、張菊興，陳雪紅、徐明偉、常建忠、楊永立、堵建鋒、劉文濤、陸孝紅、蔣建新、陳亞春、邵玲玲、常明、常虹、趙菊珍、楊建新、楊建群。

范天涯

目 錄

第一篇　平視世界　平視自己

1. 天 地 禪 院

小和尚坐在地上哭，滿地都是寫了字的廢紙。

「怎麼啦？」老和尚問。

「寫不好。」

老和尚撿起幾張看看說：「寫得不錯嘛，為什麼要扔掉？又為什麼哭？」

「我就是覺得不好。」小和尚繼續哭，「我是完美主義者，一點都不能錯。」

「問題是，這世界上有誰能一點都不錯呢？」老和尚拍拍小和尚，「你什麼都要完美，一點不滿意，就生氣，就哭，這反而是不完美了。」

小和尚把地上的字紙撿起來，先去洗了手；又照照鏡子，去洗了臉；再把褲子脫下來，洗了一遍又一遍。

「你這是在幹什麼啊？你洗來洗去，已經浪費半天時間了。」老和尚問。

「我有潔癖！」小和尚說，「我容不得一點髒，您沒發現嗎？每個施主走後，我都把他坐過的椅子擦一遍。」

「這叫潔癖嗎？」師父笑笑，「你嫌天髒、嫌地髒、嫌人髒，外表雖然乾淨，內心反而有病，就是不潔淨

了。」

小和尚要去化緣，特別挑了一件破舊的衣服穿。

「為什麼挑這件？」師父問。

「您不是說不必在乎表面嗎？」小和尚有點不服氣，「所以我找件破舊的衣服。而且這樣施主們才會同情，才會多給錢。」

「你是去化緣，還是去乞討？」師父瞪著眼睛，「你是希望人們看你可憐供養你？還是希望人們看你有為，透過你度化千萬人？」

後來，老和尚圓寂了，小和尚成為住持。他總是穿得整整齊齊，拿著醫療箱，到最髒亂貧困的地區，為那裡的病人洗膿、換藥，然後髒兮兮地回山門。

他也總是親自去化緣，但是左手化來的錢，右手就濟助了可憐人。他很少待在禪院，禪院也不曾擴建，但是他的信眾愈來愈多，大家跟著他上山下海，到最偏遠的山村和漁港去佈施。

「師父在世的時候，教導我什麼叫完美，完美就是求這世界完美。師父也告訴我什麼是潔癖，潔癖就是幫助每個不潔的人，使他潔淨。師父還開示我，什麼是化緣，化緣就是使人們能手牽手，彼此幫助，使眾生結善緣。」小和尚說，「至於什麼是禪院，禪院不見得要在山林，而應該在人間。南北西東，皆是我弘法的所在；天地之間，就是我的禪院。」

為了什麼而工作？

　　生活中有許多人為每天必須去工作而煩惱，他們把工作當成負擔，只知道自己堅持工作無非是為了能夠月底領到工資，去買自己想要的東西。如果問他對工作有什麼展望和理想，他也只會回答——希望能領到更多的工資。而下面這個故事中的老人與大多數人的想法則截然不同。

　　一個美國旅遊觀光團來到非洲的某個土著部落，他們發現部落中有一位老人正悠閒地坐在一棵大樹下面，一邊乘涼，一邊編織著草帽。他編織的草帽造型非常別致，而且顏色的搭配也非常漂亮，吸引了很多遊客購買。

　　旅遊團中一位精明的商人看中了老人的草帽，在腦子裡盤算：這樣精美的草帽如果運到美國去，一定能賣個好價錢。於是，他對老人說：「朋友，這種草帽賣多少錢一頂？」

　　「十塊錢一頂。」老人微笑著說，同時繼續編織著草帽。他那種閒適的神態，真是讓人覺得他並非在工作，而是在享受一項休閒活動。

　　「天啊！如果我買一萬頂草帽運回國內去銷售的話，我一定會發大財的！」商人欣喜若狂，於是他又問老人：「如果在你這裡定做一萬頂草帽，你每頂草帽給我優惠多少錢？」

　　他本來以為老人一定會高興萬分，可是沒想到老人卻皺著眉頭說：「這樣的話，就要二十元一頂了。」

15

哪有這樣做生意的，這是他從商以來聞所未聞的事情呀！「為什麼？」商人困惑地衝著老人大叫。

老人講出了他的道理：「在這棵大樹下沒有負擔地編織草帽，對我來說是一種享受，但如果要我編織一萬頂一模一樣的草帽，我就不得不夜以繼日地工作，不僅疲憊勞累，還有精神負擔，難道你不該為此多付我一些錢嗎？」

小和尚曾因完美和潔癖而苦惱，為化緣而費盡苦心，經老和尚點化，從自我走向眾生式的開悟，突破了自我的狹隘，走向了人生的開闊。他不再為了完美、潔癖、化緣而苦惱，還做了許多善事，受到人們的敬仰。

樹下編草帽的老人把工作當成一種樂趣，如果有人令他編草帽變成了負擔就得支付相應的報酬。可以說，他們非常明白所做的事情對於自身或他人的意義，正所謂活得明白！

同樣，對於工作，有人說為了安頓好家人，有人說為了讓自己生活得更好，有人說為了貢獻社會，還有人辭職去創業，認為可以展現自我、實現人生價值，那麼，你可曾想明白過，你為了什麼而工作？

‥‥禪林清音‥‥

人生的真理，只是藏在平淡無味之中。

2. 修行僧與施主

一位修行僧來到施主家，見對方正用楊枝漱口，並把牛黃塗在前額，頭頂戴著貝殼，手拿毗勒果高高舉起，然

後貼在額上，態度非常地恭敬。

　　修行僧看見他如此怪樣，不解地詢問：「你到底在幹什麼？」

　　施主得意地說：「我要扮吉相。」

　　「扮吉相能得到什麼好處呢？」僧人追問。

　　「這樣必能得到巨大的功德，譬如該死的得以存活，被捆綁著的得以解脫，挨打的能被寬恕，不勝枚舉。」

　　聽到施主如此無知的話，修行僧笑道：「倘若扮作吉相，就能獲得這些福利，那真不錯。可是這牛黃是從哪裡來的？」

　　「牛黃是從牛的胸腔中取出的。」施主說。

　　「如果塗上這牛黃，就可以得到吉祥和福報，那麼牛為什麼反而被人用繩子、鏈子穿透鼻孔，被迫去拖車，被人騎乘，而且還要忍受鞭策、饑渴和疲勞的煎熬呢？」

　　「牛的確是過這樣的生活。」施主點頭應允。

　　「牛自身擁有吉祥的牛黃，卻不能解救自己所受的困苦，這又是為什麼呢？」修行僧見施主仍然迷惑，進一步開解說，「牛的胸腔有牛黃，尚且不能解救自己的苦痛，你只是在額上擦些牛黃，又怎能解救自身的困境呢？」

　　施主聽完和尚的教訓，覺得有道理，也就默不作聲了。

　　修行僧又問他：「這種雪白的硬物，又能吹出聲音的東西，到底是什麼？它是從哪裡來的？」

　　「這是從海裡湧出來的貝殼。」施主回答。

　　僧人解說道：「它顯然是被海浪遺棄在陸地上，又被烈日炙曬，才窒息而死的。倘若如此，怎能說是吉相呢？那隻蟲跟貝一塊兒生活，晝夜都藏在貝殼裡，但當它死去

的時候，貝殼尚且救不了它，你現在只是暫時戴上了貝殼，如何救得了你的不吉呢？」施主一聽，微微點頭，默默不語。

修行僧知曉自己的話已經打動對方的心靈，是該救他的時候了，便繼續說：「世人把它看成歡喜丸，非常重視的那個東西是什麼？」

「那是毗勒果啊！」施主說。

「毗勒果是樹上的果實。人要得到它時，先用石頭投擲，毗勒果和樹枝就一塊兒墜地。因為有果實存在，樹枝和葉子才會被打落下來。」

「的確如此。」

「如此看來，你有了它，又有何吉相可言呢？果實雖然生長在樹上，自身卻無法守住這棵樹。有人投擲要取它時，樹枝和樹葉同時墜落，被做成柴薪燃燒而不能自救，怎麼又能保護得了人類呢？」修行僧一番誠懇的話，解開了施主心頭的迷惑。他終於明白，這世上根本沒有一個外在的可以主宰命運的東西。

⌜‧‧道破禪機‧‧⌟

命運掌握在自己手中

命運這兩個字不知被多少人議論過，有人覺得世上沒有命運，但往往對偶然發生的意外無法解釋；還有人迷信命運的存在，卻為了命運更「好」一些，找來各種各樣的東西來避禍圖吉。

然而，修行僧已開示過我們，這世上沒有哪樣東西能

夠主宰凶吉，靠外物來主宰命運是荒謬可笑的。那麼，我們該如何面對那若即若離的命運呢？

易先生那年已經四十六歲了，自從學校畢業以後大概做過十幾種不同的工作，當過大學老師，做過公務員，做過歌廳串場歌手，開過餐館，做過流水線工人，做過房地產裝修……最後都以失敗告終。

一次，在九華山的一座寺廟裡，他和一位老和尚聊起了命運。

易先生問老和尚：「世界上到底有沒有命運？」

老和尚答道：「當然有。」

易先生說：「既然有命中註定，那奮鬥還有什麼用？」

老和尚笑而不答，他抓起易先生的左手，先說了手上有生命線、事業線之類算命的話，然後他讓易先生舉起左手並攥成拳頭。

當易先生攥緊拳頭之後，老和尚問他：「那些命運線在哪裡？」

他機械地答道：「在我的手中啊。」

當這位老和尚再次追問這個問題時，易先生恍然大悟，命運其實就在自己的手中。後來每當遇到挫折，易先生就會暗暗攥緊拳頭對自己說，命運其實就在自己的手中。正因為有了這個信念，他在以後的人生道路上披荊斬棘，收穫了成功。

記住，命運永遠掌握在你的手中，你才是它真正的主宰。

認識自己，降伏自己，度化自己。

3. 老太太找火

從前，釋尊在王舍城的靈鷲山對眾人說法。

一位老夫人唯一的兒子死了，雖然兒子已埋葬多日，但是她仍然整日以淚洗面，悲傷不已。

「兒子是我唯一的寄託、唯一的依靠，他離我而去，我再活下去還有什麼意思，不如跟他一塊去吧！」．

她心裡這樣想著，連續四五天都不思飲食。

釋尊聽說了這件事，立刻帶著五百位修行者趕到墓地來。

老夫人看見釋尊，忙上前施禮。

釋尊滿懷慈悲地問道：「老人家你在這裡做什麼呢？」

「獨生兒子棄我而去，但是我對他的愛卻愈來愈熾烈，我總想自己也跟兒子一塊離開人世算了。」老夫人傷心地說。

「寧願自己死去，也要讓兒子活著，你是這樣想的嗎？」釋尊說。

「佛陀啊，您認為能做得到嗎？」老夫人高聲問佛。

只聽釋尊靜靜地回答：「你給我拿火來，我就運用法力，讓你的兒子復活。不過，這個火必須來自未曾有過死人的家庭，否則，我作了法也沒有效果。」

老夫人趕緊去找火，她站在街頭，逢人就問：「府上曾經死過人嗎？」

「自從老祖宗以來，哪有不曾死過人的呢？」大家都這樣回答她。

老夫人一連訪問過幾十戶人家，所需要的火始終無法到手。她終於無奈失望地回到釋尊的面前說：「我出去找火了，就是找不到沒有死過人的家庭，只能空手而歸。」

「原該如此。自從開天闢地以來，就沒有不死的人。因此，現在活著的人，要好好地活下去，而你卻想跟著兒子一塊死，這不是執迷不悟嗎？」

老夫人被釋尊開導以後，如夢初醒，從此不再想尋死。

⟪‥道破禪機‥⟫

誰沒有失敗過？

勝敗乃兵家常事，輸贏乃人生常情。為勝利而喜，為失敗而悲，本是人之常情，可是有些人只能接受贏，接受不了輸，一旦失敗，就會垂頭喪氣、內心惶餒，陷入失敗的泥淖不能自拔，整個生活也受到嚴重的影響。

故事中的老夫人，不能接受兒子死亡的事實，還奢望著用自己的死來換回兒子，直到她自己發現沒有一家不曾死過人，才如夢初醒。

在我們的職場生涯中，失敗更是家常便飯。世上哪有不輸的人，關鍵是能正確看待失敗，不把失敗當成前進的絆腳石，不退縮，不消沉，勇敢地站起來，才有成功的可

能。所以，我們要學會看淡失敗，總結出教訓，大膽地往前走，只要不被同一石頭絆倒兩次就夠了。

一般看來，不能接受職場失敗的人，往往是向來非常優秀而且骨子裡又有些完美主義的人，他們既忍受不了失敗後遭他人的白眼，更接受不了自己盡心盡力卻難免失敗的缺憾。

剛入職場的小林就是這種人，他骨子裡崇尚完美主義，做事總苛求自己要盡善盡美，因此從小學到大學一直很優秀，早習慣了他人豔羨的目光，畢業時也憑藉自己「完美」的簡歷順利地加入一家房產公司。

剛入職場，小林深知過去的榮譽只能代表過去，在新公司需要盡早地創造出成績才能表現自己，站穩腳跟。於是，他每天盡早完成自己的工作安排後，還積極地配合同事去找專案。經理為了培養新人，讓小林接了一個不大不小的專案，並安排一個老同事做他的副手。

小林對這個來之不易的機會格外珍惜，工作起來比平時更努力了，一心想做得足夠完美，好讓那些老同事們刮目相看。為了展現自己的才能，他每每聽到副手的反對意見時，便以自己善辯的口才給予駁回。

結果，那個專案辛辛苦苦跟進了三個月，卻被另一家公司給搶去了。經理瞭解情況後，非常生氣小林不肯聽取他人意見，恨鐵不成鋼，最後丟給他一句：「以後這種級別的專案我再也不考慮你了。」

誰都知道，這句話，對小林而言如同判了死刑。

從此，他白天精神萎靡，不求上進，晚上喝個爛醉，嘴裡老嘮叨他負責的那個專案。

　　同事們看著小林如此頹廢，非常著急，誰也沒想到他這麼脆弱，一次小小的失敗就這樣了。唯獨經理對這件事一語不發，就想看看小林需要多久才能振作起來。

　　可是誰也沒料到，從來沒遇到這麼「大」挫折的小林居然因為這次失敗，整整頹廢了四個多月。半年過去了，看著同事們都領取到年終獎金，自己一分錢獎金都沒有，小林更加沉默了。

　　最後，經理還是找到了小林，讓他過完年再負責一個新的專案。交代完畢後，經理拍拍小林的肩膀說：「我看過你的簡歷，從小就一直非常優秀，從來沒遇到過什麼挫折。我像你這個年齡的時候，沒有你聰明，也沒有你這麼高的學歷，我失敗的次數比你多得多，也正因為失敗才成就了今天的我，也希望你能從這次挫折中長大……」

　　小林若有所思地點了點頭。在回家的路上，他唱起了那首歌：「誰沒有失敗過，誰沒有跌倒過……」

‧‧禪林清音‧‧

　　大悲無淚，大悟無言，大笑無聲。

4. 亂 與 整 齊

　　小和尚走到慧能大師面前，問了一個問題：「師父，為什麼東西總是很容易便弄亂了呢？」

　　慧能大師便問道：「徒兒，你這個『亂』字是什麼意思？」

　　小和尚說道：「你知道嗎，那是指沒有擺整齊。看看

我的寢室，東西都沒放在一定的位置，這不叫亂叫什麼？昨天晚上我花了不少時間才把它重新擺整齊，可就是沒法保持很久，所以我說東西很容易便弄亂了。」

慧能大師聽完就告訴徒弟說：「什麼叫做整齊，你擺給我看看。」

於是，小和尚便開始動手整理，把屋裡的東西都歸好位，然後說道：「請看，現在它不是整齊了嗎？可是它沒法保持很久。」

慧能大師又再問徒弟：「如果我把你的床往這裡移動一兩寸，你覺得怎麼樣呢？」

小和尚回答說：「不好，這樣做兩邊就不對稱了，最好讓兩側的空餘地面一樣多。」

隨後，慧能大師又問道：「如果我把你的臉盆從這裡移到那裡呢？」

「那又把地面的佈局弄亂了。」小和尚回答道。

「如果我把茶几上這本書打開呢？」慧能大師繼續問道。

「那也叫做亂。」小和尚回答道。

慧能大師這時微笑著對小和尚說道：「徒兒，不是東西很容易異亂，而是你心裡對於亂的定義太多了，但對於整齊的定義卻只有一個。」

·道破禪機·

自己來定義成功

春節期間，親朋好友都不免傳送著那幾句祝福——

財源滾滾、生活美滿、事業紅火、官運亨通、家和萬事興……但實際生活中，又有幾人能夠被祝福言中呢？如果我們用這些標準來衡量自己，必然自慚形穢，哪有什麼快樂可言？

這種失望和小和尚的痛苦一樣。小和尚正因為對亂的定義太多，而對於整齊的定義只有一個，所以總是為東西容易「亂」而難受。

我們還看到，有的人位居高位，別人看來風光無限，可是他一臉愁苦；有的人家財萬貫，永遠不缺錢花，卻總是憂心忡忡；還有的人，名氣極大，走到哪兒都有崇拜者，然而他只是勉強裝笑。顯然，拿這些標準作為衡量成功的價值尺度，有些偏頗。鑒於此，我們應該反思，什麼才是我們成功的標準呢？也許當你讀了下面這一篇點擊率頗高的博文就會找到答案了。

我曾因工作不如意而辭職，一下子不曉得選擇什麼工作好，心情有些沉重，便去了鄉下的爺爺家裡散心。爺爺已經七十來歲了，頭髮全白，但身體很好，精神也極佳。吃罷晚飯，他見我神色憂鬱，便帶我去菜田裡走走。

鄉下的夜，燈火點點，月兒彎彎，星光閃閃，走在田間小路，聽著蟋蟀的叫聲，讓人感覺十分愜意。

來到菜田，看到各種蔬菜爭相生長，我的心情也變得好起來。

於是我打開了話匣子：「爺爺，您覺得我幹什麼工作最好呢？」

爺爺笑笑，拿煙斗指了指菜田，反問我：「你先說說哪個菜長得最好？」

我仔細看了看，很為難地回答：「不能比，黃瓜長得又長又粗，番茄又大又紅，青椒又綠又大，都長得很好啊！」

爺爺點點頭，笑著說：「對啦，看什麼菜長得最好，就得分開看，不能拿黃瓜和番茄比。黃瓜長得又粗又長，吃起來清脆就是長得好，番茄又大又紅，咬一口又酸又甜也是長得好。這片菜田啊，無論哪種菜都長得好，只可惜，一直賣不出去。找什麼工作應該也是一樣的道理吧？」

那天晚上，我躺在菜田的窩棚裡，啃著黃瓜，望著星空，不再為找什麼工作而發愁。

第二天，我跑出去聯繫了幾家菜店，幫爺爺張羅起賣菜的生意來。結果沒兩天菜店打電話過來，說那批蔬菜賣得非常好，想要繼續訂貨。就這樣，爺爺不光讓我把自家的菜給賣了出去，還讓我幫村裡其他人家的菜也找到銷路。我走訪了多家菜田，最終決定包銷他們所有的菜，那個夏天我賺到了相當於過去打工一年賺的錢，覺得很有成就感。

其實，成功並非像大多數人想像的那麼狹隘。一個中學生不想上大學，而去當一名廚師，經過在技校刻苦學習，拿到了廚師資格證，在一家飯店裡，每天為客戶愛吃自己的菜而幹勁十足就是一種成功。

總之，不要急於知道什麼才是成功，哪裡才是巔峰，你只需要知道自己靈魂中最可貴、最有把握的那一點是什麼，然後把它發掘出來，把它發揚光大，慢慢地，你自會走向成功；不管別人是否比你更聰明、更偉大、成就更

高，只要你儘量發揮你自己的天賦專長，你自會有屬於你
自己的成就。

多數人在人潮洶湧的世間，白白擠了一生，卻從來不
知道哪裡才是他的前方。

5. 買月光

垂暮之年的老和尚想在自己的有生之年，把自己的衣
缽傳給一個有能力接任自己職位的弟子。可是在他眾多的
弟子中，有三位的悟性都很高，這讓老和尚一時很難抉擇
誰最有資格做他的傳人。經過苦苦思考，他終於想出了一
個辦法。

在一個天色清明的夜晚，老和尚感覺到自己的生命可
能即將終止，也就是該到他決定繼承人的時候了。於是他
叫來那三個最優秀的弟子，分別給了他們三人一枚銅錢，
吩咐他們各自出去買一樣東西，看誰買的東西既便宜又能
塞滿禪房。

其中的兩個弟子聽到吩咐後就出去了，可是另外一個
弟子卻端坐在老和尚身邊打禪，沒有行動。

不久，有一個弟子回來了，他告訴老和尚，他已買來
了幾車的乾草，足可以添滿禪房了。老和尚聽後，搖頭皺
眉，非常失望。

接著，另一個弟子也回來了，只見他從袖子中取出
一支蠟燭，然後把蠟燭點燃。老和尚見狀，口念「阿彌陀

佛」，臉上露出了非常滿意的神色。

這時，老和尚把目光盯向了他身旁的弟子，只見那弟子起身，將銅錢還給老尚，雙手合十說：「師父，我買的東西就來了！」說完他吹熄蠟燭，禪房一片黑暗，那弟子將手指向門外說：「師父請看，弟子買的東西已經來了……」

師徒們一起向門外望去，只見遠處一輪滿月霎那間從地平線上躍出，冉冉上升，月光照進禪房，禪房裡灑滿光輝，一片通明。

老和尚驚訝得半晌無語，禪房裡一時寂靜非常。許久，老和尚才問打禪的弟子：「你何以想到此法？」

弟子雙掌合十恭敬地答道：「乾草固然能裝滿禪房，卻使禪房不潔而黑暗，雖價廉而實平庸所為；蠟燭小如手指，不值一文，然燭光能充盈禪房，買燭者非上智而不能為也！」

他沉吟片刻，神情肅穆，繼續道：「月光既出，玉宇澄清，月光可謂九天中最無價之物！月光為何物？月明則天明，天明則地明，天明地明則心明，然佛明四宇，佛明我心，可見月光乃我佛也！今我不取一文得到我佛，只因我心中有佛光！」

老和尚聞言，脫下袈裟披在打禪的弟子身上……

‥道破禪機‥

心有多大，舞臺就有多大

精衛雖小，猶有填海之心；雛鷹未豐，乃存博雲之

志。小和尚不花一文，引月光充盈禪房最終感動師父，可見其視野之開闊，此舉也正應了那句話：「心有多大，舞臺就有多大。」芸芸眾生中的我們，只有將心志放寬，才會有更多機會和更大的舞臺來展現自己的才華，實現自己的抱負。

在秦始皇時期，劉邦不過是一介草民，當了個區區泗水亭亭長，同千千萬萬的草民和小吏小卒一樣默默無聞。

有一次，劉邦出差到咸陽，正碰見秦始皇出巡，其威儀盛勢讓這個熱血青年讚歎不已，當時他就在自己心中暗暗地說：「大丈夫生當如是！」

而同樣默默無聞的項羽在見到威風八面的秦始皇時，也發出了「我必取而代之」的豪言壯語。

數年後，秦始皇過世，二世即位，天下大亂，他們二人便在群雄逐鹿的征戰中一步步崛起，最後擊敗一個個對手，開始了長達四年的楚漢之戰。

劉邦性格豪爽、心胸廣大、知人善任、肯於納言，是一位極具人格魅力的領袖人物。他把有著經天緯地之才的張良、蕭何、韓信等文人武士招攬到自己旗下為自己效命，以先得民心而後得天下的策略，一步步打敗了空有豪言壯語、內心狹隘、失信於民、只會逞匹夫之勇的項羽，逼其自刎於烏江之畔。

同樣看到秦始皇的威儀，發出似乎相同的感歎，但劉邦的感歎中，卻有著抒發遠大抱負的開放，項羽卻只有取而代之的狹隘。

一語知心胸，心胸寬廣的劉邦最後對群臣說：「夫運籌策帷帳之中，決勝於千里之外，吾不如子房。鎮國家，

撫百姓，給饋，不絕糧道，吾不如蕭何。連百萬之軍，戰必勝，攻必取，吾不如韓信。此三者，皆人傑也，吾能用之，此吾所以取天下也！」而心胸狹隘的項羽最後只能嗟歎：「力拔山兮氣蓋世，時不利兮騅不逝。騅不逝兮可奈何，虞兮虞兮奈若何！」

從小和尚不花一文買月光和劉邦大敗項羽的故事中，我們還發現，常說的「心有多大，舞臺就有多大」所表達的不僅僅是夢想的遠大，更多的是指心胸的開闊。只有以開闊的心胸為基石，才能撐起遠大的夢想。

┌─・・禪林清音・・─┐

月明則天明，天明則地明，天明地明則心明。

6. 菩薩與商人

從前，有一位妙得彼岸菩薩住在羅陀國。該國的商人每次出海採寶時，都把這位菩薩請到船上來，希望借助他的力量化險為夷從而平安抵達目的地。

後來，菩薩逐漸年老力衰，連行走坐臥都要借助旁人扶持。一天，一個商人來訪，施禮之後說：「我想早日擺脫貧困的生活過上富裕的日子。現在我準備出海去尋寶，想請您到我船上來。」

菩薩說：「你看，我已經年老力衰，不能陪你一塊出海了。」

商人說：「請您一定答應我的請求，幫我完成心願。我絕不需要仰賴您的體力，只要您到我船裡坐著就行

了。」看到商人如此懇切，菩薩也就跟他同船出海了。

　　船隻往寶物的所在地東南方前進。這時候，天空刮起了北風，船隻偏離了航向，一直往南方漂流。到了第七天，海水竟然變成金色，就像海底鋪了一層黃金一樣。

　　商人們異口同聲地詢問菩薩：「綠色的海怎會變成金色呢？」

　　「我們現在進入黃金之海了。因為大海裡充滿了不可勝數的黃金，彼此照耀、閃爍，才會呈現出這種光景。我們被風吹到這裡，偏離了航向，非常危險，一定要不惜一切代價，回到北方才行。」

　　不料，船隻順風而行，愈來愈漂向南方。

　　幾天後，海水又呈現出白色，好像冰雪的世界一樣。

　　菩薩又對這群商人說：「現在，我們到了珍珠之海了。這裡的海底全是純白的珍珠，由於珠色交相輝映，才會呈現出這種光芒。但是我們離航向越來越遠，必須要想盡一切辦法，回到北方才好。」然而，船隻還是順風而去，愈來愈飄向南方。

　　幾天後，海水三度變化，呈現出青色，好像鋪上了青琉璃。菩薩回答商人們說：「現在我們來到青色的琉璃海了。海裡有無數的青色琉璃，由於琉璃顏色相映，才會呈現出這種光彩。」

　　幾天後，海水四度變化，又變成紅色，好像血海一般。菩薩又對商人們說：「現在，我們進入紅色的琉璃海了，海底鋪滿了無數的紅色琉璃，由於琉璃顏色相映，才會呈現這種光景。」

　　幾天後，海水五度變化，好像流出的一片墨汁，到處

是漆黑的顏色。接著，聽見遠處傳來接連的爆炸聲，聲音淒厲，好像猛火燒燃了乾燥的竹林。不僅如此，當船向南方漂流的時候，忽然有一根巨大的火柱從海底噴薄而出，沖向天空。商人們從娘胎出來，初次聽見這樣的恐怖聲響，也是第一次看見如此可怕的光景，他們突然意識到自己性命難保。

菩薩回頭望著他們說：「我們現在進入到牝馬口海裡。這是個非常可怕的地方，許多人的業力，會使我們全被燒光。大自然的天火，會燒盡海水。倘若天火燒涸了海水，一天一夜裡，所有陸地會變成大海，所有人類都會被淹沒的。」

船上一千多人聽了，都放聲哀號起來。有人呼喚父母，有人哭叫梵天，有人念起摩醯首羅天的名號，有人誦唱大力那朗恩之名……眾人紛紛求救，還有人向同船的菩薩——妙得彼岸敬禮求援。

這時候，菩薩為了讓他們擺脫恐怖，說出下面一段話來：「悲傷絕望會令人失去理智，大家還是一心運用逃離苦海的方便吧。只要得到了這個方便，就能安全到達彼岸。大家不要沮喪，因為這個方便，我已經給你們了，請大家好好念佛吧。」

菩薩立刻焚香禮拜十方諸佛，祈念風平浪靜，救渡這些驚慌的人。不久之後，幸賴菩薩的禮拜念頌，惡風終於得以停止，大家才有了生機。

最後眾人脫離險難，到達藏寶之所，如願以償地撈到許多金銀財寶。

這時候，菩薩對商人們說：「這些金銀財寶，世間難

逢，因為諸位前世有過佈施，今世才能得到這樣珍貴的財貨。但是，你們前世廣行佈施的時候，有過吝嗇之心，現在才會遇到惡風，身心備受驚慌苦惱。諸位對這批金銀財寶，必須要知足。倘若貪得無厭，必然會再度遇到災難。在諸位找尋的財寶之中，價值最高的莫過於生命了，這才是真正的無價之寶。」

這群商人牢牢記下這段教訓，節慾知足，取得自己應得的財寶，平平安安地回國，過上了幸福安寧的日子。

·:道破禪機:·

看淡金錢，關注健康

「錢財只不過是身外之物」，相信不少人都曾用這句話來警醒和安慰過自己，但那往往是一個人在冷靜時候的想法。畢竟人在更多的時候是不理性的，很難保證他不會捨命取財。正確的取捨，不僅普通人很難做到，連得道高僧有時也難以做到。

金碧峰是一位得道高僧，有很深的禪定功夫——他的禪定功夫已經到達無念的境界，只要一入定，任何人都找不到他。

有一天，皇帝送他一個紫金缽，他心裡非常高興，不自覺地起了貪愛之念。

一日，金碧峰的陽壽將盡，閻羅王便派了兩個小鬼前來鎖命。可是任他們東尋西找，就是找不到金碧峰的魂魄。

兩個小鬼不知道該怎麼辦，於是，去找「土地」幫

忙。

「土地」對小鬼說：「金碧峰已經入定了，你們根本找不到他的。」

兩個小鬼央求「土地」為它們出個主意幫幫它們，否則回去沒法向閻羅王交差。

「土地」想一想說：「金碧峰什麼都不愛，就愛他的紫金缽。如果你們想辦法找到他的紫金缽，輕輕地彈三下，他自然就會出定。」

於是，兩個小鬼東找西找，找到了紫金缽，輕輕地彈了三下。

當紫金缽一響，金碧峰果然出定了：「是誰在碰我的紫金缽？」

小鬼就說：「你的陽壽盡了，現在請你到閻王爺那兒去報到。」

金碧峰心想：「糟了！自己修行這麼久，結果還是不能了脫生死，都是貪愛這個缽害的！」

於是，他就跟小鬼商量：「我想請幾分鐘的假，去處理一點事情，處理完後，我馬上就跟你們走。」

小鬼說：「好吧，就給你幾分鐘。」

於是，金碧峰將紫金缽往地上一摔，砸得粉碎，然後，雙腿一盤，又入定去了。這一回，任兩個小鬼再怎麼找，也找不到他了。

在這兩則禪故事中，商人們和金碧峰都是在最終的取捨時，做出了正確的選擇，才逃脫了死亡的劫難。

有的人也許會說：金碧峰禪師修行了一輩子，都難免對紫金缽產生貪念，更何況我們這些定力不夠的常人呢？

但是，你要明白，越是常人難以做到的事，若是你做到了，你就越能夠得到命運的眷顧。

當然，生活中關於金錢和生命的選擇不會以故事中那種極端的方式出現，況且我們也不能拒絕金錢的積極意義。只是，我們要明白，除了金錢，我們還應善待生命——關注自己的健康，千萬不要走向那種前半生用身體賺錢，後半生用錢來養身體的老路。

因此，我們要看淡金錢，把金錢放置到合理的位置上，即發揮它對我們人生的積極意義，又能克制它對我們的消極影響；同時，把更多的精力放在關注自己的健康上，只有擁有健康的身體才能讓我們的生活多一些歡笑，少一些痛苦。

⌐‥·禪林清音‥·⌐

自以為擁有財富的人，其實是被財富所擁有。

7. 兩隻老鼠

智深大師有個徒弟，從小生活在寺院裡，突然有一天提出要還俗。

智深大師問道：「你為什麼要還俗？」

弟子回答：「我覺得當和尚一天到晚要念經，還有那麼多的戒律，跟生活在監獄裡似的，一點樂趣都沒有，哪有紅塵生活來得熱鬧！」

智深大師說：「你只看到了紅塵生活的美好，卻沒看到芸芸眾生的痛苦；你總覺得自己的生活乏味，卻沒想過

自己適合什麼樣的生活。」

見弟子還不明白，智深大師又給他講了一個故事：

城裡老鼠和鄉下老鼠是好朋友。有一天，鄉下老鼠寫了一封信給城裡老鼠，信上這麼寫著：

「城裡老鼠兄，有空請到我家來玩，在這裡，可以享受鄉間的美景和新鮮的空氣，過著悠閒的生活，不知意下如何？」

城裡老鼠接到信後，高興得不得了，立刻動身前往鄉下。到那裡後，鄉下老鼠拿出很多大麥和小麥，放在城裡老鼠面前。城裡老鼠不以為然地說：「你怎麼能夠老是過這種清貧的生活呢？住在這裡，除了不缺食物，什麼也沒有，多麼乏味呀！還是到我家玩吧，我會好好招待你的。」

於是，鄉下老鼠就跟著城裡老鼠進城去了。

鄉下老鼠看到城裡老鼠那豪華、乾淨的房子非常羨慕，想到自己在鄉下從早到晚都在農田裡奔跑，以大麥和小麥為食物，冬天還要在那寒冷的雪地上收集糧食，夏天更是累得滿身大汗，和城裡老鼠比起來，覺得自己實在太不幸了。

聊了一會兒，他們就爬到餐桌上開始享受美味的食物。突然，「砰」的一聲門開了，有人走了進來。它們嚇了一跳，飛也似地躲進牆角的洞裡。

鄉下老鼠嚇得忘了饑餓，想了一會兒，戴起帽子，對城裡老鼠說：「還是鄉下平靜的生活比較適合我，這裡雖然有豪華的房子和美味的食物，但每天都緊張兮兮的，倒不如回鄉下吃麥子來得快活。」說罷，鄉下老鼠就離開都

市回鄉下去了。

　　講完故事，智深大師對弟子說：「這兩隻不同個性的老鼠，有著不同的生活方式。即使他們都曾有過對對方生活的好奇，但是，最終他們還是都回到自己的生活裡。所以，希望你也要想清楚，你從小生活在寺院裡，已經習慣了這裡的清淨，還俗以後，你能否忍受住紅塵中是是非非的糾纏，是否能應對遠離佛祖的孤單？」

　　弟子聽後，決定繼續留在寺裡。

道破禪機

適合的才是最好的

　　很多人總是會情不自禁地羨慕別人的工作，以為那份工作多麼體面、多麼美好。其實，真的等他也做了那份工作以後，才發覺自己因為不適應，做起事情來非常吃力，給自己增添了許多大大小小的問題和麻煩。

　　老周是一所大學的教授，執教十多年來，因知識淵博頗受同學喜愛，同事們也很敬重他。由於文筆很好，他還頻頻在報刊上發表些文章，工作、生活一直很知足。

　　後來，老周認識了企業主老李。他透過瞭解發現，老李開辦有一家文化公司，年收入已高達幾千萬。相比之下，自己雖身為大學教授，可是年薪實在難以望其項背。每次看到這位朋友開著自己的「寶馬」，老周總有些羨慕不已。

　　熟識之後，老周專門向老李請教了一些出版和發行方面的問題，老李輕描淡寫地說：「這個非常簡單，我沒多

高學歷都能搞得來，像你這麼高學歷的人肯定能辦得更好。如果你真想幹這行的話，我可以幫你介紹些朋友。」這番話令老周非常心動。

晚上，老周躺在床上，想到自己這幾十年來愛崗敬業，也深得學生愛戴，只可惜當一名教授，雖有些積蓄，可是連輛好車都買不起。

於是，他決定不枉此生，賭上一把。

沒幾天他給老李打電話說，也想弄個文化公司，不知道從何入手。老李聽後，問他：「有多少啟動資金？」老周說：「只有三十幾萬。」

老李在電話裡差點笑了，但為了照顧老周的自尊，約好見面細談。

面談之後，老周接受了老李的建議，暫不註冊公司，先在老李的公司名下運作，選題自己出，老周幫他找出版社合作出版。

接下來，老周抱著十二分的熱情投入進去，自己用了三個月創作了一本自認為極好的書。出於對自己文筆的自信，老周不顧老李勸告，貿然起印了一萬冊，透過出版社和老李的管道來發行。當書在印刷廠印刷時，老周彷彿看到大把大把的鈔票在印刷，自己的書受到許多讀者的喜愛，弄不好還有人慕名前來簽名呢。

等書出版半年後，老李才發現自己的書只賣出去了八百本，大多還是喜歡自己的學生和一些同事捧場而買的。看到大批的書從全國各地退回來，形同廢紙一般扔在倉庫的角落裡，老周才如夢初醒，深感自己不是做生意的料，非常後悔那三十幾萬的積蓄打了水漂。

　　無奈之下，老周又回到了講臺上，繼續他的執教生涯。

　　許多時候，人們往往對自己已經擁有的工作的優點熟視無睹，而覺得別人的工作「千般好」，卻想不到別人的工作也許並不適合自己。

　　這個世界多姿多彩，每個人都有屬於自己的位置，有自己的生活方式，有自己的幸福，何必去羨慕別人？你不可能什麼都得到，不可能什麼都適合去做，所以要學會選擇最適合自己的工作，放棄愚蠢的念頭，在最適合自己的工作中過簡單而快樂的生活。

┌─・・禪林清音・・┐

　　夢中冥冥有樂趣，覺後空空無大千。

8. 撈　魚

　　一個小和尚在逛集市的時候，看見一位老人擺了個撈魚的攤子，向有意撈魚者提供漁網，撈起來的魚全部歸撈魚人所有。這個小和尚一時善心大發，他想：「我要把這些魚都撈起來，全部放生。」

　　小和尚蹲下去撈起魚來，一連撈碎了三張網，卻一條小魚也未撈到。

　　小和尚見老人睞著眼看自己的蠢樣，似乎在暗自竊笑，便不耐煩地說：「施主，你這網子做得太薄了，幾乎一碰到水就破了，那些魚又怎麼撈得起來呢？」

　　老人回答說：「小師父，看你也是個明白人，怎麼也

不懂呢？當你心生貪念，想撈起你想要的那麼多魚時，你打量過你手中所握的漁網是否真有那能耐嗎？追求高目標不是件壞事，但是要瞭解你自己呀！」

「可是我還是覺得你的網太薄，根本撈不起魚。」

「小師父，你還不懂得撈魚的哲學吧！這和我們世俗之人追求事業、愛情、金錢都是一樣的道理，當你沉迷於眼前目標之際，衡量過自己的實力嗎？」

‥道破禪機‥

靶子須在射程之內

喜歡射擊的人都知道，任何槍都有自己的有效射程，無論是否有一手好槍法，只有在射程之內才有可能命中靶心。這原本是個再簡單不過的道理，可是在實際生活中經常有人會犯下這樣的錯誤。

趙先生經營著一家小型公司，平時接觸的人物也都是一些小老闆。在他的交際圈子裡，許多人都開著很普通的國產車。一天，有人買了一輛寶馬，引得大家非常羨慕。趙先生不光羨慕，還覺得自己那輛國產車開出去太丟人了，於是決定花重金買一輛賓士，給自己也長長臉。

他知道自己拿不出那麼多閒錢來買車，但又不想錯過圈子裡第二個買好車的機會，便不惜貸款買下賓士車。不過當他開出去的時候，朋友們並沒怎麼羨慕他。因為大家都知道，他那小公司一年也賺不了多少錢，這車要麼是借錢要麼是貸款買的，不就是給自己長面子嘛，下這麼大血本，真是自己給自己找罪受。

見朋友們沒有多大反應，只是稍稍說上幾句類如「趙老闆真是了不起」的話，趙先生有些失望。

年底結算的日子到了，趙先生業務上欠別人一筆錢，人家來收款時，趙先生拿不出錢來，急得火燒火燎的，只得說現在手上很緊張，看能不能寬限些日子。

人家瞄了一眼賓士，反問道：「沒錢，不會吧？我怎麼看到您新換一輛賓士啊！趙老闆，您欠我們那點錢也不過是賓士的一個車輪子，總不會拖欠下去吧？我們還等著錢過年呢！」

趙先生非常後悔，如果當時不買這輛賓士，那筆首付款和這半年的利息完全可以結清欠款。但在外人面前不能丟面子，只好答應給他一週時間，一定結清，否則按照一天千分之三的滯納金來賠償。來人見趙先生給了句準話，也就放心地去了。

接下來的一週，趙先生到處跟圈子裡的朋友借錢，不料大家都在度年關，銀根吃緊。

最後，迫於無奈，趙先生只得把賓士車低價轉讓出去，換回些錢來，度過了年關。

從開賓士一下子變成了無車族，趙先生再也不好意思在圈子聚會的時候出現了。而他貸款買賓士，又賣車還款的事，卻成了圈子裡朋友們茶餘飯後的談話資料。

趙先生這種人其實跟撈魚的小和尚一樣，還沒有掂量清實際情況就貿然行事，最終自尋煩惱。「靶子須在射程之內」隱喻著我們做事情或確立目標時，應先考察清楚自己的實力，量力而行，把目標設定在自己力所能及的範圍之內，只有這樣，才有可能施展本領命中靶心。

┌┈┈・禪林清音・・┈┐

人之所以痛苦，在於追求錯誤的東西。

9. 活 佛

　　法遠是寺中的苦工，負責寺裡僧眾的伙食，每日打水生火、炒菜煮飯，忙得不亦樂乎。有一年大旱，田中顆粒無收，寺裡米糧有限，施主的供養也越來越少，寺裡常常是吃了上頓沒下頓，眾僧度日如年。

　　這一天，住持歸省禪師外出化緣去了，幾個面黃肌瘦的師兄弟湧進廚房向法遠禪師齊聲哀求道：「煮點麵湯給大家吃吧！我們都走不動路了。」法遠二話沒說，取出櫃裡儲藏的油麵放進鍋裡，給大家做起五香粥來。

　　沒想到香粥剛剛做好，歸省禪師就回來了，擠在齋堂的眾僧跌跌撞撞逃散一空。歸省禪師直接走進廚房，厲聲質問法遠：「今日有施主設齋供養大眾嗎？」

　　法遠熄滅了灶火，低頭回答：「沒有。」

　　「那……這鍋粥是從哪裡來的？」歸省禪師提高嗓門問道。

　　法遠直了直腰，輕聲說道：「弟子覺得大家近來都吃不飽，面黃肌瘦，形如枯木。我怕大家受不了，就把貯藏的應急油麵拿來煮了，請師父原諒。」

　　歸省禪師目光嚴峻，大聲責備道：「你倒是好心，盜用寺中的東西來做人情。來人，依清規打他三十大板，逐出寺門！」

　　法遠默默地交回了鑰匙，又想辦法償還了寺中已用去的油麵，接著就離開了寺院。但他卻沒有下山，而是在寺院外的柴房邊找了個角落棲息下來，每天依舊隨眾僧一起上堂聽歸省禪師講法，他就這樣度過了半年。

　　這天晚上，歸省禪師路過柴房偶然發現法遠住在這裡，就問：「你住在這裡多久了？」

　　「已有半年了！」

　　「你向寺中交付過房錢嗎？」

　　「沒有。」

　　「沒有交錢你怎麼敢住在這裡！這是寺中房產，要住，就去繳錢！」

　　法遠聽到這些話就經常托缽來到市集，為人誦經，回來以後就用誦經的收入交付房錢。

　　歸省禪師知道後，笑著對僧眾說：「法遠，乃活佛也。」

　　歸省禪師臨終前把自己的衣缽傳給了法遠。

·∴·道破禪機·∴·

笑對生活的責難

　　法遠之所以被稱為活佛，是由於他在面對歸省禪師的責難時，沒有抵觸反抗，而是笑對責難、積極行動，努力突破當前的困境。這種笑對困苦的超然心態和積極行動的精神，令歸省欣賞不已，最終授予衣缽。

　　在我們職場生涯中，同樣也會遇到各種各樣的責難，當這些責難加在頭上時，應該學下面故事中的小燕，去笑

對責難，而不是像小燦那樣一味地怨天尤人、消極抵抗。

某公司要裁員，名單公佈下來，有內勤部辦公室的小燦和小燕，規定一個月之後離職。

那天，大夥兒看她倆都小心翼翼，更不敢和她們多說一句話，因為她倆的眼圈都紅紅的——這事攤到誰身上都難以接受。

第二天上班，小燦的情緒仍很激動，誰跟她說話，她都「銃銃」的，像灌了一肚子的火藥，逮著誰就向誰開火。裁員名單是老總定的，跟其他人沒關係，甚至跟內勤部都沒關係。

小燦也知道，可心裡憋氣得很，又不敢找老總去發洩，只好對杯子、文件夾、抽屜撒氣。「砰砰」、「呼呼」，大夥兒的心被她提上來又掉下去，空氣都快凝固了，但誰忍心去責備她呢？

小燦仍舊不能出氣，又去找主任訴冤，找同事哭訴：「憑什麼把我裁掉？我幹得好好的……」眼珠一轉，滾下淚來。

旁邊的人心裡酸酸的，恨不得一時衝動讓自己替下小燦。自然，辦公室訂盒飯、傳送檔、收發信件等原來屬小燦做的事情現在都無人過問。

不久，大家聽說小燦找了一些人到老總那兒說情，好像都是重量級的人物。小燦也著實高興了好幾天。可後來又聽說，這次是「一刀切」，誰也通融不了。小燦再次受到打擊，氣呼呼的，異樣的目光在每個人臉上刮來刮去，彷彿有誰在背後搗鬼，她要把那人用目光找出來。許多人開始怕她，都躲著她。

小燦原來很討人喜歡，但後來，她人未走，大家卻有點討厭她了。

小燕也很討人喜歡。同事們早已習慣了這樣對她：「小燕，把這個打一下，快點兒！」「小燕，快把這個傳出去！」……小燕總是連聲答應「好的」，然後飛快地把事情辦好。

裁員名單公佈後，小燕哭了一晚上，第二天上班也無精打采，可是打開電腦，拉開鍵盤，她就和以往一樣地幹開了。

小燕見大夥不好意思再吩咐她做什麼，便特地跟大家打招呼，主動攬活。她想：「是福跑不了，是禍躲不掉，反正這樣了，不如幹好最後一個月，以後想幹恐怕都沒機會了。」小燕心裡漸漸平靜了，仍然勤勞地打字複印，隨叫隨到，堅守在自己的崗位上。

一個月後，小燦如期離崗，而小燕卻被從裁員名單中刪除，留了下來。主任當眾傳達了老總的話：「小燕的崗位，誰也無可替代；小燕這樣的員工，公司永遠不會嫌多！」

雖然同樣遭到了裁員的厄運，不同的心態、言行卻產生了截然不同的結果。故而，當你遭遇命運的責難時，不妨放開心態，對它笑一笑，然後該幹什麼繼續幹什麼，相信再壞的霉運也有過去的時候。

∴ 禪林清音 ∴

萬惡止於至善，萬念形於至行，唯行動方成佛。

10. 茶師比武

　　日本曾有一個著名的茶師，他跟隨著一個顯赫的主人。有一天主人要去京城裡辦事，捨不得離開他這麼多天，說：「你跟我去吧，好每天給我泡茶。」

　　那個時候是浪人武士橫行霸道很紛亂的年代，所以這個茶師就很害怕，他說：「你看我又沒有武藝，咱們路上遇到點事可怎麼辦？」

　　他主人說：「沒關係，你挎一把劍打扮成武士的樣子不就完了嗎？你跟著我走吧。」那茶師就哆哆嗦嗦地換上了武士的衣服跟著主人走了。

　　等到了京城，主人去辦事了，茶師自己在外面溜達，不幸碰上了一個浪人。浪人上去就挑釁，說：「你也是武士啊？那咱倆比比劍吧。」這茶師只好老老實實地說：「我只是個茶師，我不懂武功。」

　　這個浪人不依不饒，說：「你既不是一個武士，卻穿著武士的衣服，你就有辱武士的尊嚴，那我就更應該跟你比，讓你死在我的劍下了。」

　　茶師一想，也是啊，就跟他講：「你看我主人給我的事還沒辦完，你容我幾小時的時間，今天下午我跟你還約在這個池塘邊見。」

　　那個浪人想想就答應了，說：「那你一定要來。」

　　這個茶師直奔京城裡面最著名的大武館，看到很多學劍的人在門前排著長隊。他來不及等，分開人群就衝進去，直接到武館主人的面前跟他說：「求你教給我一種作

為武士最體面的死法。」

武館的主人當時就驚詫了，說：「所有來我這兒的人都是為了求生，你卻是求死的，這是為什麼？」

他說：「我是個茶匠，只會泡茶，但是我今天遇到了這麼個情形……我不能不跟人家決鬥了，我想死得有尊嚴一點。」

武館的主人說：「你原來是一個茶師，那好吧，你來為我泡一道茶。」

茶師想了想，很傷感，說：「這可能是我在世界上泡的最後一道茶了。」所以他就做得很用心——他很從容地看著山泉水在小爐上燒開，很從容地把茶葉放在裡面，洗茶，濾茶，然後一點一點地把茶倒出來，捧給這個武館的主人。

這主人就這麼一直看著他完成這個過程，看完了以後喝了一口茶，他說：「這是我一生中喝到的最好的茶了，此時我可以告訴你，你已經不必死了。」

茶師說：「哦？你要教給我什麼嗎？」

他說：「我不教你，你只要記住，用泡茶的心去面對那個浪人就行了。」

這茶師無奈地回去了，剛到約定地點就看見那個浪人已經在那等他了。

浪人很囂張，當時就拔出劍來，說：「你回來了，那我們來開始比武吧。」

茶師老在想著那句話「用泡茶的心面對那個浪人」，所以他不著急。他笑笑地注視著對方，從容地把自己頭上的帽子取下來，端正地放在旁邊，然後解開身上寬鬆的外

衣，一點一點疊好，壓在帽子下。他還笑笑地看著對方，拿出綁帶把自己裡面的衣服袖口紮緊，再拿出綁帶把褲腿也紮緊。他從頭到腳，一點一點地在裝束自己，一直氣定神閑。

對面這個浪人卻越看越惶恐，因為不知道茶師武功有多深，就被他的眼神和笑容給嚇得心虛起來。

等到這個茶師全都裝束停當，拔出他的劍來揮向半空，然後大喝一聲，停在了那裡，因為他也不知道再往下該怎麼辦了。這個浪人突然給他跪下了，說：「求你饒了我吧，你是我這一輩子見過的武功最高的人。」

⟦∷道破禪機∷⟧

處世要有大無畏的勇敢

有位禪師曾說過：人生在世如身處荊棘林中，心不動則人不妄動，不動則不傷；如心動則人妄動，則傷其身痛其骨，於是體會到世間諸般痛苦。而這個茶師內心平和、氣定神閑，以大無畏的精神笑對真正的武士，竟嚇得對方心虛，誤以為他的武功深不可測，當即求饒。

茶師面對的是真正的武士，而我們面對的卻是人生道路上不斷出現的困難和挑戰，很多時候都無法避免和逃避。雖然我們不能左右災難的降臨，但我們可以主宰內心，像茶師一樣以大無畏的勇敢去面對它、正視它、藐視它、戰勝它。

下面一則泡茶的故事，卻從另一個角度為我們揭示了大無畏的生命真諦。

　　一個屢屢失意的年輕人千里迢迢來到普濟寺，慕名拜訪老僧釋圓，沮喪地對他說：「人生總不如意，活著也是苟且，有什麼意思呢？」

　　釋圓靜靜聽著年輕人的歎息，隨後吩咐小和尚說：「施主遠道而來，燒壺溫水送過來。」稍頃，小和尚送來了溫水。釋圓抓了茶葉放進杯子，用溫水沏了，茶葉靜靜地浮著。

　　年輕人不解地詢問：「寶剎怎麼用溫水泡茶？」釋圓笑而不語。

　　年輕人喝一口細品，不由搖搖頭：「一點茶香都沒有。」

　　釋圓說：「這可是名茶鐵觀音啊！」

　　釋圓又吩咐小和尚：「再去燒壺沸水。」稍頃，小和尚提著一壺沸水進來。

　　釋圓又取過一個杯子，放茶葉，倒沸水。茶葉在杯子裡上下沉浮，絲絲清香不絕如縷。釋圓又提起水壺注入一線沸水，茶葉翻騰得更厲害了，一縷更醇厚更醉人的茶香嫋嫋升騰。釋圓如是注了五次水，杯子終於滿了，那綠綠的茶水，清香撲鼻，入口沁人心脾。

　　釋圓笑著問：「施主可知道，同是鐵觀音，為什麼茶味迥異嗎？」

　　年輕人思忖著說：「沖沏用的水不同嘛。」

　　釋圓點頭：「用水不同，則茶葉的沉浮就不一樣。溫水沏茶，茶葉輕浮水上，怎會散發清香？沸水沏茶，反覆幾次，茶葉沉沉浮浮，終釋放出四季的風韻：既有春的幽靜、夏的熾熱，又有秋的豐盈和冬的清冽。世間芸芸眾

49

生，又何嘗不是沉浮的茶葉呢？那些不經風雨的人，就像溫水沏的茶葉，只在生活表面漂浮，根本浸泡不出生命的芳香；而那些櫛風沐雨的人，如同被沸水沖沏的釅茶，在滄桑歲月裡幾度沉浮，才有那沁人的清香啊！」

年輕人聽後茅塞頓開，從此再也不抱怨命運，最終取得了一番成就。

在這兩則故事中，茶師靠著心無雜念、氣定神閑的心態，泡出最好的茶，得到了武館主人的點撥，最後以大無畏的勇敢戰勝了囂張的武士；而釋圓用沸水五沖茶葉，讓茶葉幾經沉浮，最終釋放出本色的清香，向年輕人揭示了生命的真諦。

我們不僅要做那大無畏的茶師，在人生的沉浮之中氣定神閑，笑對一切困難和挑戰，還要學那名茶鐵觀音，勇敢地迎接沸水的沖沏，在人生的風雨中幾經沉浮，浸泡出生命地芳香。只有你擁有了這種積極的大無畏精神，才能在未來的道路上不會被困難或挑戰所嚇倒，你的人生大道才會越來越波瀾壯闊。

> **・禪林清音・**
>
> 人生在世如身處荊棘林中，心不動則人不妄動，不動則不傷；如心動則人妄動，則傷其身痛其骨，於是體會到世間諸般痛苦。

11. 小和尚種草

三伏天，禪院的草地枯黃了一大片。小和尚看在眼

裡，急在心上，於是對師父說：「師父，快撒點草籽吧！這草地也太難看了！」

師父揮揮手說：「不著急，什麼時候有空了，我去買些草籽回來，什麼時候撒都來得及，急什麼？隨時！」

中秋時，師父買了包草籽回來，叫小和尚去撒在地上。

小和尚高興地說：「這下好了，草籽一撒上，地上就能長出青草啦！」

誰料秋風起，小和尚撒的草籽隨風飄走了很多。

「不好了！好多種子都被風吹飛了。」小和尚喊。

「沒有關係，吹走的多半是空的，撒下去也發不了芽。」師父說，「瞎擔心什麼，隨性！」

撒完了草籽，卻引來許多小鳥啄食，它們在草地上專挑飽滿的草籽吃。

「要命了，草籽都被鳥吃了！這下完了，明年這片草地肯定沒有小草了。」小和尚急得直跳腳。

「沒有關係！草籽多，吃不完！你就放心吧，明年肯定還會有小草的。」師父說，「隨遇！」

半夜裡又下起了大雨，小和尚心裡老擔心草籽被沖走，一宿沒睡著。

第二天一早就衝出禪房，果然發現地上的草籽全不見了。於是他馬上跑進師父的禪房，說：「師父，這下真完了，昨晚的一場大雨把好多草籽沖走了！」

「不用著急，草籽被沖到哪兒，就在哪兒發芽！」師父不慌不忙地說，「隨緣！」

不久，原本光禿的地面，居然長出許多青翠的草苗。一些原來沒有撒到的角落，也泛出了幾分綠色。

小和尚高興得拍著手說：「太好了，我種的小草長出來了！」

師父點點頭道：「隨喜！」

人生貴在隨

「隨時、隨性、隨遇、隨緣、隨喜」說的雖是種草，卻道出了極具智慧的人生哲理。這種「隨」不是盲隨，而是把握大趨，順其自然，不盲目，不強求；這種「隨」不是隨便，而是保持平常心，不悲觀，不慌亂。人生需要這種「隨」，我們的工作何嘗不需要這種「隨」呢？

有位朋友年近五十，是一家上市公司的董事長兼CEO，這些年來他一直非常敬業，工作上嚴於律己、勤勤勉勉，經營上能夠跟進經濟大潮、與時俱進，整個公司的運營狀況良好。

按理說，他可以放鬆下自己多年來繃著的神經，利用閑餘時間做點其他感興趣的事。但他那過於要強的性格，偏偏跟自己較上了勁，他總覺得自己工作的激情大不如年輕的時候，工作效率也遠不如以前，希望自己能夠找回當年拼搏的感覺，好讓自己在現在的基礎上更上一層樓，在事業上開創新的格局。

就這樣，他每天強迫自己學習新知識，要求自己心無雜念地去處理工作上的事情，還不斷地加大自己的工作量。於是，他成了每天第一個到達卻最後一個離開辦公室的人。可是他發現無論自己怎麼努力，都很難做到心無雜

念地工作，總會被一些其他事所吸引而分心，每天計畫的工作量也總是無法完成，自己每天非常勞累不說，還總感到力不從心而精神壓抑。

這樣的日子大約維繫了半年，他終於病倒了。躺在醫院病床上，雖然每天都有來看望他的親朋好友以及員工，然而他心裡總掛念著自己「糟糕」的工作狀態，難以露出笑容。

和他同住一個病房的是一個退休的老幹部，這位大爺的老伴去世了，兒女整天在上班，沒有人陪他，他就每天聽聽收音機，看看窗外的風景，還時不時地拿出筆記本來寫點什麼，一臉的恬靜和淡然。

患難為友，大爺忍不住問了總裁一句：「每天來看望你的人那麼多，你的事業又發展得那麼好，為什麼從住院第一天起我就沒見你笑過呢？」

總裁苦不堪言地搖了搖頭：「我何嘗不想笑啊，可是我糟糕的工作狀態實在讓我笑不出來啊！」

「哦，你也是工作狂？何必呢，人活一輩子都不容易，何必跟自己較勁呢！」大爺歪著腦袋淡淡地說。

「可是……」總裁欲言又止，心想何必跟這個閑老頭談這些呢。

「人嘛，要學會享受，年輕的時候享受奮力拼搏的激情，年老的時候就該享受人生嘍！我像你這年紀的時候還老擔心自己退休後整個機構後繼無人呢，現在看來，年輕的一代比我幹得還好呢！保持一顆平常心，順其自然吧……」

老頭似乎在自言自語，又像是給總裁指點迷津。

　　「學會享受人生，順其自然……」總裁心裡念叨著這幾個字，突然悟到：人生不就是一個「隨」字嘛！

　　等病好以後，他一回到公司，便辭去了總裁職務，破格提拔了一名培養多年的得力幹將為他衝鋒陷陣，而他自己卻當起了悠閒的董事長，還時不時地跟那位大爺一起去釣釣魚。

　　人生貴在隨，忙碌的董事長懂得了它的真諦，收穫了輕鬆和幸福。不知那些還在跟自己較勁的人，是否也學會了放鬆自己呢？

∵禪林清音∵

　　枯萎的隨它枯萎，繁榮的隨它繁榮。

第二篇　置心一處　無事不辦

1. 讀 經 書

　　法門寺要選一個小和尚作為方丈的徒弟，所有的小和尚都認為這是一個非常好的機會。

　　負責選拔的和尚強調，對被選中者最重要的要求是「能靜下心來」。

　　「靜下心來」這一要求有點不平常，因此，引起了小和尚們的思考，也引起了老和尚們的思考。

　　這次挑選有很多人參加，每個競爭者都要經過一個特別的考試。

　　「能閱讀嗎？」

　　「能，師父。」

　　「你能讀讀這一段嗎？」負責測試的僧人把一本打開的經書放在小和尚的面前。

　　「可以，師父。」

　　「你能一刻不停地朗讀嗎？」

　　「可以，師父。」

　　「很好，跟我來。」負責測試的僧人把小和尚帶到一間禪房，然後把門關上。

　　小和尚拿著上面印著他答應不停頓地讀完的那一段文

字的書。

閱讀剛一開始，負責測試的僧人就放出六隻可愛的小狗在小和尚的腳邊。這太容易使人分心了！

小和尚經受不住誘惑要看看活潑的小狗。由於視線離開了閱讀材料，小和尚忘記了自己的角色，讀錯了，當然他失去了這次機會。

就這樣，負責測試的僧人淘汰了二十個小和尚。

終於，有個小和尚不受誘惑一口氣讀完了。

老方丈很高興。

方丈問：「你在讀書的時候沒有注意到你腳邊的小狗嗎？」

小和尚回答道：「對，師父。」

「我想你應該知道它們的存在，對嗎？」

「對，師父。」

「那麼，為什麼你不看一看它們？」

「因為我被告訴過要不停頓地讀完這一段。」

「你總是遵守你的諾言嗎？」

「的確是，我總是努力地去做，師父。」

方丈高興地說道：「你就是我要的人，我相信你大有發展前途。」

·道破禪機·

靜下你的心

現代人每天面臨著許許多多的誘惑，被鼓噪得內心難以平靜。許多人很想專注於自己的目標，但時常在前進的

道路上因誘惑而駐足，甚至偏離原路。對此，常有人感歎「樹欲靜而風不止」，把責任推給了環境。其實不然，很多時候是因為我們的內心總受外界的誘惑而浮躁不安，無法得到片刻的寧靜，而非風不能止。

讀經的小和尚之所以受到方丈的讚許，因為他能在誘惑面前做到靜心，不為外物所動。靜心是一種境界，也是一門藝術，它不僅能讓你抵禦外界的誘惑，去除浮躁；還能讓你在「敵軍圍困千萬重」時，做到「我自巋然不動」。如果你能做到靜心，那麼你也會如小和尚一般，對腳邊的小狗視而不見，專心讀經書。

想知道如何做到靜心，相信你從接下來的故事中會得到啟發。

阿黃是一個剛入職場的青年。從小生活在農村的他，剛來到大都市，免不了受到大都市的種種誘惑和刺激。每當看到大街上的男人牽著女孩的手，卿卿我我，單身的他難免落寞；看到滿大街有錢人開著好車呼嘯而過，心裡更加自卑；看到職場上的爾虞我詐，又難免厭煩……

三個月下來，他發現自己工作時，無論繁忙與否，都很難靜下心來。公司開會的時候，他經常是充耳不聞，什麼都聽不進去，對待手頭上的工作，總是不願投入太多的精力，總想著隨便應付應付了事；本想這樣討個清閒，沒想到心裡卻莫名地煩躁起來；晚上讀書的時候，發現自己雖然看完了一頁，卻沒看懂上面講了什麼……

阿黃看到自己這樣，也很著急。他知道再不能靜下心來，會一事無成的，更無顏面對家鄉父老。於是，他專門找了一個機會，和公司裡一位老同事喝酒談心。

那位老同事聽完他的煩惱，笑著說：「你的煩惱我過去也有過。聽過『境由心造』這個詞吧？我以前做事安不下心來的時候，就專門找上幾分鐘，將心裡所煩躁的事都寫在紙上，然後一個一個地分析，看哪個是過去的事就不想它了，哪個是以後要做的就放到以後再考慮，哪個是現在要做的馬上就做，把它們都分清楚後，做起事來就很專心了。」

阿黃聽完，豁然開朗。晚上他把自己的煩惱都寫在紙上，發現有不少都是自尋煩惱，不由得笑起來。

從此，對於愛情，他報以隨緣的態度；對於收入差距，他相信以後會越來越高；對於他人的爾虞我詐，他視若不見。

從此，阿黃做每件事的時候都能很快融入進去，工作上進步很快。對於外界的種種誘惑，他也能泰然處之，相信自己努力後，該有的都會有。

真正達到靜心的境界有很多系統的方法，但在職場忙碌生活中的我們，並不需要那麼複雜的方法，只需用最簡單有效的方法將內心的浮躁不安調整到平靜，使我們能夠專注高效地工作足矣。

╔═ ·禪林清音· ═╗

身心清淨之際，恰是成長之時。

2. 掃落葉

有個小和尚，他負責每天清掃寺院裡的落葉。每天早

上他都需要花費許多時間才能清掃完樹葉，這實在是一件苦差事。尤其在秋冬季節，每一次起風時，樹葉總會隨風落下。這讓小和尚頭痛不已，他一直想要找個好辦法讓自己輕鬆些。

後來有個師兄跟他說：「你在明天打掃之前先用力搖樹，把枯葉統統搖下來，後天就可以不用掃落葉了。」

小和尚覺得這是個好辦法，於是第二天他起了個大早，使勁地搖樹。他想：這樣，就可以把今天跟明天的落葉一次掃乾淨了。

一整天，小和尚都非常開心。

第二天，小和尚到院子一看，不禁傻眼了，院子裡如往日一樣還是落葉滿地。

一位老和尚走了過來，對小和尚說：「傻孩子，無論你今天怎麼用力，明天的落葉還是會飄下來的。」

···道破禪機···

與雜念「和平共處」

每個人在讀書或者工作的時候，都曾有過各種雜念，攪得自己注意力不夠集中，從而降低效率。有的人為了更高效地工作，想要一勞永逸地消除雜念，讓自己永遠保持注意力集中的狀態。可是雜念永遠會再現，試圖消除它只會令人徒增煩惱。

其實，這種想永遠消除雜念的做法跟小和尚掃落葉差不多。他吃盡了天天掃落葉的苦頭，甚至為了討得輕鬆，採納了師兄的建議，結果「明天的落葉還是會飄下來」。

那麼，我們該如何面對心中的雜念呢？答案就在下面的小故事裡。

相傳，五祖弘忍大師年事已高，便將眾弟子叫到身旁，讓他們每人寫一首偈語，然後以此為憑傳衣缽給其中一人。當時所有的弟子認為，大師兄神秀德高望重，必會成為未來的六祖。神秀果不令人失望，當即在牆上揮筆寫下：「身似菩提樹，心如明鏡台，時時勤拂拭，勿使惹塵埃。」眾人看後都叫好，唯獨五祖笑而不語。

此時，一個平日裡挑水的小和尚站出來，也做出一首偈語：「菩提本無樹，明鏡亦非台，本來無一物，何處惹塵埃。」

五祖看後非常滿意，便將衣缽傳給了他，這個和尚就是六祖慧能。

在這個故事中，以神秀的偈語來理解雜念，那就是指眾生的身體就是一棵覺悟的智慧樹，眾生的心靈就像一座明亮的台鏡，要時時不斷地將它揮拂擦拭，不讓它被塵垢污染而障蔽了光明的本性。

乍看上去，非常有道理，經常清除內心的雜念，才能保持內心的純淨、坦然。其實不然，人的雜念和落葉一樣，是永遠清掃不完的，按照這首偈語，我們恐怕窮盡一生都要為清除內心的雜念而努力了。

而慧能的偈語，帶給我們全新的視角，令人豁然開朗。

「菩提原本就沒有樹，明亮的鏡子也並不是台，本來就是虛無沒有一物，哪裡會染上什麼塵埃？」多麼有趣的禪理啊！它啟示我們，人腦並非是個理想的產物，它總能

出現各種雜念，但這些雜念並非需要勤拂拭，而是正視它，不以消除雜念為目標，而以積極做事為己任，與雜念「和平共處」，任之隨之。

趙老師一直是學校裡的優秀教師，最近一年來她感到自己在備課時，總是雜念叢生，一會兒擔心是不是出門時忘記關好家裡的門窗了；一會兒擔心萬一下雨，自己的兒子沒帶雨傘怎麼辦？一會兒又擔心班上學生上自習課時不認真學習，相互聊天怎麼辦？⋯⋯一會兒一個雜念，擾亂得她不能專心備課。

然而，她又深感這樣下去，一定會影響明天的講課，所以她「非常刻苦」地克制內心的雜念，堅持備課。但實際上，她越是關注於克制雜念，雜念反而越多。

就這樣，她每天既要備課講課，又要努力消除各種雜念，搞得非常累。為了能恢復以前那種專心致志的工作狀態，她翻閱了許多教人「專注」的書，把幾乎所有書上的辦法都試過了，都不能讓她保持內心純淨，毫無雜念。

一年下來，趙老師竟然病倒了。

她躺在醫院的病床上，為自己的暫時「解脫」舒了口氣。有一天，她順手翻起一本書，看到了那句著名的偈語：「菩提本無樹，明鏡亦非台，本來無一物，何處惹塵埃。」霎那間，她彷彿有種頓悟——既然無法消除雜念，自己何苦執著於消除它呢，順其自然，讓它自生自滅不是很好嗎？

想到這兒，她不再為如何消除雜念而做任何努力，只是順著自己的心情，將那本書讀完。合上書後，她猛然發現，剛才讀書的過程中，頭腦中並沒有閃現出一絲雜念。

顯然，雜念是永遠消除不完的，與它「和平共處」或許是最好的選擇！

┌─‥禪林清音‥─┐

菩提本無樹，明鏡亦非台，本來無一物，何處惹塵埃。

3. 烤 火 修 行

一位和尚遠行化緣路過一個國家。當時正值盛夏，烈日當空，酷暑難耐，人就像在火爐中一樣。他準備找一個陰涼處休息一下，忽然，他的目光被不遠處的一個奇怪的景象吸引住了。

只見一塊空地上，放著五盆熊熊燃燒的炭火，五盆炭火中央蹲著一位婆羅門。他前胸後背淌滿了汗水，頭髮被火烤得就像冬天的草一樣又枯又黃，嘴唇也裂開了口子，一副狼狽不堪的模樣。

和尚見此情景，走上前問道：「為什麼這麼熱的天不找個陰涼處避暑，反而在太陽底下烤火？」

婆羅門伸手抹了一把額上的汗珠，答道：「我聽說烤火有助於修習苦行，所以我整天在這裡烤火，無論春夏秋冬，從不間斷。因為我一年四季都穿著破舊的衣裳，所以人們都叫我『縷褐炙』。你瞧，今天天氣特別熱，所以我要把火燒得更旺些，以求儘快修成正果。你不要耽誤我的大事，請你走開。」

和尚聽了，不禁搖頭歎道：「唉！該烤的東西你不

烤，反而一味地去烤那些不該烤的東西，你這麼片面地去理解修習苦行的含義，怎麼行呢？這樣做豈不是捨本逐末嗎？」

正在咬緊牙關忍受著極端痛苦的婆羅門一聽和尚這麼不以為然的口氣，立刻火冒三丈，回過頭惡狠狠地說道：「那麼你說，到底什麼才是真正該烤的東西呢？」

和尚慢條斯理地說：「好吧，如果你真想知道，那麼我就告訴你，真正該烤的東西，是你那顆充滿憤恨的心。這就好比用牛拉車，如果車子不動，你應該用鞭子抽打牛，而根本不應該打車子。人的身體就好比是車子，心靈好比是牛，所以，你應該去烤你那顆心，而不是自己的身體啊！」

婆羅門這才恍然大悟，慚愧地走向和尚跪下身去，感謝他為自己指點迷津。

·道破禪機·

找到你的北極星

愚蠢的婆羅門竟然以自烤身體的方式來達到修成正果的目標，若不是和尚一語點醒他——應該烤自己那顆充滿憤恨的心，恐怕他直到烤焦身體都修不成正果。

這個故事充分說明了方向指引的意義，如果方向錯了，恐怕再多努力也無濟於事。在下面這則故事中，你將看到比爾賽人也曾遭遇過方向的困境。

撒哈拉沙漠是世界上最大的沙漠，在它的西面有一個小村莊叫比塞爾。從地圖上看，在比塞爾小村莊的旁邊有

一塊十五平方公里的綠洲，從小村莊這裡步行走出沙漠到達綠洲，大約需要三晝夜的時間。可是1926年以前這裡一直是一個封閉而落後的地方，這兒的人沒有一個走出過大漠，據說不是他們不願離開這塊貧瘠的土地，而是嘗試過很多次都沒有走出去。

英國皇家學院的院士肯‧萊文到非洲探險，偶然發現了這個小村莊，也聽到村民的說法——不是他們不願離開這塊貧瘠的土地，而是嘗試過很多次都沒有走出去。肯‧萊文先生當然不相信這種說法，他用手語向這兒的人問原因，結果每個人的回答都一樣：從這兒無論向哪個方向走，最後都還是轉回出發的地方。

為了證實這種說法，他決定做一次試驗，從比塞爾村向北走，結果三天半就走了出來。可是，比塞爾人為什麼祖祖輩輩都走不出來呢？肯‧萊文決定解開謎團。

他雇了一個比塞爾人，讓他帶路，看看到底是什麼原因。他們帶了半個月的水，牽了兩峰駱駝，肯‧萊文收起指南針等現代設備，只拄一根木棍跟在後面。

十天過去了，他們走了大約八百英里的路程。第十一天的早晨，他們果然又回到了比塞爾。這一次，肯‧萊文終於明白了：比塞爾人之所以走不出大漠，是因為他們根本就不認識北斗星。

在一望無際的沙漠裡，一個人如果憑著感覺往前走，只會走出許多大小不一的圓圈，最後的足跡十有八九是一把捲尺的形狀。比塞爾村處在浩瀚的沙漠中間，方圓上千公里沒有一點參照物，若不認識北斗星又沒有指南針，想走出沙漠，確實是不可能的。

肯‧萊文在離開比塞爾時，帶了一位叫阿古特爾的青年，就是上次和他合作的人。他告訴這位青年，只要你白天休息，夜晚朝著北面那顆最亮的星星走，就能走出沙漠。阿古特爾照著去做，三天之後果然來到了大漠的邊緣。

阿古特爾因此成為比塞爾的開拓者，他的銅像被豎在比塞爾小城的中央，銅像的底座上刻著一行字：新生活是從選定方向開始的。

一顆北極星就開啟了比爾塞人的新生活。若把人生比做沙漠的話，在人生沙漠上，擁有一顆照亮前進方向的北極星是何等重要！因此，我們一定要努力找到屬於自己的那顆「北極星」，讓它點亮我們前進的道路，萬不可在人生的荒漠上一次次地兜圈，徘徊不前。

‧‧禪林清音‧‧

人生重要的不是所站的位置，而是所朝的方向。

4. 如何能成功

弟子們問禪師：「老師，如何才能成功呢？」

禪師對弟子們說：「今天咱們只學一件最簡單也是最容易的事。每人把胳膊儘量往前甩，然後再儘量往後甩。」說著，禪師示範了一遍，然後又說道：「從今天開始，每天做三百次，大家能做到嗎？」

弟子們疑惑地問：「為什麼要做這樣的事？」

禪師說：「做完了這件事，一年之後你們就知道如何

能成功了！」

弟子們想：「這麼簡單的事，有什麼做不到的！」

一個月之後，禪師問弟子們：「我讓你們做的事，有誰堅持做了？」

大部分的人都驕傲地說道：「我做了！」禪師滿意地點點頭說：「好！」

又過了一個月，禪師又問：「現在還有多少人在堅持做呢？」

結果只有一半的人說：「我做了！」

一年過後，禪師再次問大家：「請告訴我，最簡單的甩手運動，還有幾個人堅持了？」

這時，只有一人驕傲地說：「老師，我做了！」

禪師把弟子們都叫到跟前，對他們說：「我曾經說過，做完這件事，你們就知道如何能成功了。現在我想要告訴你們，世間最容易的事常常也是最難做的事，最難做的事也常常是最容易的事。說它容易，是因為只要願意做，人人都能做到；說它難，是因為真正能做到並持之以恆的，終究只是極少數人。」

┌‥‥**道破禪機**‥‥┐

簡單不一定容易

在禪宗看來，在這個世界上，就沒有絕對簡單的事情，那些看起來越是簡單的事情往往越難做，看起來越是簡單的事情其關鍵之處隱藏得就越深。

因此，我們每個人都應該讓自己養成重視簡單事情的

良好習慣。不要總是說，事情如何如何地簡單，難道事情簡單就能不費吹灰之力輕易做成嗎？還是先看看大畫家達‧芬奇的故事吧。

在十四歲那年，達‧芬奇拜義大利著名畫家和雕刻家委羅基奧為師。之前達‧芬奇已小有成就，然而，委羅基奧給他佈置的第一份作業，就是讓他畫雞蛋。

達‧芬奇天天對著雞蛋，照著畫。過了很長時間，委羅基奧還是繼續讓他畫雞蛋，認為他的基本功依然不夠紮實。

一天，達‧芬奇終於忍不住了，便問老師：「我什麼時候才能畫完呀？」

老師告訴他：「要畫好這個小小的雞蛋可不簡單呀！在一千個雞蛋裡面，從來就沒有形狀完全一樣的。即使是同一個雞蛋，只要觀察的角度不一樣，照射的光線有差異，它的形狀也會有所變化。畫蛋，目的就是要訓練你觀察和把握形象的能力，使你能夠隨心所欲地表現一切事物。」

達‧芬奇恍然大悟，便繼續認真地畫著這個看似簡單卻寓意深奧的雞蛋。正是從一個雞蛋開始，他後來創作出了《蒙娜麗莎》、《最後的晚餐》等傳世珍品。

職場中常常有這麼一些人，他們經常抱怨工作不如意，往往認為工作內容太簡單，覺得自己大材小用，所以才不被領導重視。

殊不知，他們連最簡單的事情都很難做好、做徹底，正應了那句古話：一屋不掃何以掃天下？

曾有一位MBA畢業生到銀行任職，人事部門把他安

排到營業網點當櫃員，做儲蓄工作。一個月後，他找到行長說，他到銀行來不是幹這種簡單的瑣事的，他應該擔當更重要的工作。行長便把他安排到了國際信貸部，但很快信貸部的主管和同事們對他的工作能力都非常不滿。但他還自認為很能幹，總是抱怨銀行不好，領導不給他機會，同事嫉妒他。其實，大家都認為他是個眼高手低的人。

世間最容易做的事往往也是最難做的事，最難做的事也能轉化為最容易做的事，關鍵就在於你是否願意去做，並且能否持之以恆。只有在不斷地堅持中才能取得一次又一次的成功；否則，多美妙的夢想也只會如空中樓閣一般，可望而不可即。

‧‧禪林清音‧‧

修行是點滴的功夫。

5. 泥人過河

某一天，佛祖說，如果哪個泥人能夠走過他指定的河流，他就會賜給這個泥人一顆永不消失的金子般的心。

這道旨意下達之後，泥人們久久都沒有回應。不知道過了多久，終於有一個小泥人站了出來，說他想過河。

「泥人怎麼可能過河呢？你不要做夢了。」

「你知道身體一點兒一點兒失去時的感覺嗎？」

「你將會成為魚蝦的美味，連一根頭髮都不會留下……」

然而，這個小泥人決意要過河，他不想一輩子只做這

麼個小泥人，他想擁有自己的天堂。但是，他也知道，要
到達天堂，得先過地獄，而他的地獄，就是他將要去經歷
的河流。

　　小泥人來到了河邊，猶豫了片刻後踏進水中，一種撕
心裂肺的痛楚頓時覆蓋了他，他感到自己的腳在飛快地融
化著，每一分每一秒都在遠離自己的身體。

　　「回去吧，不然你會毀滅的！」河水咆哮著說。

　　小泥人沒有回答，只是沉默著往前挪動，一步，一
步。這一刻，他忽然明白，他的選擇使他連後悔的資格都
不具備了——如果倒退上岸，他就是一個殘缺的泥人；在
水中遲疑，只能夠加快自己的毀滅。而佛祖給他的承諾，
則比死亡還要遙遠。

　　小泥人孤獨而倔強地走著。這條河真寬啊，彷彿耗盡
一生也走不到盡頭似的。小泥人向對岸望去，看見了美麗
的鮮花、碧綠的草地和快樂飛翔著的小鳥。也許那就是天
堂的生活，可是他付出一切也幾乎不能抵達。佛祖沒有賜
給他出生在天堂當花草的機會，也沒有賜給他一雙當小鳥
的翅膀。但是，這能夠埋怨佛祖嗎？佛祖是允許他去做泥
人的，是他自己放棄了安穩的生活。

　　小泥人以一種幾乎不可能的方式向前挪動著，一公
分，一公分，又一公分……

　　魚蝦貪婪地啄著他的身體，鬆軟的泥沙使他每一瞬
間都搖搖欲墜，有無數次，他都被波浪嗆得幾乎窒息。小
泥人真想躺下來休息一會兒啊！可是他知道，一旦躺下他
就會永遠安眠，連痛苦的機會都會失去。他只能忍受，忍
受，再忍受。奇妙的是，每當小泥人覺得自己就要死去的

時候，總有什麼東西使他能夠堅持到下一刻。

不知道過了多久——簡直就到了小泥人絕望的時候，小泥人突然發現自己居然上岸了。他如釋重負，欣喜若狂，正想往草坪上走，又怕自己身上的泥土玷污了天堂的潔淨。他低下頭，開始打量自己，卻驚奇地發現，他已經什麼都沒有了——除了一顆金燦燦的心，而他的眼睛正長在他的心上。

他什麼都明白了：天堂裡從來就沒有什麼幸運的事情。花草的種子先要穿越沉重黑暗的泥土才得以在陽光下發芽微笑，小鳥要跌落無數次、失去無數根羽毛後才能夠錘煉出凌空的翅膀，就連佛祖也不過是曾經在地獄中走了最長的路，掙扎得最艱難的那個人。而作為一個小小的泥人，他只有以一種奇蹟般的勇氣和毅力，才能夠讓生命的激流蕩清靈魂的濁物，然後照到自己本來就有的那顆金子般的心。

‥道破禪機‥

讓堅持點燃夢想

單純卻勇敢的泥人經歷巨大痛苦後，終於得到一顆金燦燦的心，而後又深深明白一個道理：天堂裡從來就沒有什麼幸運的事情。花草的種子先要穿越沉重黑暗的泥土才得以在陽光下發芽微笑，小鳥要跌落、失去了無數根羽毛才能夠錘煉出凌空的翅膀，就連佛祖，也不過是曾經在地獄中走了最長的路，掙扎得最艱難的那個人。

如果用一個詞來表達這個道理的話，那就是堅持。唯

有為了夢想而永不放棄堅持到底的人才能最終點燃夢想，讓夢想成真！

這個世界上靠堅持取得成功的人很多，而希拉斯‧菲爾德卻是非同尋常的一個，因為他的夢想之路充滿了挫折，且夢想實現後意義非凡。

希拉斯‧菲爾德退休的時候突發奇想，要在大西洋的海底鋪設一條連接歐洲和美國的電纜。這個構想不僅需要建造一條從紐約到紐芬蘭聖約翰的電報線路，還要鋪設一條跨越聖勞倫斯海峽的電纜，工程十分浩大。

菲爾德想盡一切辦法，從英國政府那裡得到了資助。很快，他大膽地開始了。

電纜一頭擱在英國旗艦「阿伽門農」號上，另一頭放在美軍的豪華護衛艦「尼亞加拉」號上，不過就在鋪設到五英里的時候，電纜突然被捲到機器裡面弄斷了。

菲爾德不甘心，進行了第二次試驗。這一次，電纜在鋪到二百英里長的時候，電流突然中斷了，就在菲爾德先生即將命令割斷電纜、放棄這次試驗時，電流突然又神奇般地出現了。接著，輪船以每小時四英里的速度緩緩航行，電纜的鋪設也以每小時四英里的速度進行。誰料，輪船突然發生了一次嚴重傾斜，制動器緊急制動，不幸又割斷了電纜。

然而菲爾德並不是一個輕易放棄的人，他又訂購了新的電纜。終於，兩艘軍艦在大西洋上會合了，電纜也接上了頭。隨後，兩艘船繼續航行，一艘駛向愛爾蘭，另一艘駛向紐芬蘭。兩船分開不到三英里，電纜又斷開了；再次接上後，繼續航行，到了相隔八英里的時候，電流又沒有

了。電纜第三次接上後，鋪了二百英里，在距離「阿伽門農」號二十英尺處又斷開了，兩船不得不返回愛爾蘭海岸。

很多人對這項工程失去了信心，投資商不願再投資，公眾輿論對此流露出懷疑的態度。只有菲爾德繼續為此日夜操勞，甚至到了廢寢忘食的地步，他絕不甘心失敗。於是，第三次嘗試又開始了。

這次一切順利，全部電纜鋪設完畢，沒有任何中斷，幾條消息也由這條海底電纜發送了出去，一切似乎就要大功告成了，突然電流又中斷了。此時，除了菲爾德，幾乎所有人都感到絕望。但菲爾德又買來了品質更好的電纜，由「大東方」號來執行鋪設，它一路把電纜鋪設下去，一切都很順利，但最後鋪設橫跨紐芬蘭的電纜時，電纜又折斷了，掉入了海底。他們打撈了幾次，都沒有成功。於是，這事就耽擱了下來，一擱就是一年。

所有的挫敗都沒有嚇倒菲爾德，他又組建了一個新的公司，並製造出一種性能更優的新型電纜。

1866年7月13日，新的試驗又開始了，並順利接通，發出了第一份橫跨大西洋的電報，電報內容是：「7月27日，我們晚上九點到達目的地，一切順利。感謝上帝！電纜都鋪好了，運行完全正常。希拉斯・菲爾德。」

不久以後，原先那條落入海底的電纜被打撈上來並重新安上，一直連到紐芬蘭。現在，這兩條電纜線路仍在使用，而且會一直使用下去。

勇敢的希拉斯・菲爾德憑著堅持的力量，成功地連接了兩條電纜，不僅實現了夢想，還為後人造福。

榜樣的力量永遠激勵著職場上的我們──走向最遠的方向，哪怕前路迷茫；抱著最大的希望，哪怕山窮水盡；堅持最強的意志，哪怕刀山火海；做好最壞的打算，哪怕從頭再來。只要敢堅持，不放棄，就永遠有實現夢想的希望！

╔┅┅禪林清音┅┅╗

在這世上，沒有什麼比堅持更有力量。

6. 追驢

一個寺廟的兩頭驢走失了，老和尚就吩咐他的弟子出去找。可是等了半天也不見徒弟回來，老和尚只得親自出去尋找，看個究竟。

在野地裡，老和尚看到他的弟子正在那裡來回瞎跑，就問他：「你到底在幹什麼？」

小和尚回答道：「剛才我發現兩頭鹿，您知道，一頭鹿就足以換三頭驢，所以就不必找什麼驢了。」

老和尚問：「那麼，你捉到鹿了嗎？」

小和尚說：「我去追朝東跑的那頭鹿，誰知它跑得比我快。不過請放心，我記得朝西的那頭鹿腳有點瘸，所以轉過來再追它，相信我會捉到的。」

老和尚生氣地說：「叫你找驢你卻去捉鹿，捉東邊那只時卻惦記著西邊那一隻，你和我經常給你講的那個學手藝的鄭國人有什麼不同！」

原來，老和尚經常給小和尚講這樣一個故事：

有個鄭國人想學一門手藝，他想到雨傘人人都要用，便去學做雨傘。三年後，手藝學成了，師傅送給他一整套做傘的工具，讓他自謀生計。可是正好遇上大旱災，連個問傘價的人都沒有，這人一氣之下，把工具全扔了。

後來，他看賣水車的生意很興旺，便改行去學做水車。三年學成，誰知又遇上連續大雨天，河水暴漲，水車沒有人要。他只好重新購置做傘的工具。可是，待他工具準備齊全，天又放晴了。

過了不久，鄭國鬧盜賊，家家要做防衛武器，這個鄭國人又想去學鑄鐵的技術。可是歲月不饒人，他已拿不動大錘，剩下的只有唉聲歎氣了！

∴道破禪機∴

專注於眼前事

追驢的小和尚和學藝的鄭國人，犯了一個共同的毛病，那就是在做事的時候不專注，總是還沒完成一件事，又去做別的看似更好的事，結果什麼也做不成。也許有人覺得，選擇更好的事情不是更能夠事半功倍嗎？其實不然，在更好的後面還會有更好的，若這樣選擇下去，永遠都有更好的，太多的選擇常常消耗了當下的時間。

做事專注也是禪的深意所在，一個人若能夠將全部精力集中於當前的事情上直到完成，往往會爆發出非常高效的潛能，取得傲人的成績。反之，那些對眼下事用心不專、左右搖擺的人，對瑣碎的工作總是尋找遁詞，懈怠逃避，註定是要失敗的。

　　「專注於眼前事」這種品質，在猶太人身上顯得尤為突出，這也是猶太人之所以聞名世界的重要原因。美國的著名醫師及藥理學家勒韋就是一個做事非常專注的猶太人。

　　勒韋1873年出生於德國法蘭克福的一個猶太人家庭。他從小喜歡藝術，繪畫和音樂都有一定的水準。但他的父母是猶太人，他們對猶太人深受各種歧視和迫害心有餘悸，不斷敦促兒子不要學習和從事那些涉及意識形態的行業，要他專攻一門科學技術。

　　在父母的教育下，勒韋進入大學學習時，放棄了自己原來的愛好和專長，進入施特拉斯堡大學醫學院學習。

　　勒韋是一位勤奮志堅的學生，他不怕從頭學起，他相信專注於一，必定會成功。他帶著這一心態，很快進入了角色，專心致志於醫學課程的學習。

　　心態是行動的推進器，他在醫學院攻讀時，被導師的學識和鑽研精神所吸引。導師淄甯教授是著名的內科醫生，勒韋在這位教授的指導下，學業進步很快，並深深體會到醫學也大有施展才華的天地。

　　勒韋從醫學院畢業後，先後在歐洲及美國一些大學從事醫學專業研究，在藥理學方面取得較大進展。由於他在學術上的成就顯著，奧地利的格拉茨大學於1921年聘請他為藥理教授，專門從事教學和研究。

　　在那裡他開始了神經學的研究，透過青蛙迷走神經的試驗，第一次證明了某些神經合成的化學物質可將刺激從一個神經細胞傳至另一個細胞，又可將刺激從神經元傳到應答器官。他把這種化學物質稱為乙醚膽鹼。1929年他又

從動物組織中分離出該物質。

勒韋對化學傳遞的研究成果是一個前所未有的突破，在藥理及醫學上作出了重大貢獻，因此，1936年被授予了諾貝爾生理學及醫學獎。

後來，他受聘於紐約大學醫學院，開始了對糖尿病、腎上腺素的專門研究。勒韋對每一項新的科研，都能專注於一。不久，他在這幾個項目上都獲得了新的突破，特別是設計出檢測胰臟疾病的勒韋氏檢驗法，對人類醫學又作出了重大貢獻。

專心致志的勒韋所取得的巨大成就，向人們充分展示了專注於眼前事的非凡意義。

所以，在職場中奮鬥的你，若想取得一番成就，就要培養自己做事專注的品質，時時將精力集中於眼前事，完成一件事再開始下一件。相信你會在專注於眼前事的過程中，不僅感受到工作的樂趣，還能一點點地累積力量和自信，從而對未來可能發生的困難和問題更有解決的信心和勇氣。

┌‥‥禪林清音‥‥┐

神情專注，專心致志，才能出神入化，得心應手。

7. 盲童打瓶子

夏季的一個傍晚，天色很好。

海澄大師到寺外散步，在一片空地上，看見一個十歲左右的小男孩和一位婦女。那孩子正用一支做得很粗糙的

彈弓打一支立在地上、離他有七八公尺遠的玻璃瓶。那孩子有時能把彈丸打偏一公尺，而且忽高忽低。

海澄大師便站在他身後不遠處，看他打那瓶子，因為他還從沒有見過打彈弓這麼差的孩子。

那位婦女坐在草地上，從一堆石子中撿起一顆，輕輕遞到孩子手中，安詳地微笑著。那孩子便把石子放在皮套裡，打出去，然後再接過一顆。

從那婦女的眼神中可以猜出，她是那孩子的母親。

那孩子很認真，屏住氣，瞄很久，才打出一彈。但海澄大師站在旁邊都可以看出，他這一彈一定打不中，可是他還在不停地打。

海澄大師走上前去，對那母親說：

「讓我教他怎樣打好嗎？」

男孩停住了，但還是看著瓶子的方向。

他母親對海澄大師笑了一笑：「謝謝師父，不用了！」

她頓了一下，望著那孩子，輕輕地說：「他看不見。」

海澄大師怔住了，半晌，才喃喃地說：「噢……施主，對不起！但他為什麼要這麼玩？」

「別的孩子都這麼玩兒。」

「呃……」海澄大師說，「可是他……怎麼能打中呢？」

「我告訴他，總會打中的。」母親平靜地說，「關鍵是他做了沒有。」

海澄大師沉默了。

　　過了很久，那男孩的頻率逐漸慢了下來，他已經累了。他母親並沒有說什麼，還是很安詳地撿著石子，微笑著，只是遞的節奏也慢了下來。

　　海澄大師慢慢發現，這孩子打得很有規律，他打一彈，向一邊移一點，打一彈，再移一點，然後再慢慢移回來——他只知道大致方向啊！

　　夜色籠罩下來，海澄大師已看不清那瓶子的輪廓了，便轉身向寺廟的方向走去。

　　走出不遠，海澄大師突然聽到身後傳來一聲清脆的瓶子的碎裂聲。

∴道破禪機∴

沒什麼不可能

　　一個什麼也看不見的盲童，卻能在無數次嘗試之後射中瓶子，不管這種事成功的概率有多低，但他卻在一如既往地努力著。相信海澄大師在聽到身後傳來一聲清脆的瓶子的碎裂聲後，一定會很受觸動。而身在職場的你，還會在那些看似十分困難的事情面前說出「這太不可能了，沒有誰能做到」之類的話嗎？

　　其實，人生真的沒什麼不可能，正如母親的回答：「關鍵是他做了沒有。」也許有人會說，一個盲童能夠在無數次機會中偶然射中瓶子有什麼了不起的，那麼下面這個小女孩會再次向你證明人生真的沒什麼不可能。

　　她是一個黑人女孩。

　　她從小就「與眾不同」，因為患了小兒麻痺症，她的

左腿癱瘓，只能臥病在床，失去了兒童應有的歡樂和幸福。隨著年齡的增長，她的憂鬱情緒和自卑感也與日俱增，甚至拒絕所有人靠近。但也有個例外，鄰居家那個只有一隻胳膊的老人成了她的好夥伴。老人是在一場戰爭中失去一隻胳膊的，老人非常樂觀，女孩非常喜歡聽老人講的故事。

一天，她被老人用輪椅推著去附近的一所幼稚園，操場上孩子們動聽的歌聲吸引了他們。當一首歌唱完，老人說：「我們為他們鼓掌吧！」

她吃驚地看著老人，問道：「我的胳膊動不了，你只有一隻胳膊，怎麼鼓掌啊？」

老人對她笑了笑，解開襯衣扣子，露出胸膛，用手掌拍起了胸膛……

那是一個初春，風中還有幾分寒意，但她卻突然感覺自己的身體裡湧動起一股暖流。老人對她笑了笑：「只要努力，一隻巴掌一樣可以拍響。你一樣能站起來的！」

那天晚上，女孩給父親寫了一張紙條，貼到了牆上，上面是這樣的一行字：一隻巴掌也能拍響。那之後，她開始配合醫生做運動。

九歲那年，父母不在時，她自己扔開金屬架，試著走路。蛻變的痛苦是無法形容的。她堅持著，她相信自己能夠像其他孩子一樣行走、奔跑……

十一歲時，她終於扔掉支架。她又向另一個更高的目標努力，她開始鍛鍊打籃球和田徑運動。1960年，羅馬奧運會女子百米賽跑決賽上，當她以十一秒一八的成績第一個撞線後，掌聲雷動，人們都站起來為她喝彩，齊聲歡呼

這個美國黑人的名字——威爾瑪‧魯道夫。

那一屆奧運會上，威爾瑪‧魯道夫成為當時世界上跑得最快的女飛人，被譽為「黑色瞪羚」，她共摘取了三枚金牌，也是第一個奧運會黑人女子百米冠軍。

患有小兒麻痺症的威爾瑪‧魯道夫成為奧運會女子百米冠軍，無論在誰聽來都是一個奇蹟，而這種奇蹟的背後卻是她那無數次的嘗試和努力。

所以，希望職場上的你，不要在還沒去做時，就對困難、難題妥協，更不要輕易否定一個超乎想像的想法，無論怎樣，努力去做，堅持做下去，你會發現人生真的沒什麼不可能。

‧‧禪林清音‧‧

徹底地認識你自己，你就會認識佛。

8. 落魄人悟道

有一個人在社會上總是落魄不得志，於是就有人建議他去找禪師尋求解脫的妙策。

他找到禪師。禪師沉思良久，默然舀起一瓢水，問：「這水是什麼形狀？」

這人搖頭：「水哪有什麼形狀？」

禪師不答，只是把水倒入杯子，這人恍然大悟似地說：「我知道了，水的形狀像杯子。」禪師沒有回答，又把杯子中的水倒入旁邊的花瓶，這人又說：「我又知道了，水的形狀像花瓶。」禪師搖頭，輕輕提起花瓶，把水

輕輕倒入一個盛滿沙土的盆中，清清的水便一下溶入沙土，不見了。這人陷入了沉思。

禪師俯身抓起一把沙土，歎道：「看，水就這麼消失了，這也是一生！」

這個人對禪師的話咀嚼良久，高興地說：「我知道了，您是透過水告訴我，社會處處像一個個規則的容器，人應該像水一樣，盛進什麼容器就是什麼形狀。而且，人還極可能在一個規則的容器中消失，就像這水一樣，消失得無影無蹤，而且一切無法改變！」這人說完，就緊盯著禪師的眼睛，他急於得到禪師的肯定。

「是這樣。」禪師捋須，轉而又說，「又不是這樣！」說完，禪師出門，這人隨後。在屋簷下，禪師蹲下身，用手在青石板的臺階上摸了一會兒，然後頓住。

這人把手指伸向剛才禪師手指所觸之地，他感到有一個凹處。他很迷惑，不知道這本來平整的石階上的「小窩」藏著什麼玄機。

禪師說：「一到雨天，雨水就會從屋簷落下，看，這個凹處就是水落下長期打擊造成的結果。」

此人大悟：「我明白了，人可能被裝入規則的容器，但又像這小小的水滴，改變著堅硬的青石板，直到破壞容器。」

禪師說：「對，這個小窩會變成一個洞！」

這個人答：「那麼，我找到答案了！」

禪師不語，用微笑和沉默與這個人對話。這人離開了禪師，重新回到了社會，他用行動與禪師對話。於是，這世間又多了一個充滿活力的人。

：道破禪機：

像水一樣活著

落魄人雖不得志卻很有悟性，他能夠從禪師的一舉一動的點撥中悟出水的生存之道：既要隨容器的改變而改變自身，還要以水滴石穿的努力去改變容器。

人若像水一樣活著，首先就要像水裝進容器一樣，將自己變成容器的形狀，也就是接受和融入環境；但是水在容器中不是靜止的，它還在用自己的微薄之力改變著容器，也就是說人不能在環境中苟且偷生、碌碌無為，應當利用自身力量有所作為，創造出一番事業來。

這是一種很有禪味的活法，牛仔大王李維斯的發跡史就很像這種活法。

當年他像許多年輕人一樣，帶著夢想前往西部追趕淘金熱潮。

一日，他突然間發現有一條大河擋住了他前往西部的路。苦等數日，被阻隔的行人越來越多，但都無法過河。於是陸續有人向上游、下游繞道而行，也有人打道回府，更多的則是怨聲一片。而心情慢慢平靜下來的李維斯想起了曾有人傳授給他的一個「思考制勝」的法寶，是一段話：「太棒了，這樣的事情竟然發生在我的身上，又給了我一個成長的機會。凡事的發生必有其因果，必有助於我。」於是他來到大河邊，「非常興奮」地不斷重複地對自己說：「太棒了，大河居然擋住我的去路，又給我一次成長的機會，凡事的發生必有其因果，必有助於我。」果

然，他真的有了一個絕妙的創業主意——擺渡。沒有人會因為吝嗇一點小錢而不去坐他的渡船過河，迅速地，他人生的第一筆財富居然因大河擋道而獲得。

一段時間後，擺渡生意開始清淡，他決定放棄，並繼續前往西部淘金。來到西部，四處是人，他找到一塊合適的空地方，買了工具便開始淘起金來。沒過多久，有幾個惡漢圍住他，叫他滾開，別侵佔他們的地盤。他剛理論幾句，那夥人便失去耐心，對他一陣拳打腳踢。無奈之下，他只好灰溜溜地離開。

好不容易找到另一處合適的地方，沒多久，同樣的悲劇再次上演，他又被人打了出來。在他剛到西部那段時間，多次被欺侮。終於，最後一次被人打完之後，看著那些人揚長而去的背影，他又一次想起他的「制勝法寶」：「太棒了，這樣在事情竟然發生在我的身上，又給了我一次成長的機會，凡事的發生必有其因果，必有助於我。」他真切、興奮地反覆對自己說著，終於，他又想出了另一個絕妙的主意——賣水。

西部黃金不缺，但似乎自己無力與人爭雄；西部缺水，可是似乎沒什麼人能想它。不久，他的賣水生意便紅火起來。慢慢地，也有人參與了他的新行業，再後來，同行的人已越來越多。終於有一天，在他旁邊賣水的一個壯漢對他發出通牒：「小個子，以後你別來賣水了，從明天早上開始，這兒賣水的地盤歸我了。」他以為那人是在開玩笑，第二天依然來了，沒想到那傢伙立即走上來，不由分說，便對他一頓暴打，最後還將他的水車也一起拆爛。

李維斯不得不再次無奈地接受現實。然而當這傢伙揚

長而去時，他卻立即開始調整自己的心態，再次強行讓自己興奮起來，不斷對自己說著：「太棒了，這樣的事情竟然發生在我的身上，又給我一次成長的機會，凡事的發生必有其因果，必有助於我。」

他開始調整自己注意的焦點。他發現在來西部淘金的人，衣服極易磨破，同時又發現西部到處都有廢棄的帳蓬，於是他又有了一個絕妙的好主意——把那些廢棄的帳蓬收集起來，洗乾淨，就這樣，他縫成了世界上第一條牛仔褲！從此，他一發不可收拾，最終成為舉世聞名的「牛仔大王」。

聰明的李維斯就是這樣像水一樣活著，無論環境發生怎樣的變化，他都能很快地調整自我，盡可能地以最快的速度接受它、融入它，並利用自己的智慧和力量來改變環境，最終成為「牛仔大王」。

身處職場的你，是否也領會到像水一樣活著的妙意呢？趕快放下抱怨，丟掉煩惱，融入所處的環境中吧，當你憑著智慧和力量創造出成績時，周圍的人一定會對你刮目相看的。

╔═══ ‧禪林清音‧ ═══╗

智者樂水，上善若水，善心如水。

9. 不肯放手的居士

有一個居士出門辦事，一不小心，掉到了險峻的懸崖下面。下墜的時候，居士雙手本能地在空中攀抓，剛好

抓住了崖壁上的一段枯枝，總算暫時保住了生命。居士懸盪在半空中，上下不得，正在進退兩難不知如何是好的時候，忽然看到佛陀正站在懸崖上慈祥地看著自己。

居士見到救星，求佛陀說：「慈悲的佛陀！求求您趕快救救我吧！」

「我救你可以，但是你要聽我的話，我才有辦法救你上來。」佛陀慈祥地說。

「佛陀！到了這種地步，我怎敢不聽您的話呢？隨您說什麼，我全都聽您的。」

「好吧！那麼請你把攀住樹枝的手放下！」

居士心想：「讓我把手放下，勢必會掉到萬丈深淵，跌得粉身碎骨，哪裡還保得住性命？」所以，他不僅沒有鬆手，反而更加抓緊樹枝不放。

佛陀看到居士執迷不悟，只好離去。

而居士終因無法自救，活活地餓死了。

∵道破禪機∵

放下原來的自我

初讀這個故事，可能會有很多人像居士一樣的疑惑，如果居士真的放手的話，佛陀真的能救他嗎？若真如此，為什麼居士不敢放手，不信任佛陀呢？其實，這個故事背後暗含著一種深刻的隱喻：佛陀希望居士放下的並不是手，而是放下困境中的原來的自我。

在職場生涯中，我們會有很多類似居士這樣的困境，上下不得，進退兩難，看似急需他人幫助，其實真正能救

自己的只有放下原來的自我。只有放下了，才能造就嶄新的自我，得以突破眼前的困境。為了更好地理解這個道理，來看下面這個小故事。

有一條河流從遙遠的高山上流下來，經過了很多個村莊與森林，最後它來到了一個沙漠，它想：「我已經越過了重重的障礙，這次應該也可以越過這個沙漠吧！」

當它開始穿越這個沙漠的時候，發現自己的河水漸漸消失在泥沙當中，它試了一次又一次，總是徒勞無功，於是它灰心了：「也許這就是我的命運了，我永遠也到不了那個傳說中的浩瀚的大海。」它頹喪地自言自語。

這時候，四周響起了一陣低沉的聲音：「如果微風可以跨越沙漠，那麼河流也可以。」原來這是沙漠發出的聲音。

小河流很不服氣地回答說：「那是因為微風可以飛過沙漠，可是我卻不行。」

「因為你堅持你原來的樣子，所以你永遠無法跨越這個沙漠。你只要願意放棄你現在的樣子，讓自己蒸發到微風中，讓微風帶著你飛過這個沙漠，就可以到達你的目的地。」沙漠用它低沉的聲音說。

小河流從來不知道有這樣的事情：「放棄我現在的樣子，然後消失在微風中？不！——不！」小河流無法接受這樣的概念，畢竟它從未有過這樣的經驗，叫它放棄自己現在的樣子，那不就等於是自我毀滅了嗎？

「我怎麼知道這是真的？」小河流這麼問。

「微風可以把水汽包含在它之中，然後飄過沙漠，到了適當的地點，它就把這些水汽釋放出來，於是就變成了

雨水，然後這些雨水又會形成河流，繼續向前進。」沙漠很有耐心地回答。

「那我還是原來的河流嗎？」小河流問。

「可以說是，也可以說不是。」沙漠回答，「不管你是一條河流或是看不見的水蒸氣，你內在的本質從來沒有改變。你會堅持你是一條河流，因為你從來不知道自己內在的本質。」

此時小河流的心中，隱隱約約地想起了似乎自己在變成河流之前，似乎也是由微風帶著自己，飛到內陸某座高山的半山腰，然後變成雨水落下，才變成今日的河流。於是小河流終於鼓起勇氣，投入微風張開的雙臂，讓微風帶著它，奔向它生命的歸宿。

職場中的你，若能在困境面前像小河流一樣，擁有「放下原來的自我」的勇氣，突破當前的困境，大膽地嘗試未知，朝著目標前進，相信你一定會擁有非凡的成就。如果你像居士那樣執迷不悟，不肯放下困境中的自我，那麼你的事業將只會故步自封。

·:·禪林清音·:·

放下，放下，放下才能擁有。

10. 閒情逸致的慧遠

慧遠禪師年輕的時候喜歡四處雲遊，廣泛接觸社會和眾生，從而對參禪帶來幫助。

雲遊途中，慧遠禪師與一位嗜菸的人同走了一段山

路。在河邊休息時,那人給了禪師一袋菸,禪師很高興地接受了那人的饋贈。由於他們彼此談話十分投機,分離時,那人又送給他一根菸管和一些菸草。

兩人分開之後,禪師心想,這個東西十分舒服,肯定會打擾禪定,時間一長,定會惡習難改,最好還是趁早戒掉,於是便將菸管與菸草全扔了。

過了幾年,他又迷上《易經》了。那時候正是冬天,地凍天寒,於是他寫信給他的老師索要一些寒衣,並托人將信寄到老師那裡。但是,信寄出去已經很長時間了,冬天已經過去,山上的雪都開始融化,老師還沒有寄衣服來,也沒有任何的音訊。於是,慧遠禪師用《易經》為自己占卜了一卦,算出那封信並沒有送到。

他心想:「《易經》占卜固然準確,但如果我沉迷於此道,怎麼能夠全心全意地參禪呢?」從此以後,他再也不接觸《易經》之術。

後來的一段時間裡,他又迷上了書法,每日鑽研,自然有所成就,甚至有幾個書法家對他的書法大加讚歎。他不久之後悟到:「自己偏離正道了,如此一來,難以成為禪師。」

從此,他一心放在參悟佛禪上,苦心鑽研,最終成了一位德行高深的禪師。

∴道破禪機∴

切莫玩物喪志

年輕時的慧遠禪師很有閒情逸致,既品嘗菸草,又研

習《易經》，還迷上了書法，可喜的是，他從不會玩物喪志，總能在迷戀之餘想起參悟佛禪，並能為了參禪而主動放棄愛好，最終成了一位德行高深的禪師。這則故事告訴職場上的我們，為了充實業餘生活可以培養一些愛好，但切莫玩物喪志，荒廢了主業。

在「新華網」論壇上曾有一個很受網友關注的話題——是官員還是作家？透視陝西「官員寫作風」，講述的是近年來，在陝西文壇上，一支特殊的創作隊伍——官員作家逐漸引起人們的關注。這些人勤於筆耕，發表的大量作品吸引了不少讀者，有些作品還獲得過全國性的文學獎項。而與此同時，他們不同於其他作家的官員身份卻也引來了異樣的目光和議論。

對於此，公眾大致持有三種觀點：

一種是贊同派，他們很讚賞這些官員作家的文筆和作品，並認為官員利用業餘時間寫作，總比去圍著酒杯轉、圍著裙子轉要好。

第二種是反對派，他們質疑這種官員寫作蔚然成風，會使官員沉湎于業餘愛好，荒廢了主業，從而背離了官員的職業道德，辜負了公眾的殷殷期待，也違背了公權力的本質要義，其結果就是本末倒置。

第三種是建議派，他們認為當官和出書應該分清主次，把當官放在首位，把為人民服務放在首位，要把主要的精力集中到發展經濟造福地方百姓上。

其實，這也可看成一個無需爭論的話題，關鍵在於官員自己的把握。對於一個文筆極好又能遊刃有餘地處理好工作的官員，在不影響工作情況下，利用業餘時間寫寫書

也未嘗不是一件好事。

職場中的你，若能分清愛好與主業，在不影響主業的情況下，利用愛好點綴生活，調劑心情，從而促進自己的主業，這種愛好就應該堅持。若你的愛好嚴重背離主業，甚至發展成了嗜好，過分癡迷，影響了主業，那麼你要學習慧遠禪師，為了主業主動放棄愛好，切莫玩物喪志。

‧禪林清音‧

山泉去凡心，書畫消俗氣。玩物不喪志，借境可調心。

11. 善靜妙答禪師

善靜和尚二十七歲的時候，棄官出家，到樂普山投奔元安禪師。禪師令善靜管理寺院的菜園，讓其在勞動的過程中修行。

有一天，寺內一位僧人認為自己已經修業成功，可以下山雲遊了，於是就到元安禪師那裡向他辭行。當然，下山是要得到禪師的批准的。

元安禪師聽了僧人的請求，決心考他一考，便笑著對他說：「四面都是山，你往何處去？」

僧人無法想出其中蘊涵的禪理，無言以對，只好轉身回去。

那僧人無意中走進了寺院的菜園子。善靜正在鋤草，看見僧人愁眉苦臉的樣子就驚訝地問：「師兄為何苦惱？」

僧人就將事情的來龍去脈一五一十地告訴了他。

善靜馬上想到「四面的山」就是暗指「重重困難」、「層層障礙」，

元安禪師實際上是想考考僧人的信念和決心。可惜，僧人參透不了師父的旨意，善靜於是笑著對僧人說：「竹密豈妨流水過，山高怎阻野雲飛。」意思是：竹林再密，也無法妨礙水流過去；山丘再高，也能阻止雲飛過去。這暗示僧人只要有決心，有毅力，任何高山都無法阻擋。

僧人聽了以後如獲至寶，於是就來到元安禪師那裡，對禪師說道：「竹密豈妨流水過，山高怎阻野雲飛。」

僧人以為師父一定會喜笑顏開地誇獎他，然後准他下山。誰知元安禪師聽後，先是一怔，繼而眉頭一皺，兩眼直視僧人道：「這肯定不是你擬的答案，是誰幫助你的？」

僧人見師父已經察覺，於是只好把善靜和尚的名字說了出來。

元安禪師對僧人說：「管理菜園的僧人善靜和尚，將來一定會有一番作為的！多學著點兒吧，他都沒有提出下山，你還要下山嗎？」

僧人非常慚愧，從此潛心於修行，終於參透了禪的真諦。

．．道破禪機．．

莫向命運低頭

善靜和尚用「竹密豈妨流水過，山高怎阻野雲飛」妙

答了元安禪師「四面都是山，你往何處去」，這看似尋常的對謁，卻道出了不尋常的人生哲理。四面都是山代表著人生的困境和命運的捉弄，然而竹林再密，也無法妨礙水流過去；山丘再高，也難以阻止雲飛過去。這向人們暗示了只要有決心，有毅力，任何高山都無法阻擋，任何命運的捉弄只不過是生命過程中的插曲罷了。

內心脆弱的人們容易在命運面前俯首，只有那些不屈服的人，才有資格笑談「竹密豈妨流水過，山高怎阻野雲飛」。在職場生涯中，有時也許會發生一些意想不到的意外，唯有面對意外的態度能造成截然不同的結果。

威爾遜先生是從一個普普通通的事務所小職員做起，經歷多年的奮鬥發展起來的企業家。如今他擁有了自己的公司，並且得到了人們的尊敬。

有一天，威爾遜先生從他的辦公樓裡出來，剛走到街上，就聽身後傳來「嗒嗒嗒」的聲音，那是盲人用竹竿敲打地面發出的聲響。威爾遜先生愣了一下，然後緩緩地轉過身。

那盲人感覺到前面有人，連忙打起精神，上前說道：「尊敬的先生，您一定發現我是一個可憐的盲人，能不能佔用您一點兒時間呢？」

威爾遜先生說：「我要去會見一個重要的客戶，你要什麼就快說吧。」

盲人在一個包裡摸索了半天，掏出一個打火機，放到威爾遜先生的手裡，說：「先生，這個打火機只賣一美元，這可是最好的打火機啊！」

威爾遜先生聽了，歎口氣，把手伸進西服口袋，掏出

一張鈔票遞給盲人：「我不抽菸，但我願意幫助你。這個打火機，也許我可以送給開電梯的小夥子。」

盲人用手摸了一下那張鈔票，竟然是一百美元！他用顫抖的手反覆撫摸這錢，嘴裡連連感激著：「您是我遇見過的最慷慨的先生！仁慈的富人啊，我為您祈禱！上帝保佑您！」

威爾遜先生笑了笑，正準備走，盲人拉住他，又喋喋不休地說：「您不知道，我並不是一生下來就瞎的，都是因為二十三年前布林頓的那場事故，太可怕了！」

威爾遜先生一震，問道：「你是在那次化工廠爆炸中失明的嗎？」

盲人彷彿遇見了知音，興奮地連連點頭：「是啊，是啊，您也知道？這也難怪，那次光炸死的人就有九十三個，傷的人有好幾百，可是頭條新聞呢！」

盲人想用自己的遭遇打動對方，再多得到一些錢，他可憐巴巴地說道：「我真可憐啊！到處流浪、孤苦伶仃，吃了上頓沒下頓，死了都沒人知道！」他越說越激動，「你不知道當時的情況，火一下子冒了出來，彷彿是從地獄中冒出來的！逃命的人都擠在一起，我好不容易衝到門口，可一個大個子在我身後大喊：『讓我先出去！我還年輕，我不想死！』他把我推倒了，踩著我的身體跑了出去！我失去了知覺，等我醒來，就成了瞎子，命運真不公平啊！」

威爾遜先生冷冷地說道：「事實恐怕不是這樣吧？你說反了。」

盲人一驚，用空洞的眼睛呆呆地對著威爾遜先生。

　　威爾遜先生一字一頓地說：「我當時也在布林頓化工廠當工人，是你從我的身上踏過去的！你長得比我高大，你說的那句話，我永遠都忘不了！」

　　盲人站了好長時間，突然抓住他，爆發出一陣大笑：「這就是命運啊！不公平的命運！你在裡面，現在出人頭地了；我跑了出去，卻成了一個沒用的瞎子！」

　　威爾遜先生用力推開盲人的手，舉起了手中一根精緻的棕櫚手杖，平靜地說：「你知道嗎？我也是一個瞎子。你相信命運，可是我不信！」

　　同樣的遭遇，同樣是盲人，不屈服命運的威爾遜先生創建了自己的公司，而原本比他強大的同事卻只能淪為沒用的瞎子。這一鮮明的對比讓我們意識到，命運是可以戰勝的，前提是你莫要向它低頭。

∵禪林清音∵

　　竹密豈妨流水過，山高怎阻野雲飛！

第三篇　德在人先　利居人後

1. 較勁的小和尚

在一座大山上有兩個寺院，它們屬於不同的派別。每天早上，兩個寺院分別派一個小和尚到山下的市場買菜。因為兩個小和尚總是在同一個時間出去，總能碰面，所以兩個人經常或明或暗地較勁使力，互試機鋒。

一天，一個問另一個：「你到哪裡去？」

「腳到哪裡我就到哪裡。」另一個答道。

問話的小和尚聽他這樣回答，不知如何繼續下去，站在那裡無話可說。

買完了菜，他回到寺院向師父請教，師父對他說：「下次你碰到他的時候就用相同的話問他，如果他還是那樣回答，你就說：『如果沒有腳，你到哪裡去？』這樣你就能擊敗他了。」小和尚聽完，高興地回去了。

第二天早上，他滿懷信心地下山，在山下又碰到了那個小和尚，他便立刻問道：「你到哪裡去？」

「風到哪裡我便到哪裡。」另一個小和尚回答道。

小和尚完全沒有招架之力，因為對方的回答不在自己的預料之中。他又站在那裡，一時語塞。

回到寺院，師父見他滿臉晦氣，問道：「難道我教你

的方法不行嗎?」

小和尚將早上的事情如實講出。師父聽了哭笑不得,對小和尚說:「那你可以反問他:『如果沒有風,你到哪裡去?』」小和尚眼睛一亮,心想明天一定能取勝。

第三天早上,他又碰見那個小和尚,於是問道:「你到哪裡去?」

「我到市場去。」另一個答道。

小和尚又無言以對,只好又回去請教師父。師父哈哈大笑:「那你就說,我與你同行嘛!」

小和尚自忖很有道理,於是第四天見面,對那個小和尚說:「如果你也去市場的話,我們同行吧?」

「好啊!」另一個和尚高興地回答。

從此,他倆經常一起下山、上山,互相交流,彼此進步都很快。

·道破禪機·

和對手做朋友

小和尚雖然在一次次較量中敗下陣來,但他虛心請教師父,不肯認輸,屢敗屢戰,並在與對手的較量中收穫頗豐。要說感激,他最該感激的除了師父,還有另一個悟性比他好的小和尚。

職場中,你經常會碰上跟你暗地裡較勁的人,但不要僅僅把他當做你的對手來排斥,因為他的存在才會讓你有壓力,激勵你不斷進步。

在北方某座大城市裡,諸多電器經銷商經過激烈的市

場較量，在付出了很大的代價後，有趙、王兩大商家脫穎而出，彼此也成為最強硬的競爭對手。

這一年，趙為了增強市場競爭力，採取了極度擴張的經營策略，大量地收購、兼併各類小企業，並在各市縣發展連鎖店，但由於實際操作中的失誤，造成信貸資金比例過大，經營包袱過重，其市場銷售業績反倒直線下降。

這時，許多業內外人士紛紛提醒王，這是主動出擊，一舉徹底擊敗對手趙，進而獨佔該市電器市場的最好商機。

王卻微微一笑，始終不採納眾人提出的建議。

在趙最危難的時機，王卻出人意料地主動伸出援手，拆借資金幫助趙渡過難關。最終，趙的經營狀況日趨好轉，並一直給王的經營施加壓力，迫使王時刻面對著這一強有力的競爭對手。

有很多人曾嘲笑王的心慈手軟，說他是養虎為患。可王卻沒有絲毫反悔之意，只是殫精竭慮，四處招納人才，並以多種方式調動手下的人工作積極性，一刻也不敢懈怠。

就這樣，王和趙在激烈的市場競爭中，既是朋友又是對手，彼此絞盡腦汁地較量，雙方各有損失，但各自的收穫卻也很大。多年後，王和趙都成了當地赫赫有名的商業鉅子。

面對事業如日中天的王，當記者提及他當年的「非常之舉」時，王一臉的平淡：擊倒一個對手有時候很簡單，但沒有對手的競爭是乏味的。企業能夠發展壯大，應該感謝對手時時施加的壓力，正是把這些壓力化為想方設法戰

勝困難的動力，進而在殘酷的市場競爭中，始終保持著一種危機感。

因此，你應該像兩大商家一樣，感激你的對手，和他做朋友，在競爭中互助，共同前進。

┌─‥‧禪林清音‧‥─┐

百草爭茂，故有綠茵蔥蔥。

2. 看誰不說話

從前，有四個和尚為了修行，一起參加禪宗的「不說話修煉」。住持透露，當「不說話修煉」結束時能夠真的一言不發的有可能修成正果。

在四個和尚中，有三個道行較高，由於修煉時必須點燈，所以點燈的工作就由道行淺的和尚負責。

「不說話修煉」開始了，四個和尚圍繞著那盞燈，盤腿打坐。幾小時過去了，四個人始終默不作聲。

這時，油燈中的油愈燃愈少，眼看就要枯竭了。管燈的和尚眼睛始終盯著那盞燈，見此情景甚為著急，可是他不敢說話。

突然，一陣風吹來，燈被風吹得左搖右晃，眼看就要熄火了。

管燈的和尚實在忍不住了，他大叫一聲說道：「糟糕！燈快熄了！」

其他三個和尚，原來都是閉目打坐，始終沒有說話，一聽到管燈的和尚的叫喊聲，都睜開了眼睛。

　　道行在管燈和尚之上的第二個和尚立刻斥責他說：「你叫什麼！我們是在做『不說話修煉』，你怎麼能夠開口說話呢？」

　　第三個和尚聞聲大怒，他衝著第二個和尚罵著：「你不是也說話了嗎？太不像話了！」

　　第四個也是道行最高的和尚，始終默不出聲地安然靜坐，可是過了一會兒，卻傲視著另外三個和尚說：「哈哈！只有我沒說話了。」

‥道破禪機‥

與其責備，不如讚美

　　為了一盞燈，四個和尚先後都說了話，可笑的是，除了第一個和尚，其餘三個都只會以五十步笑百步，互相責備、嘲笑，難怪修不成正果。若你仔細觀察周圍的人，會發現犯有這個毛病的人很多。

　　如果一個人身為公司高級主管，總是動不動就責備下屬這裡沒幹好，那裡沒弄好，不僅不會讓下屬更賣力工作，還可能遭到對方的抵觸。哪怕是他在公司地位很高，哪怕他給下屬開的獎金很豐厚，也很難在下屬面前樹立威信。若反過來，即使下屬做得真不好，也不惡語相向，而是恰當地讚美他做得好的方面，也許會激勵他做得更好。韓國某公司的一個清潔工就是這樣被激勵起來的。

　　他本來是一個最被人忽視、最被人看不起的角色，但就是這樣一個人，卻在一天晚上公司保險箱被竊時，與小偷進行了殊死搏鬥。事後，有人為他請功並問他的動機

時，答案卻出人意料。他說，當公司的總經理從他身旁經過時，總會不時地讚美他「你掃的地真乾淨」，這麼一句簡簡單單的話，使他受到了感動和鼓舞。

畢竟，生活中的每一個人，都有較強的自尊心和榮譽感。你對他們真誠地表揚與贊同，就是對他的價值的承認和重視。而能真誠讚美下屬的領導，不僅能使下屬們的心靈需求得到滿足，而且可以激發他們潛在的才能。

所以說，為了更好地讓人進步，與其責備，不如真誠地欣賞和善意地讚美。

⋯禪林清音⋯

以心生心，則心心入空，勤修捨心是菩薩行。

3. 須陀須摩王

過去有個國王，名叫須陀須摩王。他誠心地奉行佛教規誡，為人老實，從不打誑語。

一天早上，須陀須摩王乘車與宮女們一起去花園裡遊玩，剛出城門，就遇上一個婆羅門伸手向他乞討。國王很爽快地答應了，但表示現在身邊分文未帶，等到從花園回來後，保證佈施財物給他。

許下這一諾言後，國王就與宮女們來到花園，在水池中一邊洗澡，一邊嬉戲遊玩。當時有個名叫鹿足的兩翅王，趁須陀須摩王玩興正濃時，突然從天而降，一把抓住了他，消失在天空中。

宮女們被眼前發生的一切嚇得不知所措，驚恐萬分，

哭成了一團。哭聲驚動了國人，不久，舉國上下都知道國王被人擄走，不知去向，大家都很悲傷。

兩翅王抓著須陀須摩王騰空飛行，很快回到了自己的王宮，將他和先前擄來的九十九個國王關在一起。這時，須陀須摩王淚流滿面，十分傷心。兩翅王見了，頗有些不以為然，嘲笑他說：「我說須陀須摩王啊，人的生死離別，自有定數，何必像小孩子似的哭哭啼啼呢？」

須陀須摩王回答：「我並不怕死，只是後悔早上不該對人許下無法兌現的諾言，使自己失去了信用。我從小到大，沒打過誑語，沒做過失信於人的事。但今天早上有位婆羅門向我乞討，我答應回宮後向他施捨，沒想到出了意外，使我失信於他，犯了欺人之罪，這就是我痛哭的原因啊！」

兩翅王聽了這番話，覺得須陀須摩王如此誠實，確實難得，便對他說：「你不用害怕失信，我放你回國，但你必須在七天之內辦完佈施婆羅門的事，然後再自己回到這裡來。如果過了七天不回來，我會再把你抓來，那時我就不客氣了！」

須陀須摩王答應了兩翅王的條件，回到了自己的國家，然後一方面廣為佈施，一方面向人民表示懺悔和謝罪，還安排了立太子為國王的事宜。

須陀須摩王對臣民宣稱：「我的頭腦遲鈍，愚笨得很，沒有能力將國家治理好，請大家原諒。現在我是身不由己，性命也掌握在別人手中，馬上要遠離你們而去，前程實在難測。」

臣民及國王的親屬都跪下來向他叩頭，希望他不要

離去。人們紛紛說道：「請大王留在國內吧，留下來保護我們，這個國家需要你來治理。我們不怕那個叫鹿足的鬼王！」

須陀須摩王很感動，但他還是勸說大家：「你們聽從我的勸告，千萬不能那樣做。」接著，便說了幾句偈語：「實話第一戒，實話升天梯，實話小人大，妄語入地獄，我今守實話，心中無悔恨。」念完偈語，須陀須摩王便毅然告別國人，前往兩翅王的住所。

兩翅王掐指一算，七天期限將到，遙見須陀須摩王果真如約趕來，心中非常欽佩。一見面，他便高興地說道：「你真是一個講實話、守信用的人啊！哪個人不珍惜自己的生命？你已經從我手裡逃脫了，還恪守信用，忠實地踐約而來，稱得上是個偉人！」

兩翅王大受感動，就放了須陀須摩王。

‧‧道破禪機‧‧

誠實是一筆財富

講實話、守信用的須陀須摩王為了恪守信用，不惜生命，不光感動臣民，還感動了兩翅王，最終被釋放了。由此，我們得出一個結論：誠實不僅是一種美德，還是一筆非常寶貴的財富。只可惜那些把誠實的人當成傻子的人，殊不知在別人眼裡，自己才是最傻的。當你讀完下面的故事，相信你會對誠實有更深層的理解。

大學畢業前夕，小陳去人力市場找工作。一家服裝公司的市場推廣部要招四名市場調研員，基本要求是：文筆

好，口才好，能吃苦耐勞，還要有兩年以上工作經驗。文筆沒有問題，大學四年，小陳做了三年校報主編，文章也發了幾十篇；口才也一向不錯；吃苦耐勞，這是農家孩子的本色，唯獨缺少的就是工作經驗。但小陳很喜歡這個工作，不想就這麼放棄了，於是就填好一張表格交了上去。

接下來的筆試、面試都順利過關。最後一關是實踐測試，公司發給經層層篩選而剩下的十個人每人十份調查表，給他們一個星期的時間去做調查。領到厚厚一摞調查表，他們心裡都很清楚，在一週之內，誰完成的調查表又多又好，誰就是最後的幸運兒。

但等真的調查起來才發現，這實在不是一件容易的事。調查表的內容設計得非常詳細，細到讓人不耐煩的地步，一些資料還涉及到幾年前的銷售情況。結果被調查的銷售負責人一翻那份厚達七八頁的調查表，就直皺眉頭，大都以「實在太忙」、「最近沒空」予以婉拒。

這樣，小陳辛辛苦苦地跑了三天，也只做好了兩份調查表。剩下幾天，小陳跑得更加賣力了。有一家服裝商廈，小陳接連跑了三趟，留在那裡的調查表還是空白一片。那位女經理聽說小陳這調查同時也是求職考試，就好心地對小陳說：「小夥子，我現在實在是沒時間。我給你把調查表蓋好章，資料你回去自己填，反正也沒人知道，怎麼樣？」小陳一想，這倒是個好辦法，況且大部分的公司，求其蓋個章還是很容易的，至於資料，照著那份填好的調查表，改動一下就是了。可是這樣一來，公司做這次調查也就毫無意義，調查表也就失去了任何參考價值。考慮再三，小陳最終還是謝絕了那位女經理的好意。

期限到了，小陳垂頭喪氣地拿著三份調查表去交差。這份工作是沒希望了，想著自己前面的努力都將前功盡棄，他真有點後悔當初沒聽那位女經理的話。

出人意料的是，一週後，那家公司打電話來通知小陳，他被正式錄用了。

報到那一天，那位中年人事經理接待了小陳，他拍著小陳的肩膀說：「所有人之中，只有你一個人沒有工作經驗。但我還是給了你一次機會，你們交回調查表，公司馬上派人去核實……你們的工作會直接影響公司的投資方向和行銷策略，容不得半點虛假。」最後，他意味深長地對小陳說：「你要記住，無論幹什麼，一個不誠實的人，是沒有前途的。」

因為誠實，表現並不出色的小陳居然被公司錄用了。可見當今職場，公司對一個人是否誠實投入了多大的關注。所以，無論你正在求職，還是已經參加工作，都要記住：誠實不僅僅是一種人人欣賞的美德，對於自己的職業生涯來說，它還是一筆寶貴的財富。只要你恪守誠信，相信它一定會給你帶來好運氣。

···禪林清音···

參禪是對誠實的考驗，心不誠者難以參禪。

4. 兩 個 教 徒

從前，有兩個很虔誠、很要好的教徒，決定一起到遙遠的聖山朝聖。兩人背起行囊，風塵僕僕地上路，發誓不

達聖山朝拜，絕不返家。

　　兩個教徒走啊走，走了兩個多星期之後，遇見一位白髮年長的聖者。這聖者看到兩個如此虔誠的教徒千里迢迢前往聖山朝聖，就十分感動地告訴他們：「這裡距離聖山還有十天的腳程，但是很遺憾的是，在這十字路口我就要和你們分手了。在分手前，我要送給你們一個禮物。什麼禮物呢？就是你們當中一個人先許願，他的願望一定會馬上實現；而第二個人就不要許願了，因為他可以得到那個願望的兩倍！」

　　此時，其中一教徒心裡想：「這太棒了，我已經知道我想許什麼願，但我不能先講，因為如果我先許願，我就吃虧了，他就可以有雙倍的禮物！不行！」而另外一教徒也自忖：「我怎麼可以先講，讓我的朋友獲得加倍的禮物呢？」

　　於是，兩位教徒就開始客氣起來：「你先講嘛！」

　　「你比較年長，你先許願吧！」

　　「不，應該你先許願！」

　　兩位教徒彼此推來推去，「客套了」一番後，他們就開始不耐煩起來，氣氛也變了：「你磨磨蹭蹭幹嗎呢？你先講啊！」

　　「為什麼我先講？我才不要呢！」

　　兩人推到最後，其中一人生氣了，大聲說道：「喂，你真是個不識相、不知好歹的人，你再不許願的話，我就把你的腿打斷，把你掐死！」

　　另外一人一聽，沒想到他的朋友居然變臉，竟然還恐嚇自己，於是想：你這麼無情無義，我也不必對你太有情

有義！我沒辦法得到的東西，你也休想得到！於是，這個教徒乾脆把心一橫，狠狠地說道：「好，我先許願！我希望我的一隻眼睛瞎掉！」

很快地，這位教徒的一隻眼睛瞎掉了，而與他同行的「好朋友」立刻瞎掉了兩隻眼睛！

：道破禪機：

雙贏才是王道

兩個很要好的教徒，卻在「禮物」的誘惑面前撕破了臉，最終，心靈的扭曲使得兩人都嘗到了瞎眼的惡果。這本是一個很諷刺的故事，但它卻揭示出人性的貪婪和排他性常會使人失去理智，做出後悔不迭的事來。

試想一下，如果那兩個教徒中第一個許願的人說：「我想擁有兩匹馬，好讓我和我的朋友能夠趕路更快一些！」那他們兩個人就會擁有六匹馬，如此以來，六匹馬輪流著騎，他們趕往聖山豈不是快些，又怎會發生瞎眼的悲劇？

不幸的是，在職場生活中，總有像教徒那樣的同事，表面看起來很要好，其實心裡一直在爭名奪利。這種鼠目寸光的想法、做法，只會讓人在相互消耗中浪費生命。只有當一個人懂得與他人共贏之道的妙意，才可能突破這個「禮物」的圈套。雙贏之道，不僅有利於人與人的相處，還會使你得到的比一個人努力得到的更多。也就是說，在利益面前雙贏才是王道。

在下面這個故事中，當初只是旅店服務生的喬治‧

波特就是靠著雙贏的智慧，得到了出任希爾頓首席總經理的發展機遇的。

那是一個風雨交加的夜晚，一對老夫婦走進一間旅館的大廳，想要住宿一晚。

無奈飯店的夜班服務生說：「十分抱歉，今天的房間已經被早上來開會的團體訂滿了。若是在平常，我會送二位到沒有空房的情況下，用來支援的旅館，可是我無法想像你們要再一次地置身於風雨中，你們何不待在我的房間呢？它雖然不是豪華的套房，但是還是蠻乾淨的，因為我必須值班，可以在辦公室休息。」

這位年輕人很誠懇地提出這個建議。

老夫婦大方地接受了他的建議，並對自己給服務生造成的不便致歉。

隔天雨過天晴，老先生前去結帳時，櫃檯仍是昨晚的這位服務生，這位服務生依然親切地表示：「昨天您住的房間並不是飯店的客房，所以我們不會收您的錢，也希望您與夫人昨晚睡得安穩！」

老先生點頭稱讚：「你是每個旅館老闆夢寐以求的員工，或許改天我可以幫你蓋座旅館。」

幾年後，他收到一位先生寄來的掛號信，信中說了那個風雨夜晚所發生的事，另外還附有一張邀請函和一套到紐約的往返機票，邀請他到紐約一遊。

在抵達曼哈頓幾天後，服務生在第五街及三十四街的交叉路口遇到了這位當年的旅客。這個路口旁邊矗立著一棟華麗的新大樓。老先生說：「這是我為你蓋的旅館，希望你來為我經營，可以嗎？」

這位服務生驚奇莫名，說話突然變得結結巴巴：「你是不是有什麼條件？你為什麼選擇我呢？你到底是誰？」

「我叫威廉・阿斯特，我沒有任何條件，我說過，你正是我夢寐以求的員工。」

這旅館就是紐約最知名的華爾道夫飯店。這家飯店在1931年啟用，是紐約極致尊榮的地位象徵，也是各國的高層政要造訪紐約下榻的首選。而當時接下這家酒店管理工作的服務生就是那位奠定華爾道夫世紀地位的推手。

也許有人只會感歎喬治・波特遇上了貴人，試想一下，當年喬治・波特若不是出於雙贏的智慧幫助了兩位老人，又怎會有如此機遇呢？因此，在今後的職場中，要努力提升自己的境界，處處以雙贏的原則來考慮和處理事情，這樣不僅給你帶來好的人脈關係，還可能給你帶來意想不到的好運和機遇。

・・禪林清音・・

利己，利人，覺己，覺人。

5. 四 種 馬

釋迦牟尼坐在王舍城的竹林精舍裡，弟子們靜靜地等待佛陀的開示。

佛陀慈祥地說：「世界上有四種馬：第一種是良馬。主人為它配上馬鞍，套上轡頭，它能日行千里，快如流星。尤其可貴的是，當主人一揚起鞭子，它一見到鞭影，便知道主人的心意，前進後退、或快或慢都能揣度得恰到

好處，不差毫釐，這就是能明察秋毫的第一等良馬。」

「第二種是好馬。當主人的鞭子抽過來的時候，它不能馬上警覺，但當鞭子掃到馬尾的毛端時，它也能知道主人的意思，奔馳飛躍，也算得上是反應靈敏的好馬。」

「第三種是庸馬。不管主人多少次揚起鞭子，它見到鞭影都毫無反應，甚至皮鞭抽打在皮毛上，它都反應遲鈍，無動於衷。只有主人動了怒氣，鞭棍交加地打在它的肉軀上，它才開始察覺，順著主人的命令奔跑，這是後知後覺的庸馬。」

「第四種是駑馬。主人揚鞭時，它視若未睹，鞭棍抽打在皮肉上，仍毫無知覺；直到主人盛怒之極，雙腿夾緊馬鞍兩側的鐵錐，霎時痛入骨髓，皮肉潰爛，它才如夢初醒，放足狂奔，這是愚劣無知、冥頑不化的駑馬。」

佛陀說：「弟子們！這四種馬好比四種不同的眾生。第一種人聽說時間有變化無常的現象，生命有隕落生來的情境，便能悚然警惕，奮然努力，立志創造嶄新的生命。這就好比第一等良馬，看到鞭影就知道向前奔跑。

「第二種人看到世間的月圓月缺，看到生命的起起落落，也能及時鞭策自己，不敢懈怠。這就好比第二等好馬，鞭子才打在皮毛上，便知道放足馳騁。

「第三種人看到自己的親朋好友經歷死亡的煎熬以及肉身的壞滅，看到顛沛困頓的人生，目睹骨肉離別的痛苦，開始憂慮恐懼，善待生命。這就好比第三等庸馬，非要受到鞭打的切膚之痛，才能幡然醒悟。

「而第四種人只有當自己病魔侵身，如風前殘燭的時候，才悔恨當初沒有及時努力，在世上空走了一回。這就

好比第四等駑馬，受到徹骨徹髓的劇痛，才知道奔跑，然而，一切都為時已晚。」

時時要有危機感

釋迦牟尼以馬喻人，生動地告誡弟子做良馬、做強人的秘訣，那就是生於憂患、死於安樂。這句話原本出自孟子之口，但它歷經千年，光澤不變，深意恒遠。

生於憂患並非是讓你故意去惡劣的環境下磨鍊自己，它更多是讓你正視生存環境中帶來的壓力，要有憂患意識，也就是危機感，雖然會不舒服，但它能讓你自強不息，動力十足。美國國務卿賴斯就是這樣一個生於憂患，時時都有危機感的人。

當賴斯還小的時候，美國的種族歧視仍很嚴重，特別是在她生活的伯明罕，黑人地位非常低下，處處受到白人的欺壓。

賴斯十歲時，跟隨父母一起到首都旅遊，這裡的一切都令她感到新奇，包括那華麗的白宮。但是，僅僅因為她的黑人身份，不能進入白宮參觀。這種歧視令小賴斯倍感羞辱，她凝神遠望白宮良久，然後回身一字一頓地告訴父親：「總有一天，我會成為那間房子的主人！」

賴斯的父母很讚賞她的志向，就經常向她灌輸這樣的思想：「改善黑人狀況的最好辦法就是取得非凡的成就，而非凡的成就需要你付出比白人更多的努力。如果你能時時不忘這種比白人低下的危機感，拿出雙倍的勁頭往前

衝，或許能趕上白人的一半；如果你願意付出四倍的辛勞，就得以跟白人並駕齊驅；如果你願意付出八倍的辛勞，就一定能趕在白人前頭。」

父母的教育給了賴斯極大的鼓勵，她數十年如一日，以超過美國普通人八倍的辛勞刻苦學習，積累了豐富的知識，極大地增長了才幹。

許多普通美國人只會講英語，她則要求自己除熟習母語外，還要精通俄語、法語、西班牙語。

大多數美國人只需在一般的大學完成學業就很知足了，她則考進名校丹佛大學拿到博士學位。

普通美國人到二十六歲可能研究生還沒有讀完，而她已經是斯坦福大學最年輕的教授，隨後又出任了斯坦福大學歷史上最年輕的教務長。

普通美國人大多不會彈鋼琴，但她不僅精於此道，而且還曾獲得美國青少年鋼琴大賽第一名。

此外，她還精心學習了網球、花樣滑冰、芭蕾舞、禮儀，普通美國人能做到的她要做到，普通美國人做不到的她也要做到。

當普通的美國婦女可能只知道遙遠的俄羅斯是一個靠近北極、天氣寒冷的國家時，而她卻是美國國內數一數二的俄羅斯武器控制問題的權威。

天道酬勤，賴斯以「八倍的辛勞」換來了「八倍的成就」，終於一飛沖天，成為美國出色的國務卿。

若你能像賴斯一樣，時時有種危機感，它會激勵你成為一匹良馬，讓你比別人反應更快，跑得更遠。

若現在職場中的你拿著高薪，只有幸福感，卻絲毫沒

有危機感，那就該反省自己了。應當多和周圍人找找差距，給自己定一個高目標，讓自己時時能有危機感，激發自身潛能。否則，你將會在不知不覺中從幸福走向痛苦。

┌─‥‥禪林清音‥‥┐

內無憂，外無患，天倫亦難長久。

6. 借鬼揚名

從前，有一個和尚因為違反寺規被趕出廟門，他十分懊惱，邊走邊哭。

和尚在路上遇到一個鬼，這個鬼也是因為犯法，被毗沙門天王放逐。

鬼問和尚：「你有什麼心事，為何邊走邊哭？」

和尚答道：「我觸犯了僧戒，被逐出廟門。我沒有了施主的供養，而且壞名聲傳得遠近盡知，因此心中愁苦，不知將來怎麼辦才好。」

鬼對和尚說：「我可以幫你消除壞名聲，得到很多供養。你可以站在我的左肩上，我將扛著你在天空中行走，別人只能見到你而看不到我。這樣人們都會認為你是得道的高人，就會給你很多供奉。只不過，你得到供奉以後，必須首先滿足我。」

和尚想了一下，覺得這個主意不錯，便答應了。

於是，鬼扛著和尚，在和尚過去被趕走的那個地方行走。那個地方的人看到後都十分驚異，認為這個和尚已經得道，互相轉告道：「寺裡的眾僧不像話，錯逐了得道高

人。」他們齊聚寺廟，斥　眾僧。眾僧無奈，只得馬上迎接這個和尚回到廟裡。

和尚從此得到了很多供養之物，並把所得到的食物供養都先給鬼享受，不違背當初的諾言。

有一天，鬼又扛著和尚在空中漫遊，正好碰上毗沙門天王屬下的司官，嚇得魂都飛到了九霄雲外，慌忙扔下和尚隻身逃命。於是，和尚從高空中摔到地面，眾人頓時明白過來他是故弄玄虛、狐假虎威，之後更是把他唾棄得一文不值了。

∴道破禪機∴

真的假不了，假的真不了

在這浮躁與炒作充斥的今天，有許多像借鬼揚名的和尚一樣的人，總喜歡狐假虎威、故弄玄虛，到處招搖撞騙，以此換來名譽、地位。最終，他們的下場也都跟和尚一樣，被識破真面目後遭到世人唾棄。

這些事例一次次地證明了那句老話：真的假不了，假的真不了。這句簡單的古訓啟示我們，要想成功必須積累真才實學，不能靠故弄玄虛來偽裝自己；同時，當你擁有真才實學也不要甘於埋沒，要適時地表現自己。

就像下面故事中，在羊群中長大的小老虎一樣，永遠是隻老虎而不是山羊。

一隻小老虎因母虎被殺而被一頭山羊收養。接下來的幾個月，小老虎喝母山羊的奶，跟小山羊玩，它在盡力去學做一隻山羊。

　　過了一陣子，事情越來越不對勁，儘管這頭小老虎努力去學，它仍不能變成一隻山羊。它的樣子不像山羊，它的氣味不像山羊，它也無法發出山羊一樣的聲音。其他山羊開始怕它，因為它玩得太粗魯，而且它的身體太大。這頭小老虎退縮了，它覺得被排斥，覺得自己不如別人，但它不知道自己究竟錯在哪裡。

　　有一天，傳來一聲巨響，山羊四散奔逃，只有小老虎坐在岩石上不動。

　　突然，一頭龐大的東西走向它所在的空地，它的顏色是棕色，中間夾雜著黑色條紋，它的眼睛炯炯如火。

　　「你在這羊群中幹什麼？」那個入侵者對小老虎說。

　　「我是一隻山羊。」小老虎說。

　　「跟我來！」那頭巨獸以一種權威的口吻說。

　　小老虎發抖地跟巨獸走入叢林中，最後，它們來到一條大河邊。巨獸低頭喝水。「過來喝水。」巨獸說。

　　小老虎也走到河邊喝水，它在河中看到兩頭一樣的動物，一頭較小，但都是棕色並有黑色條紋的。

　　「那是誰？」小老虎問。

　　「那是你，真正的你！」

　　「不，我是一隻山羊！」小老虎抗議道。

　　突然，巨獸弓起身子來，發出一聲巨吼，整座叢林彷彿都為之動搖不已。等聲音停止後，一切都變得靜悄悄的。

　　「現在，你也吼一下！」巨獸說。

　　小老虎張大嘴，最初很困難，但它終於吼出的聲音來，雖然像是在嗚咽。

「再來！你可以辦到！」巨獸說。

最後，小老虎感到體內有股東西在蠢蠢欲動，一直湧到它的小腹，逐漸地彌漫於它全身，這時，它再也忍受不住了。

「現在！」那頭大斑斕虎說：「你是一頭老虎，不是一隻山羊！」

小老虎開始明白，它為何在跟山羊玩時感到不滿意。接連三天，它都在叢林漫步。每當它懷疑自己不是老虎時，它會弓起身子來大吼一聲。它的吼聲雖不及那頭大虎般雄壯，但誰又能夠對它產生懷疑呢？

真的假不了，假的真不了。假象只能騙人一時，狐假虎威也只能得逞一時之快，最終將遭到唾棄。若你是羊群中的老虎，那一聲驚天動地的大吼，又有誰會懷疑呢？因此，渴望成功的你，一方面要努力積累才學，另一方面，還有學老虎大吼一聲，讓人們知道你不是山羊，而是羊群中的老虎。

┌┅┅**禪林清音**┅┅┐

真真假假，假假真真，是是非非，非非是是。

7. 老子過函谷關

傳說老子騎青牛過函谷關，在函谷府衙為府尹留下洋洋五千言《道德經》時，一個年逾百歲、鶴髮童顏的老翁招招搖搖到府衙找他。

老子在府衙前遇見老翁。

　　老翁對老子略略施了個禮說：「聽說先生博學多才，老朽願向您討教個明白。」

　　然後老翁得意地說：「我今年已經一百零六歲了。說實在話，我從年少時直到現在，一直是遊手好閒地輕鬆度日。與我同齡的人都紛紛作古，他們開墾百畝沃田卻沒有一席之地，建了四舍屋宇卻落身於荒野郊外的孤墳。而我呢，雖一生不稼不穡，卻還吃著五穀；雖沒置過片磚隻瓦，卻仍然居住在避風擋雨的房舍中。先生，是不是我現在可以嘲笑他們忙忙碌碌勞作一生，只是給自己換來一個早逝呢？」

　　老子聽了，微然一笑，吩咐府尹說：「請找一塊磚頭和一塊石頭來。」

　　老子將磚頭和石頭放在老翁面前說：「如果只能擇其一，仙翁您是要磚頭還是願取石頭？」

　　老翁得意地將磚頭取來放在自己的面前說：「我當然擇取磚頭。」

　　老子撫須笑著問老翁：「為什麼呢？」

　　老翁指著石頭說：「這石頭沒棱沒角，取它何用？而磚頭卻用得著呢。」

　　老子又招呼圍觀的眾人問：「大家要石頭還是要磚頭？」

　　眾人都紛紛說要磚頭，而不取石頭。

　　老子又回過頭來問老翁：「是石頭壽命長呢，還是磚頭壽命長？」

　　老翁說：「當然石頭了。」

　　老子釋然而笑說：「石頭壽命長人們卻不擇它，磚頭

壽命短，人們卻擇它，不過是因為有用和沒用罷了。天地萬物莫不如此。壽雖短，於天於人有益，天人皆擇之，皆念之，短亦不短；壽雖長，於天於人無用，天人皆棄之，倏忽忘之，長亦是短啊！」

老翁頓然大悟。

·∴道破禪機∴·

讓自己有利用價值

石頭壽命雖長，人們卻不選它，磚頭壽命雖短，人們卻要選它，這正是因為磚頭比石頭更有利用價值。不光萬物如此，做人也要做一個有利用價值的人。

表面看來，自身價值被他人利用，豈不是虧欠了自己？但反過來想想，在人才激烈競爭的職場中，若一個人對公司而言沒有價值，又怎會受到青睞呢？若像老翁那樣遊手好閒，苟且一生，雖年齡過百、鶴髮童顏又有什麼意義呢？

人活著就要有追求、有價值、有意義，只有當你有了利用價值時，才有機會發光、發熱，才能比沒有利用價值的人更受歡迎。

因此，我們一定要竭盡全力做一個有利用價值的人。在這方面，和時間賽跑的沙莉‧拉斐爾無疑是最具代表性的人物。

一位電臺主持人在自己的職業生涯中遭遇過十八次辭退，她的主持風格曾被人貶得一錢不值。

最早的時候，她想到美國大陸無線電臺工作。但是，

該電臺負責人認為她是一個女性，恐怕不能吸引聽眾，理所當然地拒絕了她。

她來到波多黎各，希望自己能交上好運。但是她不太懂西班牙語，為了熟練語言，她花了三年時間。然而，在波多黎各的日子裡，她最重要的一次採訪，只是有一家通訊社委託她到一個小國家去採訪暴亂，連差旅費也是自己出的。

在以後的幾年裡，她不停地尋找工作，不停地被人辭退，有些電臺甚至指責她根本不懂什麼叫主持。

1981年，不屈不撓的她又來到紐約的一家電臺，但是很快被告知她跟不上這個時代。

為此，她失業了一年多。

有一次，她向一位國家廣播公司的員工推銷她的清談節目策略計畫，得到他的肯定。然而不幸的是，那個人後來離開了廣播公司。

她再向另一位職員推銷她的策劃時，這位職員對此一點也不感興趣。她找到第三位職員，請求被雇傭。此人雖然說同意了，卻不同意她做清談節目，而是讓她做一個政治類主持節目。

她對政治一竅不通，但為了生活，她不想失去這份工作。她充分利用時間，見縫插針地惡補各種政治知識⋯⋯

1982年的夏天，她的以政治為內容的節目開播了。

出人意料的是，她嫻熟的主持技巧和平易近人的風格，吸引了許多聽眾打進電話討論國家政治活動，包括總統大選。

她幾乎是一夜成名，她的節目成為全美最受歡迎的政

治節目。

　　她叫沙莉‧拉斐爾，現在的身份是美國一家自辦電視臺的節目主持人，曾經兩度獲得全美主持人大獎，每天有八百萬觀眾收看她主持的節目。在美國的傳媒界，她就是一座金礦，她無論到哪家電視臺、電臺，都會給單位帶來巨額的回報。

　　拉斐爾說：「我平均每一年半就被人辭退一次，有些時候，我認為這輩子完了。但我知道，之所以被辭退，是因為我已沒有利用價值，所以我要和時間賽跑，竭盡全力讓自己變得更有價值。」

　　誠然，讓自己變得有利用價值說起來容易，做起來很難。但不管有多難，一定要努力去做，懈怠的時候多想想拉斐爾是怎樣和時間賽跑，怎樣變得更有價值，怎樣取得巨大成功的。

　　如果此時，你正值春風得意，也要不斷努力讓自己更有利用價值，否則難免會落入狡兔死、走狗烹的境地。

┌┅‥禪林清音‥┅┐

　　禪有價值，故有人參禪；人有價值，故有人欣賞。

8. 愛炫耀的小沙彌

　　寺院裡接納了一個十六歲的流浪兒，他的頭腦非常靈活，給人一種手勤嘴快的感覺。

　　灰頭土臉的流浪兒在寺裡剃髮沐浴之後，變成了乾淨俐落的小沙彌。

　　法師一邊關照他的生活起居，一邊苦口婆心、因勢利導地教他為僧做人的基本常識和道理。看他接受和領會知識比較快，法師又開始引導他習字念書、誦讀經文。也就在這個時候，法師發現了小沙彌的致命弱點——心浮氣躁、鋒芒畢露、驕傲自滿。

　　例如，他剛學會幾個字，就拿著毛筆滿院子寫、滿院子畫；再如，他一旦領悟了某個佛理，就一遍遍地向法師和其他僧侶們炫耀；更可笑的是，當法師為了鼓勵他，剛剛誇獎他幾句，他馬上就在眾僧面前顯擺，甚至把任何人都不放在眼裡，大有唯我獨尊、不可一世之勢。

　　為了改變和遏制小沙彌的不良行為和作風，法師想了一個啟發、點化他的好點子。

　　這一天，法師把一盆含苞待放的夜來香送給這個小沙彌，讓他在值更的時候，注意觀察花卉的生態狀況。

　　第二天一早，小沙彌欣喜若狂地抱著那盆花一路招搖地主動找上門來，當著眾僧的面大聲對法師說：「您送給我的這盆花太奇妙了！它晚上開放，清香四溢，美不勝收。可是，一到早晨，它卻收斂了香花芳蕊……」

　　法師用一種特別溫和的語氣問小沙彌：「它晚上開花的時候，吵你了嗎？」

　　「沒，沒有。」小沙彌高高興興地說，「它的開放和閉合都是靜悄悄的，哪能吵我呢！」

　　「哦，原來是這樣啊！」法師以一種特殊的口吻說，「老衲還以為花開的時候也要吵鬧著炫耀一番呢。」

　　小沙彌愣怔一陣之後，臉一下子就紅了，諾諾地對法師說：「弟子領教了，弟子一定痛改前非！」

·∴道破禪機∴·

不要做刺蝟，更不要做猴子

　　人的天性中往往都有種壞習氣，那就是容易因為一點小成績而過於自我感覺良好，從而變得驕傲、浮躁，更有甚者像小沙彌一樣到處炫耀自己的「本事」，像一隻惹人笑話的猴子。只是，小沙彌是幸運的，他有一個能夠寬容並開導他的好師父，能夠知錯就改，懂得克制自己的壞習氣。而下面故事中的小劉可就沒那麼幸運了。

　　小劉在大學畢業後就應聘到一家大公司擔任秘書，由於她特別聰明能幹，總裁交代的任務總是辦得非常令人滿意，不久就被公司提拔到一個關鍵部門擔任主管。升遷後的小劉，心態發生了變化，漸漸地擺起了架子，處處表現得像一顆冉冉升起的明星。慢慢地，同事和下屬見到她就盡可能地繞著她走，躲不掉只好硬著頭皮頂住。

　　但工作上，她一點都不馬虎，很快又出了業績。半年以後，公司又決定提拔她到分公司去擔任經理，這下她的架子擺得就更大了。她離開部門的最後兩週裡，不斷地責備、呵斥別人，幾乎同她打過交道的人都被她責備過。

　　她指責辦公室裡的每個人有這樣那樣的缺點。大家非常痛苦不說，還經常搞得她自己整夜不得入睡，然後她又說其他管理人員如何對她不好。她走了之後，大家總算喘了一口氣。

　　對於這個既有動力又很能幹的上司，由於她發了兩個星期的脾氣，人們把她努力取得的業績統統拋之腦後，只

記住了她的怨言和指責。

小劉擔任分公司經理後，再次因為擺架子和同事搞得不團結，總公司便立刻派人調查她過去在部門任主管時的情況，可以想像，調查的結果會是如何不利於她。

沒多久，小劉就被免了職，又降為普通職員，礙於面子，她只得辭職走人。

其實，每個人身上都會有壞習氣，無論你是剛步入職場，還是已在職多年，都應該努力克制自己的壞習氣，既不要像小劉那樣，如同一隻刺蝟，令人望而生畏，更不要像到處炫耀的小沙彌那樣惹人取笑。只有這樣，人們才會樂意和你一起工作。

要深知，在這個時代，任何事業的成功都需要團隊的努力，要做一隻羊群中富有魅力的羊，而不要做處處傷人的刺蝟，更不要做惹人取笑的猴子。

·:·禪林清音·:·

花開靜悄悄，芬芳人自知。

9. 成 為 富 翁

有一位很想成為富翁的青年，到處旅行流浪，辛苦地尋找著成為富翁的方法。幾年過去了，他不但沒有變成富翁，反而成為衣衫襤褸的流浪漢。

觀世音菩薩被他的虔誠感動了，就教他說：「要成為富翁很簡單，你從此以後，要珍惜你遇到的每一件東西、每一個人，並且為你遇見的人著想，佈施給他。這樣，你

很快就會成為富翁了。」

青年聽後興奮異常，手舞足蹈地走出廟門，一不小心竟踢到石頭被絆倒在地上，當他爬起來的時候，發現手裡粘了一根稻草，便小心翼翼地拿著稻草向前走。突然，他聽見小孩號啕大哭的聲音。於是，他便走上前去。

當小孩看見青年手裡拿著根稻草，立即好奇地停止了哭泣。青年就把稻草送給孩子，孩子高興地笑起來。孩子的媽媽非常感激，送給他三個橘子。

他拿著橘子繼續上路，不久，看見一個布商蹲在地上喘氣。他走上前去問道：「你為什麼蹲在這裡，有什麼我可以幫忙嗎？」

布商說：「我口渴得連一步都走不動了。」

「這些橘子就送給你解渴吧。」他把三個橘子全部送給布商。布商吃了橘子，精神立刻振作起來。為了答謝他，布商送給他一匹上好的綢緞。

青年拿著綢緞往前走，看到一匹馬倒在地上，騎馬的人正在那裡一籌莫展。他就徵求馬主人的同意，用那匹上好的綢緞換那匹病馬，馬主人非常高興地答應了。

他跑到小河邊去提一桶水來給那匹馬喝，沒想到才一會兒，馬就好起來了，原來馬是因為口渴才倒在路上的。

青年騎著馬繼續前進，在經過一家大宅院的門前時，突然跑出來一個老人攔住他，向他請求：「你這匹馬，可不可以借給我呢？」

他就從馬上跳下來，說：「好，就借給你吧！」

那老人說：「我是這大屋子的主人，現在我有緊急的事要出遠門，等我回來還馬時再重重地答謝你；如果我沒

有回來，這宅院和土地就送給你好了。你暫時住在這裡，等我回來吧！」說完，老人就匆匆忙忙騎馬走了。

青年在那座大宅院住了下來，等老人回來。沒想到老人一去不回，他就成為宅院的主人，過著富裕的生活。

這時他領悟到：「呀！我找了許多年能夠成為富翁的方法，原來這樣簡單！」

‥道破禪機‥

以德心取財

常言道：君子愛財，取之有道。而故事中的青年，獲得財富並不是靠道而是靠德，他獲取財富的過程正是由不斷佈施來幫助他人，從而令他人感激並回報的過程。細細想想，現代企業中真正厲害的企業，無不靠著給人們提供物美價廉的商品而贏得消費者的喜愛，從而賺取利潤以維繫企業的生存和發展。

因此，做企業的要有一份德心，去悉心瞭解市場需求，並依據這種需求來生產出相應的商品，來滿足消費者的需要，才能謀求新的發展。相反的，如果企業主沒有德心，不去瞭解消費者需要的是什麼，只是一味地搜刮財富，想盡各種辦法來欺騙消費者，恐怕只能騙得了一時，很快就會被消費者所拋棄吧！

牛根生從小命運悲苦，還不滿月時，便被父母以五十元的價格賣給一戶姓牛的人家。養父是個養牛的，他也繼承父業，開始養牛。後來他進入了伊利的前身——回民奶食品總廠工作，在那裡他貢獻了十六年的青春和熱血，終

於從洗瓶工幹到了副總裁。

那年，他們廠研究雪糕，牛根生第一個就拿給兒子嘗。不料，兒子才咬一口，就將整支雪糕扔到了地上。他不但沒有怪兒子，反而反思自己的產品：產品做不好，連自己的兒子都不愛吃，更何況消費者了。抱著做好產品的決心，他把伊利雪糕做成了中國雪糕的第一品牌。

大家都覺得憑他的成績在伊利的地位會更高，誰知牛根生卻突然被免職。

被免職後，牛根生帶著遺憾離開伊利，註冊了蒙牛，開始自己掏腰包創業。創業路上，牛根生既把自己當做「種草養牛的工人農民的兒子」，急農民之所急，又把自己當做「全體健康乳製品消費者的僕人」，替消費者著想，憑著那句「城市多喝一杯奶，農村致富一家人」的豪言壯語，實現了蒙牛企業的大發展。

然而信奉「財散人聚，財聚人散」哲學的老牛，不但曾將自己的一百零八萬元年薪分給了大家，還捐出了自己的全部股份，建立了「老牛專項基金」。

這些年，蒙牛不光捐助地震災區，為印度洋海嘯捐款，為紅字會捐款，慰問貧困戶，救濟貧困生，向奶農免費發放種草補貼，為奶農提供養牛保險；還宣導尊師重教，向全國十六個城市的一百二十五萬名教師每人贈送了一箱牛奶等等。相信每位看過蒙牛那個廣告的人，都會為那句「少年強則國強」而感動。

正因他牽手農民和消費者，為農民謀財富，為消費者製造好牛奶，他自己也被人譽為「乳業鉅子」。

當牛根生講述自己的座右銘時，卻說出了「小勝憑

智，大勝靠德」。可見，一個德字對於創業、發展而言是何等重要。

┌┅・禪林清音・・┐

錢財雖是身外物，取之仍需有德心。

10. 苦行僧尋佛

一個苦行僧為了找到他心中的佛四處雲遊，吃盡了世間的苦，可是他依然未能找到他心中的佛。在一個漆黑的夜晚，這個遠行尋佛的苦行僧走到一個荒僻的村落中。

漆黑的街道上，村民們默默地你來我往。當苦行僧轉過一條巷子時，他看見有一團暈黃的燈正從巷子的深處靜靜地移過來。他聽到有個村民說：「瞎子過來了。」

僧人十分吃驚，就問那個村民：「那挑著燈籠的真是一位盲人嗎？」

「他真的是一位盲人。」那人肯定地告訴他。

苦行僧百思不得其解——一個雙目失明的盲人，他對白天和黑夜沒有一絲概念，提著燈他自己又看不見道路，他甚至不知道燈光是什麼樣子的，他挑一盞燈籠豈不令人覺得迷惘和可笑？

那燈籠漸漸近了，暈黃的燈光漸漸從深巷移到僧人的跟前。百思不得其解的僧人忍不住上前問道：「很抱歉地問一聲，施主真的是一位盲者嗎？」

那挑燈籠的盲人回答他：「是的，從踏進這個世界，我就一直雙眼混沌。」

　　僧人問：「既然你什麼也看不見，那你為何挑一盞燈籠呢？」

　　盲人說：「現在是黑夜吧？我聽說在黑夜裡沒有燈光的映照，那麼滿世界的人都和我一樣什麼都看不見，所以我就點燃了一盞燈籠。」

　　僧人若有所悟地說：「原來你是為別人照明啊？」

　　但那盲人卻說：「不，我是為自己！」

　　「為你自己？」僧人又愣了。

　　盲者緩緩問僧人：「你是否因為夜色漆黑而被其他行人碰撞過？」

　　僧人說：「是啊，這是經常會遇到的事情。就在剛才，還被兩個人不留心碰撞過。」

　　盲人聽了，就得意地說：「但我就沒有。雖說我是盲人，什麼也看不見，但我挑了這盞燈籠，既照亮了別人，也讓別人看見了我，這樣，他們就不會因為看不見而碰撞我了。」

　　僧人頓悟，感歎道：「我辛苦奔波就是為了找佛，其實佛就在我身邊啊！」

┌─ **道破禪機** ─┐

真誠與人合作

　　職場生活中，不少人迫於競爭壓力，唯恐他人比自己晉升快、拿錢多，經常會勾心鬥角。有時僅僅因為一點小事，同事之間就會結怨，結果搞得公司裡人際關係緊張。殊不知大家都這樣地提防著對方，不真心地合作，不僅自

身得不到發展，公司也會受到影響。試想一下，一個人人不肯合作的公司，能有什麼發展前景？

盲人本來看不見道路，但每逢夜裡出行總會帶上燈籠，有了燈籠照明，不光別人不會撞到他，自己的路也會走得更平坦。因此，要想在職場上取勝，就要學會真誠地與人合作，減少工作上的摩擦，在合作中交換有無。

下面這個寓言，正好闡述了與人合作的好處。

阿牛是一個好奇心非常強的信徒。

有一天，阿牛巧遇觀世音菩薩，向菩薩說出了一個心願：想看天堂與地獄的生活。菩薩因他的虔誠而答應帶他到天堂與地府遊一圈。

當菩薩帶他到陰森森的地府時，看見的都是骨瘦如柴，飽受饑餓折磨的餓鬼。

「為什麼他們都這麼瘦呢？」阿牛問菩薩道。

「你瞧！」

此時，正好午餐時間到了，那些餓鬼都湧到一個巨大的鍋旁。不過，此時他們的雙手都被綁在了一對長達六尺的木匙上。他們爭先恐後地爭飯，但由於被長匙所約束，無法將食物送進口，許多食物都被弄掉在地上。

看到這裡，阿牛才覺悟為什麼這些餓鬼永遠是那麼瘦小。

片刻，菩薩又帶阿牛參觀天堂。天堂內鳥語花香，仙人個個臉色紅潤，身體強壯。

「到底他們是吃什麼食物呢？」阿牛問菩薩。

「食物沒有什麼差別，所不同的是他們不像地獄之鬼那樣貪婪、自私。你瞧！」

時逢一群仙人正在一個巨大的鍋旁吃飯，他們的雙手也是綁了一對長六尺的木匙，與餓鬼無異。不同的是，當他們用木匙舀到食物時，他們則將食物互相往對方的嘴裡送去，在大家彼此的默契合作下，個個都能吃飽，皆大歡喜！

地獄的人不肯真誠合作導致人人飽受饑餓的折磨，而天堂裡人與人之間真誠合作，每個人都能吃飽飯，這個寓言不正好告訴我們真誠與人合作的積極意義嗎？

┌─・禪林清音・┐

利己，利人，才能修得無上真禪。

11. 風水先生喝水

從前，有一位很有名氣的風水先生，受人之請到某地為人看風水。時值酷暑，風水先生一路走來，汗流浹背，口渴難耐，行至一村，正好看到一農婦在家門前水井打水，於是就急忙上前討水喝。

農婦打出水來，請他喝，就在風水先生低頭準備喝水的時候，農婦抓起一把穀糠灑在水裡。

風水先生一看，心中頓生瞋恨，暗道，此婦人心地如此不善。無奈，他只好吹開水面的穀糠，慢慢將水喝下。

臨走時，風水先生心生報復之念，對婦人說道：「謝謝施水之恩，我就為您指出一處風水寶地，作為回報。」其實他為婦人指出的是風水最壞的一塊地方。

十幾年後，風水先生又路經此村，看到當年為他施水

的農婦已經成為遠近的首富。他感到大惑不解，就前去問個究竟，見面後，說起當年的往事，他問老婦人道：「當時為何要將穀糠灑在水中？」

老婦人答道：「之所以那樣做，是怕你熱身子喝涼水，激出病來。把穀糠灑在水裡，你要一邊吹一邊喝，就不會喝得快了。」

風水先生聽罷，頓生慚愧，若有所思地說道：「我明白了，我明白了。」

老婦人問：「你明白了什麼？」

風水先生說：「我明白了，真正的風水是在人的心裡。」從此，風水先生再也不看風水了。

﹒﹒道破禪機﹒﹒

行得正自然坐得端

一個人生活在世上，只要做事對得起良心，與人為善，樂意助人，就不必害怕他人的誤解，更無需怕他人惡意的報復。故事中的農婦，儘管風水先生起初不解她往水裡撒穀糠的用意，還遭其報復，然而並沒有影響到她成為當地的首富。等風水先生後來得知真相後，才悟到真正的風水在人的心裡，就不再給人看風水了。

這是一個極具諷刺意味的故事，它告訴我們只要做事行得正、坐得端，就算遭人誤解、非議，甚至有人暗地裡使壞，也不要放在心上，既不要陷入他人的議論而痛苦不堪，更不要和一些居心叵測的人發生爭鬥，要相信公道自在人心，繼續做自己該做的事就好。

　　小伊是一個非常漂亮的女大學生，畢業後，她在一家跨國公司裡給總裁當秘書。總裁是一個四十來歲的英國人，但來中國發展很早，娶了一個中國老婆。

　　在公司裡，小伊經常為總裁安排行程，制訂工作計畫，上傳下達，事無巨細，十分認真。每逢出差，她總是跟隨在總裁身旁。總裁也對這個年輕的秘書非常滿意，經常誇她能幹。但他們這種正常的工作關係，卻引來公司裡同事們的閒話，經常在背地裡議論她和總裁之間如何地曖昧。有時，這些閒話也會傳到小伊的耳朵裡，但她從不放在心上，一切照舊。

　　誰料，這種傳聞不知怎麼被總裁夫人聽到了。已經人到中年的總裁夫人，曾多次聽聞過類似的傳聞，也曾在心裡擔心過自己的地位會被年輕的女孩取代，曾經見過小伊一面，當時就害怕這個女孩會對自己的婚姻構成威脅，不料，事情居然真發展到這一地步。

　　於是，她都沒想過這個傳聞是否屬實，便不顧一切地去公司裡找小伊談話。

　　小伊對她非常尊敬，又是沏茶又是倒水，但總裁夫人的臉依然陰沉沉的。沉默一會兒，她終於發話了：「小伊啊，按年齡我該當你的阿姨了，但我想不通，你們這些年輕漂亮的女孩怎麼就那麼喜歡破壞別人的家庭呢？」

　　聰明伶俐的小伊一聽就明白了怎麼回事，她心平氣和地說：「阿姨，我知道你為什麼找我談話了。我也告訴你一些事，您的先生非常愛您，他每次和我談完工作之後就會聊起你們當年談戀愛時如何如何地浪漫，無論去何地都忘不了讓我提醒他給你買小禮物……難道這些還不讓您相

信您的丈夫嗎？等再過半個月，我就要去總公司工作了，您總不會繼續懷疑我和您的丈夫了吧？」

總裁夫人聽完，長舒了一口氣，很快又有些不好意思。為了表達對自己猜疑小伊的歉意，她專門送了小伊一套衣服和一個數位相機，漸漸地兩人還成了好朋友。

行得正、坐得端的小伊不但沒被流言嚇倒，還開誠佈公地開導總裁夫人，以實際行動換來了信任。

可見，在職場生涯中，一個人把握好自己的言行舉止，處理好同事以及上下級關係，是一種何等高明的處世技巧。這種技巧不但能消除誤會、猜疑，還能為自己迎來很好的發展機遇。

∴禪林清音∴

身正者而影子斜，不因人，而因光。

1. 一字誤人

一位雲遊的和尚晚上到了一座山的半山腰，見一小屋內大放光明，暗喜有緣遇到得道之人。

於是，他推門入室，見一老叟盤坐於炕上，打過招呼後便問：「施主練的什麼功？」

老叟答曰：「菩薩咒。」和尚更加高興，自思自己出家四十年，尚未聽過有菩薩咒，忙向老叟請教。

老叟說：「我練此咒六十餘年，尚未傳授過一人，也就是六個字：嗡、嘛、呢、叭、咪、牛。」

和尚聽老叟把「吽」錯念成「牛」，便笑了，告訴老叟這咒非菩薩咒，乃六字大明神咒，並指出最後一個字念「吽」而不念「牛」。

和尚走後，老叟按和尚更正的去念，總是繞口念不好。

三個月後，雲遊和尚又來到這裡，心想老叟把「牛」改正念「吽」後，他的道行更高了。

不料，那屋內一點光也沒有。進門一看，老叟正在念大明神咒，最後的「吽」字總念不好。

和尚滿腹疑團：為何老叟念「牛」有光，念「吽」反

133

而無光？

回廟後求教於方丈，方丈說：「你出家四十年，為何不懂此理？念咒是把心定位，心定後身體的三昧真火出來，便有光了。老叟按他的念法念了六十年，念得一心不亂，三昧真火自然出來了。你讓他改念，心亂了，三昧真火便出不來了。」

‧‧道破禪機‧‧

跳出「真理」的陷阱

和尚的指點，雖一字之差，卻讓老叟心亂，再也出不來三昧真火了。為何念對了還不如念錯呢？正如方丈所言，老叟的錯誤念法早已念得一心不亂，三昧真火自然就出來了。

因此，有時候，所謂正確的邏輯真理，並不一定符合生活的本質。我們更應該遵從生活的本來面目，跳出「真理」的陷阱，僅把邏輯當成一種工具，不能奉為聖經，畢竟它有時候會和現實嚴重相違背。

下面的故事用更簡潔明瞭的方式揭示了這一道理。

教授每天都要給臨睡的孫子講個故事，但《幼兒畫報》上的一篇叫做《三個獵人》的故事，卻讓教授講不下去了。故事說：

從前有三個獵人，兩個沒帶槍，一個不會打槍，他們碰到三隻兔子，兩隻兔子中彈逃走了，一隻兔子沒中彈倒下了。

他們提起一隻逃走的兔子朝前走，來到一幢沒門沒窗

沒屋頂也沒有牆壁的屋子跟前，叫出屋主人，問：「我們要煮一隻逃走的兔子，能否借個鍋子用？」

「我有三個鍋子，兩個打碎了，另一個掉了底兒。」

「太好了！我們就要借掉了底兒的。」三個獵人聽了特別高興！然後，他們用掉了底兒的鍋子，煮熟了逃走的兔子，美美地吃了個飽。

教授琢磨了好幾天，也沒有琢磨出這個故事是啥意思，於是給《幼兒畫報》寫了封信，指出這個故事中讓人瞠目結舌的邏輯性錯誤：

其一，中了彈的兔子怎麼能逃走，沒中彈的兔子又如何會倒下？其二，既然兔子逃走了，獵人如何能將它提起煮著吃？其三，沒底的鍋子怎麼能煮熟逃走的兔子，且三人美美地吃了個飽？

教授的信刊出之後，多家報刊作了轉載，教授也收到了大量的讀者來信。來信當然都是支持教授的觀點，教授深受鼓舞，對幼兒讀物成人也看不懂的現象，又一連發表了多篇批評文章。

一年以後，教授的家裡來了位客人。客人與教授相談甚歡，談到某重點大學畢業生因為害怕失去一份高收入的工作，考上研究生之後放棄讀研究生的機會，到縣城儲蓄所去做了儲蓄員，而劣斑斑、臭名昭著的貪污犯卻做了反貪局局長等現象時，兩人更是唏噓不已、再三嘆惜。

不知不覺大半天過去，醉眼蒙中客人突然舉杯問教授：「你還記得《三個獵人》的故事嗎？你現在能讀懂《三個獵人》了吧？」教授愣了愣，默默無語。

客人止住談興，端起酒杯，順了順嘴，又終於放下。

良久，教授又喊：「喝酒，喝酒。」兩人便再喝酒，邊喝邊歎，邊歎邊喝。突然，教授眼睛一亮，「哎喲」一聲，端起酒杯頓了頓，說：「最簡單的真理往往最難發現。《三個獵人》就是為了讓孩子們從小就懂得，有很多可能的事會成為不可能，不可能的事卻會成為可能……」

《三個獵人》的荒誕不經，卻極可能正是生活的本來面目，而世代相傳的邏輯和真理，有時卻在事實面前顯得蒼白無力。由此，職場中人，要相信生活，相信奇蹟，不要盲從於經驗和看似很有道理的「道理」，更不能自我設限，凡事都要大膽地去嘗試，只有實踐才是檢驗真理的唯一標準。

‧‧禪林清音‧‧

生活本沒有邏輯，一切皆因緣。

2. 只 會 一 招

有一個十歲的小男孩，在一次車禍中失去了左臂，但是他很想學柔道。於是他拜一位日本柔道大師做師父，開始學習柔道。他學得不錯，可是練了三個月，師父只教了他一招兒，小男孩有點弄不懂了。

他終於忍不住問師父：「我是不是應該再學學其他招術？」

柔道大師回答說：「不用。你的確只會一招，但你只需要學會這一招就夠了。」小男孩並不是很明白，但他很相信大師，於是就繼續照著練下去。

　　幾個月後，師父第一次帶小男孩去參加比賽。小男孩自己都沒有想到他居然輕輕鬆鬆地贏了前兩輪。第三輪稍稍有點艱難，但對手還是很快就變得有些急躁，連連進攻，小男孩敏捷地施展出自己的那一招，又贏了。就這樣，小男孩迷迷瞪瞪地進入了決賽。

　　決賽的對手比小男孩高大、強壯許多，也更有經驗。有一度小男孩顯得有點兒招架不住，裁判擔心小男孩會受傷，就叫了暫停，還打算就此終止比賽，然而柔道大師不答應，堅持說：「繼續下去。」

　　比賽重新開始後，對手放鬆了戒備，小男孩立刻使出他的那招兒並制服了對手，由此贏了比賽獲得冠軍。回家的路上小男孩和柔道大師一起回顧每場比賽的每一個細節，小男孩鼓起勇氣道出了心裡的疑問：「師父，我怎麼就憑一招就贏得了冠軍？」

　　柔道大師告訴他：「你現在幾乎完全掌握了柔道中最難的一招兒，而且據我所知，對付這一招兒唯一的辦法是對手必須得抓住你的左臂。」正因如此，小男孩最大的劣勢卻變成了他最大的優勢。

　　在後來的比賽中，小男孩憑藉堅強和自信，又打敗了一個又一個的對手，最終成為了柔道大師。

·:·道破禪機·:·

利用好你的缺點

　　智慧的柔道大師充分利用小男孩的劣勢，使其變「廢」為寶，結果僅憑一招，他就獲得了冠軍。這個故事

告訴我們，每個人都有著難以改變的劣勢，但人的劣勢未必永遠就是劣勢，若能善於利用，在恰當的時機反而會變成最強的優勢。

下面的這只漏水的破桶也是由於聰明的挑水夫善於利用，反而變得更有價值。

一位挑水夫，有兩個水桶，分別吊在扁擔的兩端，其中一個桶子有裂縫，另一個則完好無缺。在每趟長途的挑運之後，那完好無缺的桶子總是能將滿滿一桶水，從溪邊送到主人家中；但是有裂縫的桶子在到達主人家時，卻永遠只剩下半桶水。

兩年來，挑水夫就這樣每天挑一桶半的水來到主人家。當然啦，好桶對自己能夠運送整桶水很感自豪；那破桶呢，它對於自己的缺陷非常羞愧，並為了自己只能完成一半責任而感到非常難過。

飽嘗了兩年失敗的苦楚，破桶子終於忍不住，在小溪邊對挑水夫說：「我很慚愧，必須向你道歉。」

「為什麼呢？」挑水夫問道，「你為什麼覺得慚愧？」

破桶回答道：「過去兩年，因為水總從我這邊一路直漏出去，所以我只能送半桶水到你主人家，我的缺陷使你付出了全部的勞力，卻只得到了一半的結果。」

挑水夫替破桶感到難過，滿有愛心地對它說：「一會兒在我們回到主人家的路上，我希望你留意路旁盛開的花朵。」

挑水夫又挑了兩桶滿滿的水，折返回主人家。走在山坡上，破桶眼前一亮，誠如挑水夫所言，它看到繽紛的花

朵，開滿路的一旁，並沐浴在溫暖的陽光下，這景象使它極度興奮。但是，當走到小路的盡頭，它又難過了，因為一半的水又在路上漏掉了！

破桶再次向挑水夫道歉，挑水夫說：「這兩年來在我們經常走的路上，你有沒有看到只有你那邊卻有盛開的花朵，而好桶那邊沒有盛開的鮮花呢？我明白你有缺陷，但是我卻對你善加利用，在你那邊撒了花種，每次我從溪邊回來你都一路幫我澆了花。而兩年來這些美麗的花朵幫我裝飾了主人家的餐桌。如果不是你，主人的桌子也沒有這麼好看的花朵呢！」

我們應該明白每個人都沒有絕對的缺點，只有不善利用的頭腦。當看到自身的缺點時，不能總是報以嫌棄的態度，為之煩惱、自卑，應該換一個角度去思考，想想怎麼讓它變成自己的優勢。

若從管理角度來說，那就是善於利用人的短處。譬如有這樣一位廠長，他讓愛吹毛求疵的人去當產品品質管制員，讓謹小慎微的人去當安全生產監督員，讓一些斤斤計較的人去參加財務管理，讓愛道塗傳播小道消息的人去當資訊員，讓性情急躁、愛爭強好勝的人去當青年突擊隊長……結果，這個工廠變消極因素為積極因素，大家各司其職，各盡其力，工廠效益成倍增長。

禪林清音

月缺而美，人缺而愛。

3. 不 淋 一 人

有一位禪師寫了兩句話要弟子們參研，那兩句話是：「綿綿陰雨二人行，怎奈天不淋一人。」

弟子們看了這題目，便議論紛紛起來。

第一個說：「兩個人走在雨地裡，有一個人卻沒淋到雨，那是因為他穿了雨衣。」

禪師對於這個解釋不予置評，只是緩緩地搖著頭。

於是另外一個弟子就說了：「那是一個局部陣雨，一邊下著雨，一邊沒雨，這種景觀雖不常見，但也不算罕見。所以兩人走在雨地裡，才會一個淋不到雨，那是因為他走在沒有下雨的這邊。」說畢，他望向禪師。

禪師仍舊默然不語。

於是，第三個弟子便得意地說了：「你們都錯了！什麼穿雨衣，局部陣雨。」他嗤之以鼻地繼續說道：「都太牽強了，其實道理很簡單，一定是有一個走在屋簷下，所以才沒淋到雨。」說罷，他洋洋自得地準備接受讚賞。

禪師微笑著看看他，然後對弟子們說：「你們都執著於『不淋一人』這一點上，卻鑽入了牛角尖。其實，所謂的『不淋一人』，不就是兩個人都在淋雨嗎？」

∴道破禪機∴

走 出 死 胡 同

禪師的「不淋一人」著實讓眾弟子費盡腦筋，所有人

都在思維的死胡同裡兜圈子，沒有人想到禪師的真意。這種鑽牛角尖式的思維，在生活中時有發生，差不多每個人都曾有過。鑽進牛角尖的人，總是容易把簡單的問題複雜化，越想越複雜，越鑽越深。而聰明的人，會在發現自己在死胡同裡兜圈子時，及時地另闢蹊徑走出來。

另闢蹊徑其實並不需要什麼高深的智慧，只不過用最簡單的方法去做事罷了。

下面這個招聘故事，再一次告訴人們許多事原本很簡單，不要動不動就想得那麼複雜，走進思維的死胡同。

一家大公司需要招聘辦公室副主任，好幾家大報上登出了「高薪誠聘」的廣告。月薪陸萬元的確具有不小的誘惑力，一時間應聘者如雲，有近百人報名參加初試，其中不乏碩士生和許多有工作經驗者。

初試之後，又經過了三輪面試，最後確定三人參加最後一輪面試。他們是：一個碩士畢業生、一個應屆本科畢業生和另外一個有著五年相關工作經驗的年輕人。

最後的面試由總經理親自把關，跟三位應聘者逐個進行交談。面試的房子是臨時騰出來的，設在人事部的一間小辦公室裡。等談話要開始了，才發現室內恰好少了一把供應聘者坐下來跟總經理交談的椅子。辦事人員正要到隔壁辦公室去借一把椅子，總經理揮手制止了他：「別去了，就這樣吧！」

第一位進來的是那位碩士生。總經理對他說的第一句話是：「你好，請坐。」他看著自己周圍，發現並沒有椅子，充滿笑意的臉上立即現出了些許茫然和尷尬。

「請坐下來談。」總經理又微笑著對他說。碩士生臉

上的尷尬顯得更濃了，有些不知所措，略作思索，他謙卑地笑著說：「沒關係，我就站著吧！」

接下來就輪到有五年工作經驗的年輕人，他環顧左右，發現並沒有可供自己坐的椅子，也是一臉謙卑地笑：「不用了，不用了，我就站著吧！」

總經理微笑著說：「還是坐下來談吧！」

年輕人很茫然，回頭看了看身後：「可是……」

總經理似乎恍然大悟，說：「啊，請原諒我們工作上的疏忽。那好，您就委屈一下，我們站著談吧！不過，很快就完的。」

幾分鐘後，那個應屆畢業生進來了。總經理的第一句話仍然是：「你好，請坐。」

大學生看看周圍沒有椅子，愣了一下，立即微笑著請示總經理：「您好，我可以把外面的椅子搬一把進來嗎？」

總經理臉上的笑容舒展開來，溫和地說：「為什麼不可以？」

大學生就到外面搬來了一把椅子坐下來，和總經理有禮有節地完成了後面的談話。

最後一輪面試結束後，總經理留用了這位應屆大學畢業生。總經理的理由很簡單：我們需要的是思維開闊的人，沒有勇氣去嘗試，一切的學識和經驗都毫無價值。

事實也證明總經理的判斷準確無誤，僅僅半年之後，應屆畢業生就被提拔到總經理助理的位置上，成為公司中最年輕的高層管理人員。

一個應屆大學生之所以勇敢地提出搬一把椅子進來，

正因為他沒有前兩人的思維局限，沒有他們理解得那麼複雜，用最常規的思維看待原本簡單的事，最終被總經理賞識。鑑於此中奧秘，建議職場中的你，以後在面對任何問題時，不要一下子就陷進去，先試著用最簡單的思維宏觀思考一下，也許很多事並沒有那麼複雜。

⁖⁖禪林清音⁖⁖

看著蠟燭，有人看到了燭光後的一切，而有人卻只看到了燭光。

4. 四個人過橋

一位信徒遇到了前所未有的困難，於是向一位禪師請教：應該用怎樣的心態面對困難？

老禪師想了想，給他講了一個故事：

一個山澗的西岸是懸崖峭壁，澗內水流湍急，打在岩石上沖起白花花的泡沫，發出震耳欲聾的響聲。

四個旅客——一個是盲人、一個聾子和兩個正常人來到了這裡，他們想要到對岸去。

懸崖之間只一條鐵索橋，四人別無他法，只能一個接一個地抓住鐵鍊，慢慢攀附過去。

盲人安全地過去了，聾子也安全地過去了，還有一個正常人也安全地過去了，可另一個正常人卻因在鐵索橋中間腿發軟，不敢前進，最終掉進了河裡。難道正常人還不如盲人、聾子？

事後，盲人說：「我看不見任何東西，不知道山澗的

水是什麼樣子，只是緊緊抓住鐵鍊，像平常一樣地走了過來。」

聾子說：「我聽不見水流的咆哮聲，恐懼減少很多，只注意不向下看，也安全地走了過來。」

而那個過了河的正常人則說：「我過我的橋，懸崖峭壁、水流湍急與我有什麼關係？只注意踩穩抓牢就是了。」

老禪師語重心長地對前來請教的信徒說：「可見，那個失足掉入河的正常人恰恰是因為他耳聰目明。你該明白用怎樣的心態面對困難了吧？」

┌∵道破禪機∵┐

看似非常也平常

四個人過橋，盲人和聾子都能過去，而一個耳聰目明的正常人卻失足，不得不讓人驚訝。但細細一想，為何另一個正常人看到了懸崖峭壁，聽到了水流湍急，卻能從容過河呢？究其原因，更多是因為他在內心裡藐視困難，把那些看似非常之險視若平常罷了。

下面這則三兄弟的故事再次提醒人們，面對任何困難，保持一種「看似非常也平常」的心態，會給你帶來無窮的力量。

三兄弟從鄉下到城市謀生，一個叫怨天，一個叫怨地，另一個叫無悔。三兄弟結伴上路，一路上風餐露宿，遭遇大漠塵沙，翻過七座高山，涉過二十一條大河，兄弟們齊心協力，八個月後，終於來到一座繁華熱鬧的集鎮。

這裡有三條大路，其中一條能夠通往城市，但是誰也說不清究竟走哪條才是。

怨天說：「咱老爺子一輩子教我的只有一句話『聽天由命吧』，我閉上眼睛選一條，碰碰運氣好了。」

他隨便選擇一條路走了。

怨地說：「誰叫咱生在這個窮地方呢！我沒讀過書，計算不出哪條最有可能，我就走怨天旁邊的那條大路吧！」怨地拍拍屁股也走了。

剩下的是一條小路，無悔拿不定主意。他想了又想，決定還是先去鎮子裡問問長者。長者接見了他，但搖搖頭說：「沒人到過城市，因為它太遠了，不過，孩子，我可以把我祖父的話告訴你：『不管路上遇到什麼，都沒什麼可怕的。』」

無悔記著長者的誠摯教誨，踏上了那條小路，追尋他的城市夢。他經歷的痛苦、艱難無與倫比，每一次挫折，每一回失敗，都沒有擊倒他。當他面臨絕境，總是對自己說「沒什麼可怕的」，於是他挺過來了。

在十年後的一天，他終於見到了他朝思暮想的城市，憑著自己傑出的韌勁與毅力，從一元錢的生意做起——擦皮鞋、拾垃圾、端盤子，再到公司普通職員、藍領、白領，最後獨立註冊了一家自己的公司。

三十年後，無悔老了，他把公司交給兒子打理，隻身回鄉下尋找當年同行的兄弟。依然是那個貧窮的西部小村，依然是茅屋泥牆，怨天和怨地住在裡面，依然過著日出而作、日落而息的日子。

三兄弟各自敘述了自己的故事。

怨天沿著大路走了五個月，路越來越小，野獸出沒，一天黃昏他差點兒被狼吃掉，只好灰溜溜地回來了。

怨地選的那條路的情況並無區別，回來之後，他一輩子未能抬起頭做人。

無悔歎息說：「我的路和你們的一模一樣，唯一不同的是我覺得它們沒什麼可怕的，所以，我一直往前走，終於走到了城市！」

無悔一路上覺得任何困難都沒什麼可怕的，最後心想事成，而另外兩兄弟因害怕而退卻，只能一輩子怨天怨地了。職場生涯中，誰都會遭遇各種各樣的困難，若想戰勝它，除了有效利用周邊資源和善用智慧外，還需要一種把非常之困難視如平常的心態。只要你不把它想得那麼可怕，它就會如你所想那樣能夠戰勝。

┌┅┅┅禪林清音┅┅┅┐

平常之中蘊非常，非常之事也平常。

5. 無德禪師評畫

龍虎寺禪院中的學僧正在寺前的圍牆上模擬一幅龍爭虎鬥的畫像，圖中龍在雲端盤旋將下，虎踞山頭作勢欲撲，雖然修改多次，卻總認為其中動態不足。正巧無德禪師從外面回來，學僧就請禪師評鑒一下。

無德禪師看後說道：「龍和虎的外形畫得不錯，但龍與虎的特性你們知道多少？現在要明白的是龍在攻擊之前，頭必須向後退縮；虎要上撲時，頭必然向下壓低。龍

頸向後的屈度愈大，虎頭愈貼近地面，它們也就能衝得更快、跳得更高。」

學僧們非常歡喜地受教道：「老師真是一語中的，我們先前不僅將龍頭畫得太向前，虎頭也太高了，怪不得總覺得動態不足。」

無德禪師借機開示道：「為人處事，參禪修道的道理也一樣，退一步做好準備之後，才能衝得更遠，謙卑地反省之後才能爬得更高。」

學僧不解似地道：「老師！退步的人怎能向前？謙卑的人怎能更高？」

無德禪師嚴肅地說道：「你們且聽我的禪詩：『手把青秧插滿田，低頭便見水中天； 身心清淨方為道，退步原來是向前。』 諸仁者能會意嗎？」

諸學僧至此均能省矣！

┌·:道破禪機·:┐

退步原來是向前

常人總以為人生要向前走、向上看才能進步，卻不知「登高必自卑，行遠必自邇」的道理。譬如詩中所說「低頭便見水中天」，低下頭來看到倒映在水田裡的天空，意指虛懷若谷，肯低下頭來，才能真正地認識自己，認識世界。「退步原來是向前」，農夫插秧，是邊插邊後退的，正因為他的退後，才把稻秧全部插好，意指所謂人生的退步，正是為了向前，懂得退步的人才更有力量向前。

為了更好地認識這個道理，來看下一則寓言：

在亞洲，有一種捉猴子的陷阱。

他們把椰子挖空，然後用繩子綁起來接在樹上或固定在地上，椰子上留了一個小洞，洞裡放了一些食物，洞口大小恰好只能讓猴子空著手伸進去，而無法握著拳縮回去。於是猴子聞香而來，將它的手伸進去抓食物，理所當然地，緊握的拳頭伸不出洞口。

當獵人來時，猴子驚慌失控，就是逃不掉。並沒有人捉著猴子不放，相反地，它是被自己的執著所俘虜，它只需將手放開就能伸出來，不過，就是內心中貪慾所致，鮮有猴子能放下。

我們有時不正因為內心的慾望與執著使自己一直受縛嗎？

有些時候，退一步並不是消極，反而是一種積極的進取。所謂「退一步海闊天空」就是這個道理，屈伸的拳頭打出去才更有力。

一個喜好爭辯的同事總會招致他人的厭煩，如若他能退一步，少一些無意義的爭辯，對他人多一些建議和肯定，豈不是其樂融融，利己利人？

一個業務員在精明的客戶早已不耐煩時，仍在不厭其煩地推銷、忽悠，只會讓人揚長而去。倘若他能退一步，靜觀其言行而調整策略，迎合客戶需求，不僅有可能會喜得訂單，沒準還能長期合作。

因此，做事不能一味地盲目往前衝，有時，若能退一步思量，往往能有海闊天空的遼闊格局。做人能夠適時「低頭」，才能表現謙讓與包容的偉大胸襟，向前的步伐才能腳踏實地。

:·禪林清音·:

勘破，放下，退步，向前。

6. 河邊的蘋果

一位老和尚，他身邊聚攏著一幫虔誠的弟子。

這一天，老和尚囑咐弟子每人去南山打一擔柴回來。弟子們匆匆行至離山不遠的河邊，人人目瞪口呆。只見洪水從山上奔瀉而下，無論如何也休想渡河打柴了。

無功而返，弟子們都有些垂頭喪氣。唯獨一個小和尚與師父坦然相對。師父問其故，小和尚從懷中掏出一個蘋果，遞給師父說：「過不了河，打不了柴，見河邊有棵蘋果樹，我就順手把樹上唯一的一個蘋果摘來了。」後來，這位小和尚成了師父的衣缽傳人。

:·道破禪機·:

讓付出有回報

在眾弟子對著洪水發愁時，小和尚卻發現了河邊的蘋果樹。當所有人都無功而返時，這個小和尚卻讓自己的付出有了回報。所以說，付出了到底有沒有回報，關鍵還在於自己的頭腦。一味地只會傻做而不思考的人，難免會白忙一場，只有智者才不會讓自己的努力付之東流。

因此，職場上的你為了讓自己的工作更高效率，一方面要積極地付出，同時還應抓住時機，想盡辦法摘下「河

邊的蘋果」，爭取讓付出有回報。

第二次世界大戰的硝煙剛剛散盡時，在美國紐約成立協調處理世界事務的聯合國一事被提到日程上來。一切準備就緒之後，大家才突然發現，這個全球至高無上、最具權威的世界性組織，竟沒有自己的立足之地！

買一塊地皮吧，但剛剛成立的聯合國機構還身無分文；讓世界各國籌資吧，牌子剛剛掛起，就要向世界各國募款攤派，負面影響太大，況且剛剛經歷了二次大戰的浩劫，各國政府都財庫空虛，甚至許多國家都是財政赤字居高不下。在寸土寸金的紐約籌資買下一塊地皮，並不是一件容易的事情。所以，聯合國對此一籌莫展。

聽到這一消息後，洛克菲勒家族經商議，果斷出資八百七十萬美元，在紐約買下一塊地皮，將這塊地皮無條件地贈予了聯合國。同時，洛克菲勒家族也將毗連這塊地的大面積地皮全部買下。

對洛克菲勒家族的這一出人意料之舉，當時許多美國大財團都吃驚不已。八百七十萬美元，對於戰後經濟萎靡的美國和全世界，是一筆不小的數目，而洛克菲勒家族卻不附帶任何條件便將它拱手贈出。對此美國許多財團和地產商都紛紛嘲笑說：「這簡直是蠢人之舉！」並紛紛斷言：「這樣經營不要十年，著名的洛克菲勒家族財團，便會淪落為著名的洛克菲勒家族貧民集團。」

但最終的結果是，聯合國大樓剛剛建成完工，毗鄰它四周的地價便立刻飆升起來，相當於捐贈款數十倍的巨額財富源源不斷地湧進了洛克菲勒家族財團的口袋，令那些曾經譏諷和嘲笑過洛克菲勒家族的財團和商人們目瞪口

呆。

　　富有遠見卓識的洛克菲勒家族，雖然免費送給了聯合國一塊地皮，從經濟角度看來是愚蠢之舉，但他們想到了聯合國背後的商機，從而在慷慨付出的同時也讓自己的付出產生了巨大的回報。可見，在付出時，多動動腦筋，利用周圍所有可能的資源，就不會讓自己勞而無獲了。

┌╌╌禪林清音╌╌┐

　　謀事在人，成事也在人。

7. 禪師除雜草

　　一位著名的禪師即將不久於人世，他的弟子們坐在周圍，等待著師父告訴他們人生的奧秘。

　　禪師突然問他的弟子們：「怎麼才能除掉曠野裡的雜草？」

　　弟子們目瞪口呆，沒想到禪師會問這麼簡單的問題。一個弟子說道：「用鏟子把雜草全部鏟掉。」

　　禪師聽完微笑地點頭。

　　另一個弟子說：「可以一把火將草燒掉。」

　　禪師依然微笑。

　　第三個弟子說：「把石灰撒在草上就能除掉雜草。」

　　禪師臉上還是那樣微微的笑。

　　第四個弟子說：「他們的方法都不行，那樣不能除掉的，斬草就要除根，必須把草根都挖出來。」

　　弟子們講完後，禪師說：「你們講得都很好。這樣

吧，寺廟後面的那塊地已經荒蕪了很久，雜草叢生。我將這塊地分成幾塊，你們每一個人，包括我在內，都將分得一小塊地。從明天起，你們就按照自己的方法除去地上的雜草，而我也同樣運用我的方法。明年的這個時候，我們就在寺廟後的那塊地相聚吧。」

第二年的這個時候，弟子們如約相聚在那塊地旁邊，他們之前用盡了各種方法都不能除去雜草，早已放棄了這項任務，如今只是為了看看禪師的方法是什麼。

果然，禪師所處理的那塊地，已經不再是一片雜草叢生的景象了，取而代之的是金燦燦的莊稼。

弟子們頓時領悟到：只有在雜草地裡種上莊稼才是除去雜草的最好的方法。

·:道破禪機:·

不走尋常路

面對「野火燒不盡，春風吹又生」的雜草，幾個弟子分別採用了火燒、撒石灰、挖草根等辦法都沒能阻止雜草的生長，唯有禪師在雜草地種上莊稼才替代了雜草叢生的景象。可見，面對頑疾般的問題，一味地尋找常規辦法，只會徒費心力。只有不走尋常路，換個思路將不可能變成可能，才能從根本上解決難題。

下面是一個把梳子推銷給和尚的有趣故事，再次給我們揭示了變換思路，不走尋常路的妙意。

有一家效益相當好的大公司，為擴大經營規模，決定高薪招聘行銷主管。廣告一打出來，報名者雲集。

　　面對眾多應聘者，招聘工作的負責人說：「相馬不如賽馬，為了能選拔出高素質的人才，我們出一道實踐性的試題，就是想辦法把木梳儘量多地賣給和尚。」對此，絕大多數應聘者感到困惑不解，甚至憤怒：「出家人要木梳何用？這不明擺著拿人尋開心嗎？」於是紛紛拂袖而去，最後只剩下三個應聘者——甲、乙和丙。負責人交代：「以十日為限，屆時向我彙報銷售成果。」

　　十日到。負責人問甲：「賣出多少把？」

　　「一把。」

　　「怎麼賣的？」

　　甲講述了歷盡艱辛，遊說和尚應當買把梳子，無甚效果，還慘遭和尚的責，好在下山途中遇到一個小和尚一邊曬太陽，一邊使勁撓著頭皮。甲靈機一動，遞上木梳，小和尚用後滿心歡喜，於是買下一把。

　　負責人問乙：「賣出多少把？」

　　「十把。」

　　「怎麼賣的？」乙說他去了一座名山古寺，由於山高風大，進香者的頭髮都被吹亂了，他找到寺院的住持說：「蓬頭垢面是對佛的不敬。應在每座廟的香案前放把木梳，供善男信女梳理鬢髮。」住持採納了他的建議。那山有十座廟，於是他賣出了十把木梳。

　　負責人問丙：「賣出多少把？」

　　「一千把。」

　　負責人驚問：「怎麼賣的？」丙說他到一個頗具盛名、香火極旺的深山寶，看到朝聖者絡繹不絕。丙對住持說：「凡來進香參觀者，多有一顆虔誠之心，寶應有所回

贈，以做紀念，保佑其平安吉祥，鼓勵其多做善事。我有一批木梳，您的書法超群，可刻上『積善梳』三個字，便可做贈品。」住持大喜，立即買下一千把木梳。得到「積善梳」的施主與香客也很是高興，一傳十，十傳百，朝聖者更多，香火更旺。

把梳子推銷給和尚，乍看起來和除雜草一樣困難，但是，越是常人認為困難的事，就越挑戰人的智慧。面對如此難題，若採用尋常辦法只會走進死胡同，只有變換思路，尋找非常的辦法，才能讓它迎刃而解。

生活中正是有各種各樣的難題，才不斷啟發人們的智慧。當你遇到類似的難題時，不妨也嘗試著不走尋常路，去尋找更妙的方法，讓人們對你的智慧刮目相看吧！

⋯禪林清音⋯

非常之事，需要非常之人，非常之人必有非常之法。

8. 秀才趕考

有位秀才第三次進京趕考，住在一個幽靜的禪院。

考試前他做了三個夢：第一個夢是夢到自己在牆上種白菜；第二個夢是夢到下雨天，他戴了斗笠打著傘；第三個夢是夢到自己跟心愛的表妹脫光了衣服躺在一起，卻是背靠著背。

三個夢的夢境歷歷在目，秀才心裡不踏實，趕緊跑去找術士解夢。術士一聽，說：「相公還是回家吧！你想想，牆上種菜不是白費勁嗎？戴斗笠打傘不是多此一舉

嗎？跟表妹脫光了躺在一張床上，卻背靠背，不就是想辦好事而沒戲嗎？」

聽了術士的一番話，秀才如同五雷轟頂，想來第三次考試居然出現這樣的預兆，自是悲觀絕望，就徑直回禪院收拾包袱準備回家。

對此，禪院裡的老禪師非常奇怪，問秀才：「你不是要考試嗎？今天怎麼就回鄉了？家裡出什麼事了嗎？」秀才只得如實相告。

老禪師樂了，說道：「喲，我也會解夢的！我倒覺得，你這次一定會高中。你想想，牆上種菜不是高中(種)嗎？戴斗笠打傘不是說明你這次有備無患嗎？跟表妹脫光了背靠背躺在床上，不是說明你翻身的時候就要到了嗎？」

秀才一聽，覺得老禪師說得更有道理，於是精神振奮地參加考試，居然中了個探花。

道破禪機

化解內心的憂慮

樂觀的人，遇到任何事總是習慣於往好處想，永遠給自己希望，悲觀的人則不同，他似乎永遠給自己設限，看不到什麼希望。秀才的夢在悲觀的術士看來非常不詳，而老禪師卻認為十分吉利，幸運的是秀才更聽信老禪師的話，結果中了探花。試想，如果秀才更聽信術士的話，豈不是與探花徹底無緣？故而，無論遇上任何事，都不要憂慮，鼓勵自己多往好處想，必要時還可以和最壞的可能做

一個了斷，讓自己徹底消除憂慮，對未來報以樂觀的態度。

　　年輕的傑克，正逢兵役年齡，抽籤的結果，正好抽中下下籤，要去最艱苦的兵種——海軍陸戰隊服役。

　　傑克為此整日憂心忡忡，幾乎已到了茶飯不思的地步。深具智慧的祖父奧克托，見到自己的孫子這副模樣，便尋思要好好地教導他。

　　老奧克托說：「孩子啊，沒什麼好擔心的。當了海軍陸戰隊員，到部隊中，還有兩個機會，一個是內勤職務，另一個是外勤職務。如果你分配到內勤單位，也就沒有什麼好擔心的了！」

　　傑克問道：「那，若是被分發到外勤單位呢？」

　　老奧克托說：「那還有兩個機會，一個是留在本土，另一個是分配到外土，如果你分配在本土，也不用擔心呀！」

　　傑克人又問：「那，若是分配到外土呢？」

　　老奧克托說：「那還是有兩個機會，一個是留在後方，另一個是分配到最前線，如果你留在外土的後方，也是很輕鬆的！」

　　傑克再問：「那，若是分配到最前線呢？」

　　老奧克托說：「那還是有兩個機會，一個是當站崗衛兵，平安退伍，另一個是會遇上意外事故，如果你能平安退伍，又有什麼好怕的！」

　　傑克問：「那麼，若是遇上意外事故呢？」

　　老奧克托說：「那還是有兩個機會，一個是受輕傷，可能被送回本土，另一個是受了重傷，可能不治，如果你

受了輕傷，送回本土，也不用擔心呀！」

傑克最恐懼的部分來了，他顫聲問：「那……若是遇上後者呢？」

老奧克托大笑：「若是遇上那種情況，你人都死了，還有什麼好擔心的？倒是我要擔心那種白髮人送黑髮人的痛苦場面，可不是好玩的喔！」

小傑克無疑是個悲觀的人，他總是為最壞的可能而憂心不已，對未來充滿恐懼。智慧的老奧克托便針對他的悲觀，將他內心的擔憂一一化解。

其實，傑克的心態代表著多數人的真實心理，那就是當你盡可能地往好處想時，心裡仍然對更壞的可能放心不下。這時候，你不妨像老奧克托一樣，將更壞的可能一步步想到極致。你會發現，最壞的可能也不是那麼令人恐懼，況且你永遠都有一個好的機會。想到這些，相信你的內心一定會充滿陽光，整個人也會樂觀起來。

⌒∵∵禪林清音∵∵

月圓時，喜全月；月缺時，賞彎月。

9. 買 來 的 偈

有一個商人出外經商，三年來都不曾返家探望妻子。經過幾年的辛勤經營，他攢下了小小的一筆積蓄。眼看年關逼近，商人思鄉的情緒油然而生，於是決定趕回家中與妻子團聚。

商人心想：「三年來我都沒有回家，妻子一定非常思

念我，我應該備辦一份奇特的禮物送她，以慰勞她本分持家的辛苦。」

商人信步走到街上，只見街道兩旁是售賣各種貨物的貨攤，南北貨物各色各樣，應有盡有。攤販們大聲吆喝，以廣招徠。

商人的眼睛突然被一間店面深深吸引住了：偌大的一間店，裡面空蕩蕩的，沒有一點貨物，主人坐在店中，喃喃低吟，不知在唱誦什麼。只見牆上貼了醒目的布條，上面寫了「賣四句偈」四個字，字體遒勁有力。

商人好奇極了，心想自己跑遍天下，看過不少貨品，從來沒聽說過「四句偈」這種東西，遂決定一探究竟，說不定能給妻子一個驚喜，於是對店主說：

「請問什麼是四句偈，價錢多少？」

「你如果有意購買，我才告訴你這舉世罕見的奇妙珍寶，只是打探的話，請恕不敬。」店主懶洋洋地抬起眼皮。

「對不起！我是誠心誠意要購買這四句偈，請你告訴我吧！」商人趕忙堆起一臉的憨厚笑容。

「四句偈就是四句話──向前三步想一想，退後三步想一想，瞋心起時細思量，放下怒火最吉祥。看你忠厚老實的樣子，特別減價賣你三十兩銀子。」

商人啼笑皆非，原來這就是珍奇寶貝的四句偈，既然承諾，無奈只好以高價買下四句話，心中懊惱極了。

當商人一路跋山涉水、日夜兼程趕到家裡的時候，已經是歲暮除夕了，只見家裡的窗櫺透出昏黃的燈光，想必是妻子正在翹望自己的歸來。

　　商人滿心歡喜，踏入門檻，看見廳中擺了一桌的佳餚，兩副碗筷整齊地各放一邊，心想賢慧的妻子知道自己趕路辛苦，饑腸轆轆。只是怎麼不見妻子的人影？想來妻子已經在睡覺了。進入臥室正待叫醒妻子，敘敘別後離情時，赫然發現簾帳前面端端正正地擺了兩雙鞋子——一雙男鞋、一雙女鞋。

　　商人怒火中燒：「哼！不要臉的賤女人，竟然做出如此傷風敗俗的勾當，壞我名聲。」

　　商人轉身衝到廚房，拿起鋒銳的菜刀轉回臥室抬手欲砍，四句偈突然浮上了心頭：「向前三步想一想，退後三步想一想，瞋心起時細思量，放下怒火最吉祥。」

　　商人轉念一想：「縱然要殺她，也要問個清清楚楚，讓她死得明明白白，心服口服。」於是粗魯地叫醒妻子，大聲罵道：「不知廉恥的女人，竟然背著我偷人，這一桌酒席，這一雙鞋子，你做何解釋？」

　　剛被叫醒的妻子，看到久別歸來的丈夫，對自己不但沒有體恤慰問的情話，反而如兇神惡煞般要殺自己，終於按捺不住，破口大罵：「沒良心的東西！你一出門三年未歸，也不捎個信兒回家，我想年關已近，別人家裡一家團圓，因此我也為你準備一雙碗筷、一對鞋子，圖個吉利、圓滿。你不問青紅皂白，見面就要殺。你殺好了！你殺好了！」

　　「對不起！我誤會賢妻了。哈哈！三十兩買四句偈，實在便宜！便宜！」

　　商人手舞足蹈，拊掌大笑，一旁的妻子看得一臉的迷惑、驚愕。

前想三步，後想三步

遠行歸來的商人若不是在剎那間想起那四句偈，恐怕會誤殺妻子，可見那四句偈實在值三十兩。

「向前三步想一想，退後三步想一想，瞋心起時細思量，放下怒火最吉祥。」這四句偈告誡人們，不要在還沒摸清情況時，就武斷地由著性子做決定。前想三步，後想三步，不是瞻前顧後的猶豫，而是調整情緒，讓自己冷靜的最佳秘方。

從前，有一個國王很喜歡打獵。一天，國王去森林裡打獵，文武百官都隨行，還帶有一群手牽獵犬的僕從，他們希望能滿載而歸。

國王訓練了一隻老鷹，這次打獵國王也把老鷹帶上。它站在國王的手臂上，看上去十分地威武強悍。國王一聲令下，老鷹就會飛離手臂，四下尋找獵物，若是碰上鹿或兔子，老鷹翅膀一個俯衝，就把牠們擒獲了。

但是，這一天國王的運氣很不好，他和文武百官都走散了，天氣既乾燥又悶熱，國王非常口渴。可是炎炎夏日已將林中的溪水烤乾了，老鷹在空中盤旋良久，也未能發現清涼的泉水。

終於，國王發現了有一股溪流沿著岩石的縫隙往下滴流，一滴一滴的水量很小。國王一看，水流雖小，但終於可以解解渴了。

國王從馬背上取出杯子，費了好長時間接滿了一杯

水，國王有些急不可耐，迅速地把杯子送到嘴邊，剛要喝的時候，天空中傳來一陣「呼呼」的聲響，隨後國王的杯子被打翻在地，滿滿的一杯水鑽進了岩石的縫隙。國王仰頭一看是自己的老鷹，沒有在意。

第二次的時候，國王沒等杯子接滿，只是剛剛半滿的時候，就送到嘴邊，剛要喝，老鷹又俯衝下來把杯子打翻了。國王十分氣憤，大吼說：「再要打翻我的水，我要你的命！」

當第三次國王接滿水要喝的時候，老鷹又一次俯衝下來，國王忍無可忍，想也未想，拔出寶劍刺向老鷹，老鷹倒在了血泊中，水杯中的水也消失在岩隙中。

國王只好繼續前行，不知不覺中他來到了水的源頭。他發現一條巨大的毒蛇匍匐於水泊中，周圍都是搏鬥的痕跡。國王頓時明白了，是老鷹救了他。老鷹殺死了毒蛇，為了防止國王喝下毒水，將他的杯子打翻，而國王卻殺死了它。

他又艱難地回去，將老鷹的屍體埋葬了。

痛苦的國王，在憤怒之下沒有前想三步，後想三步，錯殺了老鷹。倘若他能冷靜下來找找原因——訓練有素的老鷹為何會一而再再而三地阻撓自己喝水，又怎會錯殺恩人呢？

現代職場中人，生存壓力很大，偶爾發生些誤會難免怒氣衝天，但要知道人在盛怒之下做決定極其衝動，凡事要三思而行，不要不經思考就妄下結論，否則後悔莫及。同時還要明白，前想三步，後想三步，並不是過於慎重，也不是優柔寡斷，而是一種趨利避害的智慧。

智者三思而行，愚者輕舉妄動。

10. 農夫過河

古時候，有一個農夫初次到另一個村莊辦事，可是當時交通不便，他只能徒步行走。

走啊走，這農夫穿過一大片森林後發現，要到達另一村子，還必須經過一條河流，不然的話，就得爬過一座高山。

怎麼辦呢？是要渡過這條湍急的河流呢，還是要辛苦地爬過高山？

正當這農夫陷入兩難時，突然看到附近有一棵大樹，於是就用隨身攜帶的斧頭，把大樹砍下，而將樹幹慢慢地砍鑿成一艘簡易的獨木舟。這個農夫很高興，也很佩服自己的聰明，因為他很輕鬆地坐著自造的獨木舟，就到達了對岸。

上岸後，農人又得繼續往前走。可是他覺得，這艘獨木舟很管用，如果丟棄在岸旁，實在很可惜！而且，萬一前面再遇到河流的話，他又必須再砍樹，辛苦地鑿成獨木舟，很累人，所以農夫就決定把獨木舟背在身上，以備不時之需。

走啊走，這農夫背著獨木舟，累得滿頭大汗，步伐也愈來愈慢，因這獨木舟實在是太重了，壓得他喘不過氣來！

這農夫邊走邊休息，有時真是好想把獨木舟丟棄。可是，他卻捨不得，心想，既然已經背了好一陣子，就繼續吧！萬一真的遇到河流，就很管用了，就可以派上用場！

然而，這農夫一直汗流浹背地走，走到天黑，發現一路上都很平坦，在抵達另一個村莊前，都沒有再遇到河流！可是，他卻比不背獨木舟，多花了三倍的時間才到達目的地。

‧‧道破禪機‧‧

捨棄的藝術

可憐的農夫居然背著獨木舟走了一路，卻再也沒有將它派上用場。生活中常有這樣的人，出門旅行，為了防備下雨和省錢，從家裡自帶了雨傘上路，結果旅行回來也沒遇上雨天。

其實，農夫可以選擇丟棄獨木舟，等再碰到河流時再造一個；出門旅行的人，可以在下雨時買把傘，這樣一來就會輕鬆許多。可惜，總有人不肯捨棄那些看似很有用，其實是個累贅的東西，這樣只會拖慢他們前進的步伐。

如果說選擇是一門學問，那麼捨棄就是這門學問的核心內容。捨棄是大自然的規律，是一種生存方式；捨棄是智者的行為，也是一種藝術。能否為了更大地目標和利益，適時地捨棄有用的東西，是衡量一個人是否成熟的重要標準。

曾經有一個青年非常羨慕一位富翁取得的成就，於是他跑到富翁那裡詢問他成功的訣竅。

　　富翁弄清楚了青年的來意後，什麼也沒有說，起身到廚房拿來了一個大西瓜。青年迷惑不解地看著，只見富翁把西瓜切成了大小不等的三塊。

　　「如果每塊西瓜代表一定程度的利益，你選哪塊？」富翁一邊說，一邊把切好的西瓜放在青年面前。

　　「當然是最大的那塊！」青年毫不猶豫地回答，眼睛盯著最大的那塊。

　　富翁一笑：「那好，請用吧！」富翁把最大的那塊西瓜遞給青年，而自己卻吃起了最小的那塊。

　　青年還在享用最大的那一塊的時候，富翁已經吃完了最小的那塊。隨後拿起桌上的最後一塊西瓜得意地在青年眼前晃了晃，大口吃了起來。

　　青年馬上就明白了富翁的意思：富翁一開始選的瓜雖然沒有自己選的大，卻最終比自己吃得多。如果每塊代表一定程度的利益，那麼富翁贏得的利益自然比自己多。

　　吃完西瓜，富翁講述了自己的成功經歷，最後，對青年語重心長地說：

　　「要想成功就要學會放棄，只有放棄眼前利益，才能獲得長遠大利，這就是我的成功之道。」

　　富翁用最簡單的方式啟發了青年：成功之道也是選擇之道，更是捨棄之道，只有懂得更好地取捨，才可能在一次次選擇中得勝，達成心中的目標。

　　在職場中奮鬥的人，不要總是把眼睛盯在那些當前利益上，要將目光放長遠，適時地捨棄一些看似很有用的東西，以換回更大的利益。這樣，你才能步步走在他人前面，從而更早更快地獲得成功。

‥禪林清音‥

捨棄就是全部的智慧。

11. 窮和尚與富和尚

有兩個和尚，一個很貧窮，一個很富有。

有一天，窮和尚對富和尚說：「我打算去一趟南海，你覺得怎麼樣呢？」

富和尚不敢相信自己的耳朵，認真地打量了一番窮和尚，禁不住大笑起來。

窮和尚莫名其妙地問：「怎麼了啊？」

富和尚問：「我沒有聽錯吧！你也想去南海？可是，你憑藉什麼東西去南海啊？」

窮和尚說：「一個水瓶、一個飯缽就足夠了。」

富和尚大笑，說：「去南海來回好幾千里路，路上的艱難險阻多得很，可不是鬧著玩的。我幾年前就開始做準備去南海了，等我將來準備充足了糧食、醫藥、用具，再買上一條大船，找幾個水手和保鏢，就可以去南海了。你就憑一個水瓶、一個飯缽怎麼可能去南海呢？還是算了吧，別做白日夢了！」

窮和尚不再與富和尚爭執，第二天就隻身踏上了去南海的路。他遇到有水的地方就盛上一瓶水，遇到有人家的地方就去化齋，一路上嘗盡了各種艱難困苦，很多次，他都被餓暈、凍僵、摔倒，但是，他一點兒也沒想到過放棄，始終向著南海前進。

很快，一年過去了，窮和尚終於到達了夢想的聖地——南海。

兩年後，窮和尚從南海歸來，還是帶著一個水瓶、一個飯缽。窮和尚由於在南海學習了許多知識，回到寺廟後成了一個德高望重的和尚，而那個富和尚還在為去南海做著各種準備工作呢！

⌜‧道破禪機‧⌝

行動比思想更重要

在富和尚仍在思考準備之時，窮和尚早已上路，等他歷盡千辛萬苦從南海回來時，富和尚卻還在忙碌地做著準備工作。透過這一巨大的反差，我們可以發現：如果只是思慮百遍，而不採取行動，夢想就永遠停留在思想的層面上。只有大膽地去上路，把各種前進道路上的問題留給路上的自己，在前進中化解一個個難題，夢想終將變成現實。這個十分簡單又極其深刻的道理就是：行動比思想更重要。

某廣告公司以非常優厚的薪水招聘設計主管，求職者甚眾。幾經考核，十位優秀者脫穎而出，隨後聚集到總經理辦公室，進行最後一輪角逐。

總經理指著辦公室人兩個並排放置的高大鐵櫃，為應聘者出了考題——請回去設計一個最佳方案，可以不搬動外邊的鐵櫃，不借助外援，一個普通的員工能把裡面那個鐵櫃搬出辦公室。望著據總經理聲稱的每個起碼能有五百多斤的鐵櫃，十位精於廣告設計的應聘者皆是面面相覷，

不知總經理緣何出此怪題，再看總經理那一臉的認真，他們意識到了眼前考題的難度，又仔細地打量了一番那個紋絲不動的鐵櫃，毫無疑問，這是一道非常棘手的難題。

三天後，先後有九位應聘者交上了自己絞盡腦汁的設計方案，有的利用了槓桿原理，有的利用了滑輪技術，還有的提出了分割設想……但總經理對這些似乎很有道理的各種設計方案根本不在意，只隨手翻翻，便放到了一邊。

這時，第十位應聘者兩手空空地進來了，她是一個看似很弱小的女孩，只見她徑直走到裡面那個鐵櫃跟前，輕輕一拽櫃門上的拉手，那個鐵櫃竟被拉了出來──原來裡面的那個櫃子是用超輕化工材料做的，只是在外面噴塗了一層與其他鐵櫃一模一樣的鐵漆，其重量不過十幾斤，她很輕鬆地就將其搬出了辦公室。

這時，總經理微笑著對眾人道：「大家看到了，這位女士設計的方案才是最佳的──她懂得再好的設計，最後都要落實到行動上。」

當時，那九位落選的應聘者都心悅誠服地向她祝賀，因為透過這次考核，他們真切地明白了：成功的理由只有一個，那就是行動比思想更重要。

如果你有了做一件事的打算，那麼就立刻動手去做吧，不要一味地在思慮中虛度時光。記住，行動比思想更重要，不要做思想上的巨人、行動上的矮人。

·：禪林清音：·

禪者無言勝千言，智者一動解千愁。

第五篇 知足常樂 活在當下

1. 十八個金羅漢

從前，在普陀山下有個樵夫，家中世代以打柴為生。樵夫每日早出晚歸、風餐露宿、辛勤勞作，然而卻沒有換來富足的生活，家裡常常揭不開鍋。於是，他老婆天天到佛前燒香，祈求佛祖慈悲，讓他們夫妻早日脫離苦海。真是蒼天有眼，大運很快降臨。有一天，樵夫在大樹底下挖出了一個金羅漢，窮光蛋轉眼間變成了大富翁。於是，他買房置地，宴請賓朋，好不熱鬧。親朋好友像是一下子從地下冒出來似的，紛紛前來向他祝賀。

按理說樵夫應該非常滿足了，可以告別貧窮盡享榮華富貴了，但他只高興了一陣子，很快就犯起愁來，茶飯不思，坐臥不安。老婆看在眼裡，不禁上前勸道：「現在吃穿不缺，又有良田美宅，你為什麼還發愁？就是賊來偷，一時半會兒也偷不完，你這個喪氣鬼，天生受窮的命！」

樵夫聽到這裡，不耐煩地說：「你一個婦道人家懂得什麼！怕人偷只不過是小事，關鍵是十八個金羅漢我才得到了其中一個，那十七個還不知道埋在哪裡呢，我怎麼能安心？」說完便像隻被烤熟了的鴨子，癱軟在床上。

從此以後，樵夫整日愁眉不展，落得疾病纏身，最終

一命嗚呼。

⋯道破禪機⋯

知足常足，知樂常樂

你我都曾見過一種人——眉眼之間洋溢著平和的神氣，動不動就笑容滿面，說起話來妙趣橫生——這種不憂不怨的人，就屬於知足常樂的類型。「知足常樂」是「知足者，常樂」的縮語，本意是指人們豐衣足食，住行有靠，生活上無憂無慮，物質上得到完全滿足所體現的一種充實的精神狀態。這種類型的人會非常滿足於自己已經擁有的「一個金羅漢」，而不會妄求那另外十七個。

但是，在我們的生活中，知足的人卻不多，下面故事中的「詩人」就是一個「身在福中不知福」的人。

有一個人，他生前善良且熱心助人，所以他在死後，升了天並做了佛祖。他當了佛祖後，仍時常到凡間幫助人，希望感受到幸福的味道。

一日，他遇見一個農夫，農夫的樣子非常煩惱，向佛祖訴說：「我家的水牛剛死了，沒它幫忙耕田，那我怎能下田作業呢？」

於是佛祖賜給他一頭健壯的水牛，農夫很高興，佛祖在他身上感受到幸福的味道。

又一日，他遇見一個男人，男人非常沮喪，向佛祖訴說：「我的錢被騙光了，沒盤纏回鄉。」

於是佛祖給他銀兩做路費，男人很高興，佛祖在他身上也感受到了幸福。

又一日，他遇見一個詩人，詩人年輕英俊，有才華且富有，妻子貌美而溫柔，但他卻過得不快活。

佛祖問他：「你不快樂嗎？我能幫你嗎？」

詩人對佛祖說：「我什麼都有，只欠一樣東西，你能夠給我嗎？」

佛祖回答說：「可以。你要什麼我都可以給你。」

詩人直直地望著佛祖：「我要的是幸福。」

這下子把佛祖難倒了，佛祖想了想，說：「我明白了。」然後把詩人所擁有的都拿走了——佛祖拿走了詩人的才華，毀去了他的容貌，奪去了他的財產和他妻子的性命。佛祖做完這些事後，便離去了。

一個月後，佛祖再回到詩人的身邊，他那時餓得半死，衣衫襤褸地在躺在地上掙扎。於是，佛祖把他原來的一切還給他，然後，又離去了。

半個月後，佛祖再去看著詩人。這次，詩人摟著妻子，不停地向佛祖道謝。因為，他得到幸福了。

隨著市場經濟的不斷發展，人們的物質生活水準日益提高，精神生活越來越豐富多彩，人們處於心理不穩的浮躁狀態，常常會這山望著那山高，眼睛朝天向「錢」看，有誰還會「安分守己」呢？何況，在日益激烈的競爭面前，過去那種「滿足現狀」、「知足常樂」的心理早已拋到九霄雲外了，有誰還會顧及「知足常樂」呢？又有誰捨得花時間靜靜地坐下來去細細地體會「知足常樂」的滋味呢？

對於幸福是什麼，每個人都有自己的定義。幸福是金錢？幸福是美貌？幸福是愛情的降臨？……它們可能都是

幸福，可能都不是。幸福只是知足。

　　平安是幸，知足是福，清心是祿，寡慾是壽。

2. 不要等到比原來還少

　　佛陀下山弘揚佛法，在一家店鋪裡看到一尊珍貴的釋迦牟尼像，店鋪老闆要價五千元，分文不能少。店老闆見佛陀如此鍾愛它，便更加咬定原價不放。

　　佛陀回到寺裡對眾僧談起此事，眾僧問佛陀打算以多少錢買下它，佛陀說：「五百元足夠了。」

　　眾僧唏噓不已：「那怎麼可能啊？」

　　佛陀說：「天理猶存，當有辦法。萬丈紅塵，芸芸眾生，欲壑難填，則得不償失啊！」

　　「怎樣普度呢？」眾僧不解地問。

　　「讓他懺悔。」佛陀笑著回答。

　　眾僧更加疑惑不解了。佛陀說：「只管按我的吩咐去做就行了。」

　　佛陀讓弟子們喬裝打扮了一下。

　　第一個弟子下山去店鋪裡和老闆砍價，弟子咬定四千五百元，未果回山。

　　第二天，第二個弟子下山去和老闆砍價，咬定四千元不放，又未果回山。

　　就這樣，直到最後一個弟子在第九天下山時所給的價格已經低到了兩百元。眼見一個個買主一個比一個給得

低，每天他都後悔不如以前一天的價格賣給前一個人，埋怨自己太貪。

第十天，佛陀親自下山，說要出五百元買下它，老闆高興得不得了，即刻出手，高興之餘另贈龕台一具。佛陀得到了那尊銅像，謝絕了龕台，單掌作揖笑著說：「慾望無邊，凡事有度，不要等到比原來還少啊！」

‥道破禪機‥

慾望無邊，凡事有度

「慾望無邊，凡事有度」，在工作中我們很多人都應該把這句話作為「至理名言」，因為太多的人對自己的將來抱有「幻想」，他們對更大的成都有著極大的貪心，殊不知，絕大多數不知足的人到最後都會落得兩手空空。

小陳和小劉大學畢業後，一起到一家很有名的廣告公司應聘，最終卻因資歷淺而落聘。後來，不斷碰壁下，他們只好進了一家毫不起眼的小廣告公司。

這家公司雖然很小，但工作環境卻很好。公司的同事都非常熱情，如果在工作中遇到什麼事，他們都會盡心盡力地幫忙。老闆待人也非常和氣，對於下屬的廣告設計從不多加指責，即使有不同的意見和建議，他也總是用非常委婉的方式提出來，然後一同商量解決。

在這樣一個輕鬆自由的環境中，小陳和小劉如魚得水，才短短一年的時間，才華便漸漸顯露出來，不少的創意和設計都得到了業內人士的肯定。

自從兩人在廣告界有了些名氣之後，便有一些大公司

開始挖他們，當初淘汰他們的那家公司也在其中，而且它開出的條件最為優厚。

小劉有點心動了，畢竟人都是想往高處走的，人家給的薪水是自己現在的幾倍，而且人家是有名的大公司，在那裡自己的才華也許能得到更好的施展。於是他便跳槽到了那家大公司。

而小陳不為所動，仍然留在了那家小公司，因為他覺得只有這裡最適合自己。

小劉到了那家大公司後，很長一段時間都感到很不適應。因為這裡的同事都是廣告界的精英，既有資歷又有經驗，所以一個個都心高氣傲，很難相處；而且他的上司是一個既嚴肅又非常挑剔的人，每當他的工作有失誤時，上司總是當眾指責，如果他提出不同的見解，上司便會不耐煩地說：「到底是誰說了算？」弄得他非常尷尬。

在這樣一個工作環境中，小劉很大一部分精力都用在琢磨如何與上司以及同事搞好關係上，相對而言投入到工作中的精力就少了許多，所以他的工作並沒有太大的起色。而這時小陳卻出人意料地取得了驕人的成績，他的幾個廣告設計先後在全國獲了大獎。

這時候，小劉後悔了，都怪自己不知足，貿然跳槽，否則現在得獎的也許還有自己。

作為一個健康人，對於自己已有的成就要懂得知足。當然，在這裡並不是說人不應該追求更多、更大的成功。今天的社會無處無時不在競爭，名、利、權永嫌不足，我們應該看清自己的實力，正確地審視自己的客觀條件，不妄想，不貪求，能夠以寬容坦蕩的心去對待生活，使自己

的人生不受外界的影響和干擾，順命隨緣平和地度過一生。

事能知足心常愜，人到無求品自高。

3. 財主養羊

古時候有個財主，從擁有九十九隻羊的那一天起，就眼巴巴地盼望著能再添上一隻羊，好湊夠一百隻。

一天深夜，他輾轉反側之際，忽然想起村後的山上有一座寺院，寺院裡有一位得道的禪師養了一隻羊。於是，第二天一大早，財主便前去懇求禪師慈悲為懷，將那隻羊讓給自己。當時，禪師正閉目靜思，眼皮也沒有動一下，只淡淡地說：「牽走吧！」

一個月之後，財主又來求見禪師。禪師見他愁眉苦臉、面容憔悴，便問他為何如此心焦，財主苦笑著說：「現在我已經有了一百零五隻羊了。」

禪師平靜地說：「既然如此，應當高興才是啊！」

財主搖頭歎息：「可是我什麼時候才能擁有兩百隻羊呢？」

禪師默默無言，轉身端來一杯水，遞到他的手中。

財主剛喝了一口，便大叫起來：「這茶水為什麼這麼鹹啊？」

禪師不動聲色，只淡淡地說：「其實，你給自己喝的也一直是鹹水呀！」

·：道破禪機：·

克制自己的貪念

慾而有節，猶如清茶一杯，其味雖淡，卻能滋潤心田，滋養生命；而過度的貪念則是一杯鹹水，其味雖濃，卻只會越喝越渴，越渴越喝，即使給你一個太平洋，也無法消解那心頭之渴。

在我們的工作中，控制好自己的貪念是十分重要的，否則很可能像下面故事中的人一樣，偷雞不成反蝕把米。

今年小于的頭開得不大好，加薪沒加成，還被老奸巨猾的老闆擺了一道。

不過說起來，是小于心懷鬼胎在先——打算拿了年終獎，再加個百分之三十的薪水，混一陣子後，爭取在年中跳槽。

事情是這樣的。半年前小于剛進公司時，薪水拿得並不高。老闆擺出一副很惜才的樣子，表示目前因為高層變動，暫時無法給小于期望的薪水：「但是我答應你，等到年底，就給你雙倍的年終獎和百分之三十的加薪。」

小于盤算了一下，如果加個百分之二十，就已經相當合理了，何況老闆允諾了百分之三十外加雙份紅包——這筆賬，划得來！

但是，與老闆的合作並不如預想中那麼愉快，小于的工作內容也與當時談定的有些出入。於是小于決定，拿到傳說中的「大禮包」後，再忍個半年，挽回之前的損失，便溜之大吉。

　　但老闆真是個人精，小于這邊尾巴還沒動呢，不知怎麼就已被他嗅出了風向。

　　於是，前段時間，他笑容可掬地把小于叫進辦公室，送了小于一個去泰國出差的機會，工作內容是帶著已經做好的專案去給客戶做最後的掃尾工作：

　　「本來應該是小林去的，但是我覺得你比他更勝任這項工作，這個客戶對我們很重要，你要好好幹哦！……也不要緊張，其實專案完成得不錯，我看你還可以順便去曬曬太陽，休息兩天呢！」

　　那個專案，小于雖然沒怎麼參與，但前因後果還是有些瞭解的，看看到手的材料清楚翔實，便應承了下來。

　　誰知進了客戶會議室才知道，小于根本就是被老闆送出來的「炮灰」——那個專案做得一塌糊塗，客戶非常不滿意，動不動就幾個人圍過來，把小于說得面紅耳赤，不要說曬太陽，連睡覺的時間都不夠，加班加點忙著救火。

　　回到公司，老闆生氣了：「你是怎麼搞的？虧我還對你抱那麼大希望，現在客戶很不滿意……」加薪自然不提了，連年終獎都是勉勉強強才發給了小于。

　　一開年，小于就辭了職，很多同事都替小于感到不公平，只有小于自己知道，若不是當初貪心那百分之三十的加薪和雙倍年終獎，也不會落得這個下場。

　　貪念使人目光如豆，看不見身邊隱藏的危機，也看不見自己生活的方向。

　　我們在工作中一定要節制自己的貪念，別被一些「甜頭」迷惑了心智。

我等實樂生，貪慾中無慾。於貪慾人中，我等無慾住。

4. 不能留下的夕陽

從前有個小和尚很喜歡夕陽落山的景色，天天爬上山頂去觀看。

這天，他看著看著忽然哭了起來。

一個老和尚問他為什麼哭，小和尚說：「夕陽落山的景色實在太美了，可是不管怎樣，我都不能把它留下。」

老和尚聽了哈哈大笑起來，然後對他說：「太陽每天都會升起落下，明知不可留，那又何必強求呢？」

・道破禪機・

凡事不必強求

「夕陽無限好，只是近黃昏」，按照上面故事的意思，可以改成「夕陽無限好，只是難挽留」。改詩句是笑談，但故事的道理卻是我們在工作中值得注意的──凡事不強求。

《新聞晨報》曾刊載過群群的一篇文章，說的就是這個道理：

公司招聘市場推廣員，來應聘的人「五花八門」。其中，最讓人費解的，是個從新加坡留學歸來的男孩子，學

會計的專業背景，加上新加坡留學的經歷，放著大好的會計工作不幹，卻來應聘做市場推廣員。

很不巧，今年的夏天高溫天氣特別多，那些成群招入的推廣員也成堆地打了退堂鼓。那個新加坡留學生卻每日神采奕奕地前來報到。有一日，大家實在好奇，趁他也在茶水間放水時，問他為什麼放著炙手可熱的會計師不幹，要來做這壓力大又辛苦無比的業務工作。

他笑了笑：「因為我不是做會計的料兒呀。」大家更加驚訝了——既然不是做會計的料，為什麼會去讀專門的會計高校，然後還去新加坡專門進修會計呢？

「其實，我在新加坡並沒有畢業，學了一年我便放棄了。」他很坦然，「父母一直覺得會計這行會很有前途，但事實上，我對數字非常厭惡。」他說著，還誇張地將五官皺成一團。

可是做業務畢竟也不是什麼省心的事，而且又是從最底層做起。他笑道：「你的顧慮竟然比我還多，我這人天生喜歡結交朋友，又不願受太多條條框框拘束，所以，做市場才最適合我。」

「你父母一定很失望吧？」我幾乎能猜測出他父母的反應。

「也不是啊，他們浪費了這麼多的時間和精力，總算認識到凡事不能強求。」

顯然，他的退學和如今對工作的抉擇，都曾經引起過軒然大波。不過，無論如何，他還是說服了他父母。

前兩天，我與業務經理順道同行。路上，經理感慨，「不是我偏見，這個留過學的孩子就是不一樣，肯吃苦，

又會動腦子。」我微笑著沒有接過話荏，但在心裡，我明白，那和留學經歷無關。

真正的原因是，一個年輕人在選擇人生的道路上，遵照自己的意願，沒有強求自己罷了。

什麼工作適合自己，能發揮自己的長處就好好往下做；什麼工作不適合自己，讓自己如坐針氈就勇敢放棄！工作是自己的選擇，不用太強求自己！

╭┈**禪林清音**┈╮

心的淨化完全要靠自己，無論是多麼神聖的人、多麼神聖的經典，也僅能提供正確的方法。

5. 佛陀的教誨

一個男子坐在一堆金子上，伸出雙手，向每一個過路人乞討著什麼。

佛陀走了過來，男子向他伸出雙手。

「孩子，你已經擁有了那麼多的金子，難道你還要乞求什麼嗎？」佛陀問。

「唉！雖然我擁有如此多的金子，但是我仍然不滿足，我乞求更多的金子，我還乞求愛情、榮譽、成功。」男子說。

佛陀從口袋裡掏出他需要的愛情、榮譽和成功，送給了他。

一個月之後，佛陀又從這裡經過，那男子仍然坐在一堆黃金上，向路人伸著雙手。

「孩子，你所求的都已經有了，難道你還不滿足嗎？」

「唉！雖然我得到了那麼多東西，但是我還是不滿足，我還需要快樂和刺激。」男子說。

佛陀把快樂和刺激也給了他。

一個月後，佛陀從這裡路過，見那男人仍然坐在那堆金子上，向路人伸著雙手——儘管有愛情、榮譽、成功、快樂和刺激陪伴著他。

「孩子，你已經擁有了你所希望擁有的，難道你還要乞求什麼嗎？」

「唉！儘管我擁有了比別人多得多的東西，但是我仍然不能感到滿足，老人家，請你把滿足賜給我吧！」男子說。

佛陀笑道：「你需要滿足嗎？孩子，那就需要用你現在所擁有的一切來交換！」

男人同意了。

佛陀一個月後又從此地經過，只見這男子站在路邊，他身邊的東西已經所剩不多了，他正把它們施捨給路人。

他把金子給了衣食無著的窮人，把愛情給了需要愛的人，把榮譽和成功給了慘敗者，把快樂給了憂愁的人，把刺激送給了麻木不仁的人。

不久，男子就一無所有了。看著人們接過他施捨的東西，滿含感激而去，男子笑了。

「孩子，現在你感到滿足了嗎？」佛陀問。

「滿足了！滿足了！」男子笑著說，「原來，滿足藏在付出的懷抱裡啊！當我一味乞求時，得到了這個，又想

得到那個，永遠不知什麼叫滿足。當我付出時，我為我自己人格的完美而自豪，而滿足；為我對人類有所奉獻而自豪，而滿足；為人們向我投來的感激的目光而自豪，而滿足。謝謝您，您讓我終於知道了什麼叫滿足。」

·道破禪機·

付出就是最大的滿足

最大的滿足是付出，即使你擁有金錢、愛情、榮譽、成功和快樂，也許你還不會有滿足。滿足是人生無求的最高境界，只有給予和付出，你才能達到這一境界。

美國石油大王洛克菲勒在三十三歲時賺到了第一個一百萬美元。在他四十三歲時，他建立了世界上前所未有的最大獨佔事業——龐大的標準石油公司。但是在他五十三歲的時候，即他的事業達到頂峰的時候——財富像威蘇維火山的金黃色岩漿般源源不斷地流入他的保險庫中時，他卻覺得自己始終缺少了什麼，錢賺得再多心裡仍很不痛快。

在那段痛苦的日子裡，洛克菲勒終於有時間自我反省，他選擇了退休。他開始為他人著想，他曾經一度停止去想他能賺多少錢，而是開始思索那筆錢能夠換取多少人的幸福。簡而言之，他開始考慮把數額巨大的財富捐出去。在他獲知密西根湖岸的一家學院因為抵押權而被迫關閉時，他立刻展開援助行動，捐出數百萬美元去援助那家學院，將它建設成為目前舉世聞名的芝加哥大學。

他也盡全力幫助黑人，當塔斯基吉黑人大學需要基金

來完成黑人教育家華盛頓・卡文的志願，他毫不猶豫地捐出鉅款。

他也幫助消滅十二指腸蟲，當著名的十二指腸蟲專家史太爾博士說：「只要值五角錢的藥品就可以為一個人治癒這種病，但是誰會捐出這五角錢呢？」洛克菲勒捐了出來。他捐出數百萬美元來消除十二指腸蟲，解除了這種一度使美國南方陷入癱瘓的疾病。

然後，他又採取進一步行動，成立了一個龐大的國際性基金會──洛克菲勒基金會，致力於消滅世界各地的疾病、文盲及無知。

他把錢捐出去以後，感到十分快樂，他不再煩惱，也不再徹夜難眠。他一直滿足地活到九十八歲。

洛克菲勒在事業頂峰的時候，他是「貧窮」的，當他開始捐錢幫助別人的時候，他才是真正「富有」的。錢財乃是身外之物，生不帶來，死不帶去，不必看得過重，也不要太過於吝嗇。吝嗇是自私、冷漠的衍生物，破壞了人類所固有的仁愛之心、同情之心。

人與動物的最大區別就在於人具有社會性，吝於付出之人極度自私，不給別人任何幫助，將人的本性降格為動物般的本性。吝嗇破壞了人類美好的社會關係、倫理關係和道德關係。物質與精神上的吝嗇心理將會對人造成精神及肉體上的傷害。

一句名言說：人活著應該讓別人因為你活著而得到益處。學會給予和付出，你會感受到捨己為人，不求任何回報的快樂和滿足。

在我們的工作中，不要一味地追求賺取錢財，不管

你賺多少錢，你都可以獻出自己的一份愛心，這樣你才能在工作中獲得最大的滿足。

┌─── 禪林清音 ───┐

能付出愛心就是福，能消除煩惱就是慧。

6. 跳下懸崖的頓悟

一個深切渴望能夠早日得悟正道的和尚，來到深山中苦修，希望借著山川的空靈之氣，洗淨自己的心境，讓自己得以早登化境。

一天，和尚在山林中行走，邊走邊苦思一個經書上解不開的難題。突然他聞到了一股腥味，猛一抬頭，只見前面的山路上赫然有一隻吊睛白額的猛虎，正要撲上前來。

和尚大吃一驚，連忙轉身撒腿就跑。情急之下，他似乎跑得特別快。那隻老虎在後面遠遠地追著，和尚愈跑愈快，眼看就可以脫出猛虎的威脅了，但和尚沒有想到自己只顧拼命奔跑，絲毫沒看清周圍的環境，跑著跑著，他竟跑到了一處懸崖上。

和尚仍不肯放棄最後一線希望，他快步衝向懸崖邊，往下望去，心中想著，懸崖底下若是深澗，自己冒著危險縱身一跳，或許還可以僥倖逃離虎口。

懸崖底下果然是一道極深的山澗，只不過，水中隱隱約約還露出幾段枯木似的東西，漂浮在山澗裡。和尚仔細看了看，那些「枯木」竟然是一大群鱷魚。

正當他思索著該如何處置眼前狀況的同時，那隻猛虎

已經追到。它倏地往前一撲，和尚沒有退路了，只能往山澗中一跳，手中卻緊緊地抓著懸崖邊垂下的一條樹藤，就這樣讓自己凌空懸吊在崖邊。

和尚希望憑著自己的臂力，或許還可以支持一會兒，等到老虎失去耐心離去，可能還有一線生機。

這時候，懸崖邊不知從哪兒冒出一黑一白兩隻老鼠，竟不約而同地啃食起和尚手握的那道樹藤，眼看兩隻老鼠再啃幾下，樹藤就要斷了，和尚也將落入鱷魚的口中。

和尚望著那兩隻老鼠，心中頓時醒悟：這兩隻老鼠象徵白天與黑夜，不斷地在啃食人們生命的剩餘時光；而老虎、鱷魚，則是自己一直不願去坦然面對的恐懼。在生命即將結束的這一刻，和尚終於領悟到生命中最重要的，就是要讓自己活在當下。

就在這一瞬間，老虎、鱷魚、老鼠全都不見了，和尚好端端地站在山林之中，臉上露出了笑容。

∴道破禪機∴

活 在 當 下

佛家常勸世人要「活在當下」，到底什麼是「當下」呢？「當下」指的是你現在就在做的事，呆的地方，以及周圍一起工作和生活的人。「活在當下」就是要世人把關注的焦點集中在這些人、事、物上面，全心全意去認真品嘗、接納、投入和體驗這一切。

北歐一座教堂裡，有一尊耶穌被釘在十字架上的苦像，大小和一般人差不多。因為有求必應，因此，專程前

來這裡祈禱、膜拜的人特別多，幾乎可以用門庭若市來形容。

　　教堂裡有位看門的人，看十字架上的耶穌每天要應付這麼多人的要求，覺得於心不忍，他希望能分擔耶穌的辛苦。有一天他祈禱時，向耶穌表明這份心願。意外地，他聽到一個聲音，說：「好啊！我下來為你看門，你上來釘在十字架上。但是，不論你看到什麼，聽到什麼，都不可以說一句話。」

　　這位先生覺得，這個要求很簡單。於是耶穌下來，看門的先生上去，像耶穌被釘在十字架般地伸張雙臂，本來苦像就雕刻得和真人差不多，所以來膜拜的群眾不疑有他，這位先生也依照先前的約定，靜默不語，聆聽信友的心聲。

　　來往的人潮絡繹不絕，他們的祈求，有合理的，有不合理的，千奇百怪不一而足；但無論如何，他都強忍下來而沒有說話，因為他必須信守先前的承諾。

　　有一天來了一位富商，當富商祈禱完後，竟然忘記手邊的錢便離去。他看在眼裡，真想叫這位富商回來，但是，他憋著不能說。

　　接著來了一位三餐不繼的窮人，他祈禱耶穌能幫助它渡過生活的難關。

　　當要離去時，發現了先前那位富商留下的袋子，打開一看，發現裡面全是錢。窮人高興得不得了，不停誇讚耶穌真好，有求必應，萬分感謝地離去了。

　　十字架上偽裝的耶穌看在眼裡，想告訴他，這不是你的。但是，約定在先，他仍然憋著不能說。

　　接下來有一位要出海遠行的年輕人來到，他是來祈求耶穌降福他平安。正當要離去時，富商衝進來，抓住年輕人的衣襟，要年輕人還錢，年輕人不明就裡，兩人吵了起來。這個時候，十字架上偽裝的耶穌終於忍不住，遂開口說話了。

　　既然事情清楚了，富商便去找冒牌耶穌所形容的窮人，而年輕人則匆匆離去，生怕搭不上船。

　　偽裝成看門的耶穌出現，指著十字架上說：「你下來吧！那個位置你沒有資格了。」

　　看門人說：「我把真相說出來，主持公道，難道不對嗎？」

　　耶穌說：「你懂得什麼？那位富商並不缺錢，他那袋錢不過用來嫖妓，可是對那窮人，卻是可以挽回一家大小生計；最可憐的是那位年輕人，如果富商一直纏下去，延誤了他出海的時間，他還能保住一條命，而現在，他所搭乘的船正沉入海中。」

　　這是一個聽起來像笑話的寓言故事，卻透露給我們一個深刻的道理：在現實生活中，我們常自認為怎麼樣才是最好的，但事與願違，使我們意不能遂。

　　我們必須相信：目前我們所擁有的，不論順境、逆境，都是對我們最好的安排，我們應認真地活在當下。

‧‧禪林清音‧‧

　　諸欲求時苦，得之多怖畏，失時懷熱惱，一切無樂處。

7. 挑水的大師

有一位武術大師隱居於山林中。

聽到他的名聲，人們都千里迢迢來尋找他，想跟他學些武術方面的竅門。

他們到達深山的時候，發現大師正從山谷裡挑水。他挑得不多，兩個木桶裡水都沒有裝滿。

按他們的想像，大師應該能夠挑很大的桶，而且挑得滿滿的。他們不解地問：「大師，這是什麼道理？」

大師說：「挑水之道並不在於挑多，而在於挑得夠用。一味貪多，適得其反。」

眾人越發不解。

大師從他們中拉了一個人，讓他重新從山谷裡打了兩滿桶水。

那人挑得非常吃力，搖搖晃晃，沒走幾步，就跌倒在地，水全都灑了，那人的膝蓋也摔破了。

「水灑了，豈不是還得回頭重打一桶嗎？膝蓋破了，走路艱難，豈不是比剛才挑得還少嗎？」大師說。

眾人問：「那麼大師，請問具體挑多少，怎麼估計呢？」

大師笑道：「你們看這個桶。」

眾人看去，只見桶裡畫了一條線。

大師說：「這條線是底線，水絕對不能高於這條線，高於這條線就超過了自己的能力和需要。起初還需要畫一條線，挑的次數多了以後就不用看那條線了，憑感覺就知

道是多是少。有了這條線，可以提醒我們，凡事要盡力而為，也要量力而行。」

眾人又問：「那麼底線應該定多低呢？」

大師說：「一般來說，越低越好，因為這樣低的目標容易實現，人的勇氣不容易受到挫傷，相反會培養起更大的興趣和熱情，長此以往，循序漸進，自然會挑得更多，挑得更穩。」

‥道破禪機‥

知道自己的底線

量力而行，恰到好處，當行則行，該止則止。

森林中正在舉辦熱鬧非凡的比「大」比賽。老牛走上擂臺，動物們高呼：「大。」大象登場表演，動物們也歡呼：「大。」

這時，台下角落裡的一隻青蛙氣壞了：「難道我不大嗎？」青蛙嗖地跳上一塊巨石，拼命鼓起肚皮，並神采飛揚地高喊：「我大嗎？」「不大！」傳來一片嘲諷之聲。青蛙不服氣，繼續鼓肚皮。隨著「嘭」的一聲，肚皮鼓破了。可憐的青蛙，至死也不知道它到底有多大。

有一位朋友是個登山隊員，他參加了攀登珠穆朗瑪峰的活動，在海拔六千四百米的高度，他體力不支，放棄了攀登。當他講起這段經歷時，我們都替他惋惜，問他為何不再堅持一下呢，再攀一點高度，再咬緊一下牙關。

朋友說：「不，我最清楚，六千四百米的海拔是我登山生涯的最高點，我一點都沒有遺憾。」

這位登山隊員的精神同樣讓我們對他肅然起敬。聯想到人生，不怕爬高，就怕找不到生命的制高點。任何事情都存在突破口，但不是任何人都能夠穿越突破口，抵達更高的層次。如果說挑戰是對生命的發揚，那麼明智地不越過自己的底線是另一種美好的境界，是對生命的愛惜和尊重。一個不懂得珍惜生命的人，會遭受命運的懲罰。

真理過一分則變為謬誤，壓力過一分則會把生命壓垮。在自己的工作中找出一個臨界點，告訴自己安之若素，莫把自己搞成一台長期超負荷運轉的機器。所以，選擇揣一根坐尺規上路勢在必行！它能督促我們不懈努力地攀登，又能提醒我們恰到好處地戛然而止。仰之彌高，那是笨蛋的愚蠢和貪婪；一個智者，此時此刻，也許已悠然從容地下山去了。

禪林清音

萬事以盡力為有功。

8. 遊方僧人的善舉

禪海原是一位武士之子，某次遊江戶之時受到一位高官賞識而做了高官的隨從，結果他竟與大官之妻產生了私情。被發現之後，他為了自衛殺死那名大官，然後與大官之妻相偕逃亡。

他倆在亡命天涯之時，淪落為賊，而禪海也在此時發現了那女子貪慾無窮的真面目。灰心之餘，他離開了女子，遠至豐前，成為一名遊方僧人，始名禪海。

189

　　他為彌補自己的罪過，決定在有生之年完成一件善舉。當時在某處懸崖上方有條山道，非常險峻，已經有不少人在那裡遭遇不測。禪海聞知此事，決心在懸崖下面挖一條隧道，如此過了二十八年。

　　有一天，來了一名年輕的武士，欲置禪海於死地。原來，他是昔年那位大官之子，為了報父仇去精研劍道，成為高手之後一路追蹤尋仇而來。

　　「我將心甘情願地把生命交給你，只要讓我完成這件工作就好。等到這件工作完成的那天，你就可以殺了我。」禪海平靜而懇切地向年輕的復仇者要求道。

　　於是，這位大官之子耐下性子等待著那一天。經過數個月後，禪海仍然不停地努力挖掘著，武士由於閑著無聊，便開始幫他挖掘。等他幫了一年忙之後，因為禪海堅強意志的感召，他的內心起了微妙的變化。

　　最後，隧道終於挖成了，寬三十尺，高二十尺，長二千二百八十尺，歷時三十年。

　　「現在來砍我的頭吧！」禪海說道，「我的工作已經完成了。」

　　「我怎能下手砍你的頭呢？我要復仇的是當年的你，不是現在的你！」那位年輕的復仇者，含著感動的淚水說道。

・道破禪機・

不要用老眼光看人

　　復仇的年輕人沒有活在過去，用過去的眼光看待禪

海，當他目睹禪海當下的善舉之後，改變了自己的初衷，他的這種「不用老眼光看人」的做事方法在我們的工作中值得效仿。

俗話說「士別三日當刮目相看」，目前是資訊時代、經濟社會，一個人的變化用「士別一日當刮目相看」來形容都不為過。

我們在工作中要用進步的眼光來衡量周圍的人和事，時代在變，規則在變，不要用老眼光看待身邊的一切，這樣才能有利於我們做出正確的決定。

《人民郵電報》上曾刊登過一篇這樣的故事：

棒球是美國人最愛的三大比賽項目之一，越來越多的中國人也開始瞭解並喜愛上這項規則頗為複雜的運動。在美國，與NBA透過選秀制度和限薪制度保持球隊實力均衡與競賽精彩度不同的是，大型棒球聯隊卻越來越依賴球隊的資本以提高實力。所有人都知道，規則是富人越來越富，窮人越來越窮。走紅的著名球隊總是能夠在花錢方面超過小球隊，因為他們的收入更多，就會有大量資金來投標引進備受推崇的球員。

按照最常規的邏輯，不起眼的奧克蘭運動家隊沒有實力雄厚的財東撐腰，註定要歸於失敗者的行列。但是，老闆比利‧比恩卻憑藉棒球界最低的工資開支，擯棄了這個最傳統的行業的傳統智慧，創下了過去數年中棒球界最輝煌的成功紀錄。

比恩成功的奧秘是，他發現決定球隊是否強大的規則已經發生變化。

隨著球員整體技術水準的提高，那些打擊部位精確，

擅長全壘打技術的球員，通常也是萬眾矚目、身價最高的當紅明星，對球隊總體的成績越來越不能起到決定性作用。棒球行業奉行的長達百年的傳統基本原理已經發生動搖。那些速度更快的跑壘型選手和思路敏捷的投球手對球隊的貢獻顯得更大。

於是，比恩開始重新評判購入球員的價值，並應用新的標準來提高球員的技能。比如，到達壘的能力是得分的一個關鍵部分。擊球員接深高球的能力和擊球數——也就是技術嫻熟地掌握球棒，讓投球手盡可能地多投球——既能提高打壘的機率，又有利於消耗投球手的體力。

運用這種更有助於提高球隊戰績的新條件來物色球員，比恩以較低的費用組建了一支新球隊。以老眼光看，這些球員的價值並不大，但比恩一下子創造了美國職業棒球聯盟的明星隊。

從根本上來看，是因為他認識到商務邏輯正在發生結構性變化，處於劣勢的組織不必急於重複過去的戰略，像其他小球隊那樣，根據過去的條件來使用球員，而是重新琢磨出成功的基礎。

從這篇文章中我們可以總結出這樣一條道理：在商業環境正在發生結構性變化的時代，要用當下的眼光來看待當下的事情，老的規則也許在潛移默化地發生改變，清醒地認識到自己在不斷變化的商業環境中所處的位置，有助於提升你事業的高度。

⁍‥禪林清音‥⁌

佛是覺悟的眾生，眾生是在迷的佛。

9. 用功的和尚

越州大珠慧海禪師是建州人，姓朱，依越州大雲寺道智和尚受業。

有一天，一位居士問慧海：「和尚修道，還要用功嗎？」

慧海：「用功。」

居士又問：「如何用功呢？」

慧海：「餓了就吃飯，困了就睡覺。」

居士不解，便問道：「天下所有的人都是一樣的，是不是也都與您一樣在用功修道？」

慧海答：「不同。」

居士問：「為何不同？」

慧海答：「有人吃飯時，不肯吃飯，很多要求；睡覺時，不肯睡覺，胡思亂想。」

∴道破禪機∴

簡 單 是 福

俗話說，「吃得下，睡得著，笑得出」便是人生最大的福氣，或許我們可以簡化一下——簡單是福。吃飯的時候能夠簡簡單單地就想著吃飯，睡覺的時候能夠簡簡單單地就想著睡覺，不食不知味，不胡思亂想，這種簡單的生活何嘗不是一種福氣呢？

眾多職場人都會有同樣的感觸：剛進公司時迷惘，剛

懂得要奮鬥時彷徨，事業剛有起色時卻已後生可畏。事業成功的璿子說，剛進單位時，大家都是單位的新人，接觸的也是一些底層人員，並沒有過多地周旋於領導階層，也未考慮兼職、創業等諸多選擇，只是按部就班地走下去，很快便適應了單位的生活。

回首四年的工作歷程，她的生活極為簡單：第一年積極投身工作，第二年愛情、工作兩不誤，踏踏實實步入第三年，努力依然，付出如舊，於是榮譽如期而至：兩次獲得先進工作者，還當上了單位的副主任……璿子說，如果她是今時今日的「新人」，也許她還會是這樣過「簡單而又快樂的生活」。

如果你還是不信服簡單生活能夠對你的工作帶來好處的話，那麼下面一段《行報》對IT新貴孫德良的採訪也許能夠讓你徹底信服。

IT新貴孫德良擁有二十多億的身家，與阿里巴巴的馬雲、慧聰網的郭凡生一同被稱為中國B2B電子商務網站的「三巨頭」。

《行報》：「網盛科技上市之後，你的身家一下子漲到二十多億，生活會不會因此而發生變化？」

孫德良：「除了要開更多的會，做更多的事，變得更忙之外，其他沒有任何變化。我的生活仍然很簡單，早上七點到公司，晚上八九點回家。真的，我還是比較喜歡簡單的生活，吃得下，睡得著就好了，我不會盲目地熬夜，不會一邊吃飯還要一邊工作……大多數人都會覺得我在生活中是個很無趣的人，但我不這麼認為。」

《行報》：「你現在仍然像以前一樣騎自行車上班

嗎？」

　　孫德良：「不，現在我更多的是步行上班，因為住的地方離公司只有五分鐘的路程。」

　　《行報》：「五分鐘？房子在市中心？」

　　孫德良：「是的，我買房子比較早，是在1999年，面積在九十平方米左右，那時，杭州的房價便宜，每平方米剛過四千元。不過，我不常住那裡，因為妻子、女兒一般住在浙大的岳父母家，所以，我也跟著住在那裡。」

　　《行報》：「不打算把你四年前買的那輛奧迪換掉？」

　　孫德良：「那是公司的車，不是我私人的。我不會開車，不想學，也沒打算買車。我覺得開車還不如搭計程車來得方便。」

　　《行報》：「但也有打車不方便的時候，比如出遠門。」

　　孫德良：「我很少出遠門，迫不得已的時候才會出，最遠也就到過香港和北京。一般我會選擇坐火車，實在不行，才會選擇坐飛機。我怕坐飛機，因為有一年，從杭州飛往廣州，出了一些事故，飛機在天上待了五六個小時降不下去，嚇了一回，一下子就坐怕了。」

　　《行報》：「首選坐火車，不怕被人知道了掉身價？」

　　孫德良：「不會啊，火車挺好的，很安全。」

　　《行報》：「現在，杭州已經有了飛機專賣店，而浙商中買私人飛機的人也不少。」

　　孫德良：「私人飛機、私人遊艇，都太過奢侈。其

實，作用都不大，最大的用途就是用來炫耀。在我看來，根本沒這個必要。」

《行報》：「現在，國內每年都會有頂級奢侈品展銷會，這些展銷會大都會把眼光盯在你們的身上，浙商，在他們看來，有驚人的購買力。」

孫德良：「是的，我每年都會收到這樣的邀請函，但是，我從來沒有去過。我可以保證，過去我沒有去，現在我不打算去，將來也不會去。」

《行報》：「為什麼？」

孫德良：「我們工作賺錢，首先肯定為了讓自己過更好一點的生活。追求品質生活當然是無可厚非的，這個品質生活是吃好、穿好、住好，而不是奢侈消費。比如，我喜歡喝茶，最喜歡龍井，但我不會為了獲得一兩明前茶而花上萬元去購買，沒這個必要。」

對於億萬富翁孫德良的「簡單」，相信你也有些咋舌。我們不否認有些人過得很「複雜」，他也成功了，但是你也不能否認「簡單」對於人生、事業的意義。

∴禪林清音∴

勢不可使盡，福不可享盡，便宜不可占盡，聰明不可用盡。

10. 性急的小夥子

從前有個年輕的農夫，他要與情人約會。小夥子性急，來得太早，又不會等待。他無心觀賞那明媚的陽光、

迷人的春色和嬌豔的花姿，卻急躁不安，一頭倒在大樹下長吁短歎。

忽然他面前出現了一個老和尚。「我知道你為什麼悶悶不樂。」老和尚說，「拿著這鈕扣，把它縫在衣服上。你要遇著不得不等待的時候，只需將這鈕扣向右一轉，你就能跳過時間，要多遠有多遠。」

這倒合小夥子的胃口。他握著鈕扣，試著一轉：啊，情人已出現在眼前，還朝他笑送秋波呢！真棒咳，他心裡想，要是現在就舉行婚禮，那就更棒了。他又轉了一下：隆重的婚禮，豐盛的酒席，他和情人並肩而坐，周圍管樂齊鳴，悠揚醉人。他抬起頭，盯著妻子的眸子，又想：現在要只有我們倆該多好！他悄悄轉了一下鈕扣：立時夜闌人靜……他心中的願望層出不窮：我們應有座房子。他轉動著鈕扣：夏天和房子一下子飛到他眼前，房子寬敞明亮，迎接主人。我們還缺幾個孩子，他又迫不及待，使勁轉了一下鈕扣：日月如梭，頓時已兒女成群。他站在窗前，眺望葡萄園，真遺憾，它尚未果實累累。偷轉鈕扣，飛越時間。腦子裡願望不斷，他又總急不可待，將鈕扣一轉再轉。

生命就這樣從他身邊疾駛而過。還沒來得及思索其後果，他已老態龍鍾，衰臥病榻。至此，他再也沒有要為之而轉動鈕扣的事了。

回首往日，他不禁追悔自己的性急失算：我不願等待，一味追求滿足，恰如饞嘴人偷吃蛋糕裡的葡萄乾一樣。眼下，因為生命已風燭殘年，他才醒悟：即使等待，在生活中亦有其意義，唯其有它，願望的滿足才更令人高

興。他多麼想將時間往回轉一點啊！

他握著鈕扣，渾身顫抖，試著向左一轉，扣子猛地一動，他從夢中醒來，睜開眼，見自己還在那生機勃勃的樹下等著可愛的情人，然而現在他已學會了等待，一切的焦躁不安都已煙消雲散。他平心靜氣地看著蔚藍的天空，聽著悅耳的鳥語，逗著草叢裡的甲蟲。

∵道破禪機∵

享受過程

在生命的旅途中，走得太快，就會錯過好的風景，慢慢地探尋才能夠真正地享受到人生的樂趣。生命是一個過程而不是一個結果，如果你能夠充分享受過程，那麼必然會每一天都精彩。有這樣一個比喻，說生命是一個括弧，左括弧是出生，右括弧是死亡，人要做的事情就是不斷地填括弧。這個括弧能否填滿呢？人生就是再延長一百年，你依然有填不完的空，這就要學會享受填括弧的每一天和每一個內容。

有位孤獨者倚著一棵樹曬太陽，他衣衫襤褸，神情萎靡，不時有氣無力地打著哈欠。

一位僧人從此經過，好奇地問道：「年輕人，如此好的陽光，如此難得的季節，你不去做你該做的事，而在這懶懶散散地曬太陽，豈不辜負了大好時光？」

「唉！」孤獨者歎了一口氣說，「在這個世界上，除了我自己的軀殼外，我一無所有。我又何必費心費力地做什麼事呢？每天曬曬我的軀殼，就是我做的所有事了。」

「你沒有家？」

「沒有。與其承擔家庭的負累，不如乾脆沒有。」孤獨者說。

「你沒有你的所愛？」

「沒有。與其愛過之後便是恨，不如乾脆不去愛。」

「你沒有朋友？」

「沒有。與其得到還會失去，還不如乾脆沒有朋友。」

「你不想去賺錢？」

「不想。千金得來還復去，何必勞心費神動軀體！」

「噢。」僧人若有所思，「看來我得趕快幫你找根繩子。」

「找繩子幹嘛？」孤獨者好奇地問。

「幫你自縊。」

「自縊？你叫我死？」孤獨者驚詫道。

「對。人有生就有死，與其生了還會死去，不如乾脆就不出生。你的存在，本身就是多餘的，自縊而死，不是正合你的邏輯嗎？」

孤獨者無言以對。

「蘭生幽谷，不為無人佩戴而不芬芳；月掛中天，不因暫滿還缺而不自圓；江水奔騰，不以一去不返而拒東流，更何況是人呢？」僧人說完，拂袖而去。

對於我們的工作，你認為它的價值是什麼？有人說是結果，是的，結果固然重要，但更重要的在於過程。經常聽人說：我一點也不快樂！工作很累、薪水很低、朋友也少、目標難以實現、做事處處碰壁、離成功遙遙無期，等

等。事實上，每個人身邊都有很多快樂，只是我們不知道享受而已。

銷售經理高威說，每天的工作都是那樣地匆忙。早晨醒來的第一件事，就是點燃一支菸，靠著床思考：昨日有什麼事沒有做完，當天有什麼事要處理，哪些事情沒做好，現在應吸取什麼教訓。只要一上班，腦子裡就只有經銷商、報價、貨物、會議，一直忙到晚上九點。一個星期只能陪女友半天。但是，每次在與經銷商談定價格後，他特有成就感。

因為報價是一門學問：每次報價，都須瞬間作出判斷。報價高了，會嚇走客戶；價低了，公司又沒利潤。他剛從事該工作時，報價並沒有這麼準，現在，他總能找到共贏點，將價格定在一個雙方都可以接受的範圍。他說，隨著談判經驗逐漸豐富，他與經銷商的談判也越來越輕鬆，成就感也由此而來。因此，他會覺得每一天都過得很有意義，工作的壓力也就體會得不那麼明顯了。

有人說：工作就是遊戲，可以讓人快樂。一方面，工作是責任，是不得不做，且可以帶來利益的；另一方面，工作也是一種遊戲，我們能從遊戲的過程中得到快樂，為何不試著從工作中找到快樂呢？遊戲讓我們投入是因為我們感到快樂，且成功無關痛癢，當工作變成了遊戲，心情也會變得輕鬆起來，不是沒有壓力帶來的煩惱，而是我們對待它的態度不同。

享受工作帶來的成功與喜悅是每個人的權利。在現代生活的快節奏下，每天匆忙奔波的我們應該有看淡結果、享受過程的「遊戲心態」。

在快樂的狀態下，我們會有更好的表現，也就是工作時候拼命地工作，玩的時候拼命地玩。那麼在工作的時候有一種快樂的狀態與心情，就可以做到快樂做事、快樂管理、快樂上班、快樂加班……總之一句話：我們要快樂地享受工作的過程。

·禪林清音·

智者享受過程，愚者享受結果。

11. 我們都是人生的旅客

有一次，正在雲遊宣揚佛法的憨山大師迷了路，不知走了多久，才在漆黑的夜空見到一盞燈火。他定睛一看原來是一戶人家，立刻興奮地奔上前去請求借宿。

「我家又不是旅店！」屋主聽到他提出借宿一晚的要求後，立刻板著臉拒絕。

「我只要問你三個問題，就可以證明這屋子就是旅店！」憨山大師笑著說道。

「我不信，倘若你能說服我，我就讓你進門。」屋主也爽快地回答。

「在你以前誰住在此處？」

「家父！」

「在令尊之前，又是誰當主人？」

「我祖父！」

「如果施主過世，它又是誰的呀？」

「我兒子！」

「這不就結了！」憨山大師笑道，「你不過是暫時居住在這兒，也像我一樣是旅客。」

當晚他就在屋裡舒舒服服地睡了一覺。

‧‧道破禪機‧‧

珍惜現在

對於生活來說，我們每個人都是人生的旅客。好好的珍惜現在，就是人生最大的收穫；把握住眼下的時光，也就是最大的成功。

一位西方哲學家無意間在古羅馬城的廢墟裡發現一尊雙面神神像。

這位哲學家將雙面像神仔細打量了一番，感到很奇怪，因為他自視學貫古今，卻對這尊神像很陌生，於是恭敬地問神像：「請問尊神，你為什麼一個頭卻有兩副面孔呢？」

雙面神答道：「這兩副面孔各有用途，一副用來察看過去，一副用來展望未來，這樣我才能既吸取教訓又憧憬未來。」

「可是，你用哪副面孔來注視最有意義的現在呢？」先哲問。

「現在？」雙面神茫然。

先哲說：「過去是現在的逝去，未來是現在的延續，你既然無視現在，即使對過去了若指掌，對未來洞察先機，那麼，又有什麼意義呢？」

雙面神聽了若有所思，突然，雙面神號啕大哭起來。

原來，也就是因為沒有把握住「現在」，羅馬城才被敵人攻陷，他也因此被視為廢物，被人丟棄在這廢墟中的。

卡耐基曾經說人要生活在今天的密封艙裡，就是要人專心過好當下的生活。因為過去的已經過去，僅僅回憶是沒有什麼意義的；同時，人也不能總擔心未來的事情，因為未來總是不確定的，我們所擔心的事情多半不會發生。這樣講並非是說過去和未來毫無意義，但是過去、未來如果同現在不能建立聯繫的話，它們的意義的確不大。過去的意義就在於它為我們現在的生活提供指導，它能讓我們看得更清楚。未來的意義也是為我們的現在樹立目標，現在的所有努力都是圍繞將來的目標。只有這樣的聯繫，才能使我們的過去、現在和未來都有意義。

聰明的人，不會太多地停留在昨天，也不會太多地幻想明天，而是牢牢地把握住今天。因為他懂得時間不因為回憶而增加長度，時間也不因為人的幻想而增加厚度。時間是公平的，富人、窮人，在時間面前都是平等的。所以，對於來去匆匆的人生，自己要有一個堅實的信念。

對於過去，不要過多地回憶，回憶有時會帶來傷感，回憶太多會消磨人的意志。誰都知道，年輕人喜愛夢想未來，老年人都喜歡回憶自己的過去。對於未來，不要有太多的想像，不要太過誇張。未來是人們最喜歡的，但又是最不實際的一種興奮劑。以平常之心對待未來的人之所以活得很好，是他們並不誇飾未來。一加一從來都等於二，或者說，昨天的經驗加上今天的奮鬥，一定有一個光輝的明天。

只有把握今天，才是人生的絕對哲理！

往日的遺憾可以用今天的成績來彌補，明日的風景可以用今天的匠心去栽培。

今天，為你留下了恣意揮灑的空間，你可以努力想像，盡情發揮；今天，是你奮起直追的起跑線，你可以用衝刺的加速度改寫昨日失敗的懊悔。

請相信，只要你好好把握住了今天，你理想的天空就不會出現陰霾，你耕耘的田野就會碩果累累，你事業的航船就會一帆風順，你成功的身後就會留下一座不朽的豐碑。當明日朝陽升起的時候，你就會心情舒暢，坦然面對。

因此，最重要的是把握今天，一步一個腳印，踏踏實實地前進。千里之行，始於足下，不要嫌棄小事，大事是從小事做起的。不要嫌棄走得慢，走得慢比不走要好。走自己的路，不要東張西望，不要回頭，一直走下去，不要先問結果，要問自己的努力和付出，這樣才有可能成為真正的事業成功者。

少留戀昨天，多把握今天，更要努力創造明天。

‧‧禪林清音‧‧

不能把握現在，就無法獲得永恆。

第六篇　得忍且忍　得耐且耐

1.　滴水和尚拜師

　　寒冬臘月，一個名為滴水的和尚去天龍寺拜見儀山禪師。外面下著很大的雪，可是儀山禪師卻不讓他進門。那個和尚就在門外一直跪著，這一跪就是三天。儀山的弟子看他可憐，紛紛為他求情，可是儀山說：「我這裡不是收容所，不收留那些沒有住處的人！」弟子們沒有辦法，只好紛紛走開。

　　到了第四天的時候，那個和尚身上皸裂的地方開始流血。他一次次地倒下又重新起來，但他依然跪在那裡，雷打不動。儀山下令弟子：「誰也不准開門，否則就將他逐出門外！」七天後，那個和尚支撐不住，倒了下去。

　　儀山出來試了一下他的鼻子，尚有一絲呼吸，於是便下令將他扶了進去。滴水終於靠著超強的忍耐進了儀山禪師門下參學。

　　有一天，滴水和尚向儀山禪師問道：「無字與般若有什麼分別？」

　　話剛說完，儀山一拳打了過來，大吼：「這個問題豈是你能問的？滾出去！」

　　滴水被儀山的拳頭打得頭暈目眩，耳朵裡只有儀山的

吼聲，忽然間，滴水想通了：「有與無都是自己的膚淺意識，你看我有，我看我無。」

還有一次，滴水感冒了。正在用紙擤鼻涕的時候，被儀山看到了，他大聲喝道：「你的鼻子比別人的血汗珍貴？你這不是在糟蹋白紙嗎？」滴水不敢再擦了。

很多人都難以忍受儀山的冷峻，可是滴水說：「人間有三種出家人，下等僧利用師門的影響力，發揚光大自己；中等僧欣賞家師的慈悲，步步追隨；上等僧在師父的煆錘下日益強壯，終於找到自己的天空。」

儀山禪師聽到了滴水和尚的這番話後，毅然傳住持之位給滴水和尚，自己下山雲遊去了。

∴道破禪機∴

小不忍則亂大謀

滴水和尚靠著自己的「忍」見到了儀山禪師，又靠著自己的「忍」得到了儀山禪師的賞識，被傳與住持之位。小不忍則亂大謀的心智真是令人讚歎。然而，在我們的工作中，卻很少有人能夠發揚「小不忍則亂大謀」的精神，以致喪失了很多機會。

有一位年輕人畢業後被分配到一個海上油田鑽井隊工作。在海上工作的第一天，領班要求他在限定的時間內登上幾十米高的鑽井架，把一個包裝好的漂亮盒子拿給在井架頂層的主管。年輕人抱著盒子，快步登上狹窄的通往井架頂層的舷梯。當他氣喘吁吁、滿頭大汗地登上頂層，把盒子交給主管時，主管只在盒子上面簽下自己的名字，又

讓他送回去。於是，他又快步走下舷梯，把盒子交給領班，而領班也是同樣在盒子上面簽下自己的名字，讓他再次送給主管。

　　年輕人看了看領班，猶豫了片刻，又轉身登上舷梯。當他第二次登上井架的頂層時，已經渾身是汗，兩條腿抖得厲害。主管和上次一樣，只是在盒子上簽下名字，又讓他把盒子送下去。年輕人擦了擦臉上的汗水，轉身走下舷梯，把盒子送下來，可是，領班還是在簽完字以後讓他再送上去。

　　年輕人終於開始感到憤怒了，他盡力忍著不發作，擦了擦滿臉的汗水，抬頭看著那已經爬上爬下了數次的舷梯，抱起盒子，步履艱難地往上爬。當他上到頂層時，渾身上下都被汗水浸透了，汗水順著臉頰往下淌。他第三次把盒子遞給主管，主管看著他慢條斯理地說：「把盒子打開。」

　　年輕人撕開盒子外面的包裝紙，打開盒子──裡面是兩個玻璃罐：一罐是咖啡，另一罐是咖啡伴侶。年輕人終於無法克制心頭的怒火，把憤怒的目光射向主管。主管又對他說：「把咖啡沖上。」此時，年輕人再也忍不住了，「啪」地一聲把盒子扔在地上，說：「我不幹了。」說完，他看看扔在地上的盒子，感到心裡痛快了許多，剛才的憤怒發洩了出來。

　　這時，主管站起身來，直視他說：「你可以走了。不過，看在你上來三次的份上我可以告訴你，剛才讓你做的這些叫做『承受極限訓練』，因為我們在海上作業，隨時會遇到危險，這就要求隊員們有極強的承受力，承受各種

危險的考驗，只有這樣才能成功地完成海上作業任務。很可惜，前面三次你都通過了，只差這最後的一點點，你沒有喝到自己沖的甜咖啡，現在你可以走了。」

我們都不會否認忍耐對於我們成功的重要性，可我們卻常常在現實的忍耐過程中對所遇的挑戰宣佈我們的力不從心，宣佈我們的無法承受，從而也放棄了自己的那份成功。「小不忍則亂大謀」，其實只要忍耐下去，很多情況下，我們都能嘗到成功的「甜咖啡」。

┌╴‧‧禪林清音‧‧╴┐

君子能忍，必成大器。

2. 佛印喝茶

佛印和蘇東坡到茶館裡來喝茶。

侍者見佛印是一個出家人，就對他顯得非常冷淡，而對蘇東坡則十分熱情。

蘇東坡感到過意不去，幾次提醒侍者對佛印客氣些，但是，侍者顯然是一個非常勢利的小人，依然對蘇東坡顯得更熱情些。

蘇東坡不高興了。

結完了賬，佛印掏出幾文錢，遞給侍者，並一再道謝，態度非常謙恭。

走出茶館門口，蘇東坡問佛印：「這傢伙態度很差，是不是？」

佛印說：「他是一個勢利小人，他的行為真令人討

厭。」

　　蘇東坡問：「那麼你為什麼對他還是那樣客氣，而且還賞錢給他呢？」

　　佛印答道：「有時候，小人也要當君子養！」

·道破禪機·

將小人當君子養

　　為什麼小人也要當君子養？我們讀完故事後，第一個疑問肯定如此。

　　記得《論語》中有這樣一句話，「唯女子與小人為難養也」，說的是不賢慧的女人與小人會壞事。

　　《韓非子》論「八奸」，頭三條：「一曰同床」，即指「女」；「二曰在旁」，指「小人」；「三曰父兄」，指「子」。「女」、「子」、「小人」三者勾結起來，亂政篡權，是當時引發政治動亂的主要根源，因此，也是政治的首要問題。這是當時的情形，現在不然，現在把「女人」與「小人」相提並論，顯然是錯誤的，從理論上說，小人就是小人，不分男女。

　　《論語》還有一句話叫做「巧言令色，鮮矣仁」，這句話的意思是：花言巧語，一副討好人的臉色，這樣的人是很少有仁德的。這應該是孔子對小人的概述吧！

　　社會到處都有「小人生存的土壤」，小人的話往往更能打動當權者的心。以工作為例，幾乎每個公司、機關都有小人的存在。小人之所以叫小人是因為他們有許多惡劣的品性。他們好挑撥離間，乘人之危，卑鄙無恥，喜歡搞

小動作。小人是非常難纏的人物，因為他們不會遵守公平正義的法則，他們只會暗中使壞，讓你防不勝防，實在是讓人討厭。但這種小人卻怎麼也不能銷聲匿跡，他們有老闆撐腰，一直很活躍。既然小人是公司的「有機組成部分」，那麼對待小人就一定要講究一些「策略」——把他們當做君子來養就是一個不錯的辦法，至於原因，讀完下面的故事我們就能理解了。

為大唐中興立下赫赫戰功的唐朝名將郭子儀，不僅在戰場上攻城掠地得心應手，而且在待人處世中也是一個特別善於對付小人的高手。郭子儀與小人打交道的秘訣就是「善待小人，將小人當君子養」。

「安史之亂」平定後，立下大功並且身居高位的郭子儀並不居功自傲，為防小人嫉妒，他反而比原來更加小心。

有一次，郭子儀生病了，有個叫盧杞的官員前來拜訪。此人乃是中國歷史上聲名狼藉的奸詐小人，相貌奇醜，生就一副鐵青臉，臉形寬短，鼻子扁平，兩個鼻孔朝天，眼睛小得出奇，時人都把他看成是個活鬼。正因為如此，一般婦女看到他這副尊容都不免掩口失笑。

郭子儀聽到門人的報告，馬上下令左右姬妾都退到後堂去，不要露面，他獨自等待。

盧杞走後，姬妾們回到病榻前問郭子儀：「許多官員都來探望您的病，您從來不讓我們躲避，為什麼此人前來就讓我們都躲起來呢？」

郭子儀微笑著說：「你們有所不知，這個人相貌極為醜陋而內心又十分陰險。你們看到他萬一忍不住失聲發

笑，那麼他一定會懷恨在心，如果此人將來掌權，我們的家族就要遭殃了。」

郭子儀對盧杞太瞭解了，因此在與他打交道時總是小心謹慎行事。後來，這個盧杞當了宰相，極盡報復之能事，把所有以前得罪過他的人統統陷害掉，唯獨對郭子儀比較尊重，沒有動他一根毫毛。

這件事充分反映了郭子儀對待小人的辦法既周密又老練。如果不是當日他將小人當成君子來對待，那麼，他的家族一定不能倖免於難。所謂「君子坦蕩蕩，小人長戚戚」。君子與小人的區別就在於本身的修養。君子會把很多事看得很開，不喜歡講別人壞話，做事寬宏大量；而盧杞這樣的小人可能心態差一些，很多事看不開，如果有人嘲笑過他，那一定是「加倍奉還」的！所以，對待小人我們要學郭子儀，把小人當成君子來對待。

‧‧禪林清音‧‧

　　害人之心不可有，防人之心不可無。

3. 十三年練就的真功夫

現代高僧廣欽和尚在福建省出家，住在承天寺。他說自己沒有福報，不敢接受供養，就去住山洞，一住就是十三年。

十三年後，廣欽和尚回到廟裡，還是不住寮房，要求守大殿。大殿不能安床鋪，他只能天天晚上在大雄寶殿打坐。

　　過了一段時間，監院師和香燈師召集大家宣佈說：「昨天晚上大雄寶殿的功德箱被盜。」這個功德箱是廟裡的主要收入，從來沒有發生過被盜的事。過去夜裡沒有人守，也沒有發生這種事。所以，當時大家自然懷疑到廣欽和尚，認為他在大殿裡打坐，即使他沒有偷，別人偷，他也應該知道，也有責任。

　　大家對他的看法就來了一百八十度的轉彎，認為這個人號稱住山洞十三年，結果還幹出這種事，就很鄙視他，認為太可恥了，全廟的人都對他「另眼相看」。他本人卻並沒有申辯一句，好像這件事與他無關一樣。別人罵他，指責他，他也不回答，一副若無其事的模樣。

　　這樣過了一個星期，監院師又集合大家宣佈：「沒有功德箱被盜這回事，我之所以這麼說，是為了考驗一下廣欽大師住山洞十三年，到底有沒有功夫，現在證明他真有功夫！」

‥道破禪機‥

忍辱方能負重

　　監院師和香燈師考驗弟子的做法是否恰當，在此姑且不論，但是廣欽和尚的忍辱不予回擊卻絕對夠得上境界，不是一般的凡夫俗子能夠做得出來的。

　　廣欽和尚為什麼能夠達到這種境界呢？關鍵就是他善於忍耐，甚至是忍辱。

　　能忍辱負重者在歷史上不乏其人，周文王忍受了被紂王囚於商並逼食親兒之肉的屈辱；越王勾踐忍辱負重，抑

制自己的憤怒和情慾，臥薪嚐膽十年；漢代名將韓信曾忍受了胯下之辱……這些忍辱負重的人不但沒死，反而創下彪炳千古的功績，名垂青史。所以，侮辱又有什麼可怕，屈辱又有什麼不可忍受！

在漢語辭典裡有「忍辱負重」一詞，詞義是：能不避怨謗，忍受屈辱，擔負重任。作為人，我們最根本的任務就是延續生命。面對屈辱，我們就不能忍辱負重嗎？在《說苑・眾談篇》中說：能夠忍受恥辱的人安全，能夠忍受恥辱的人可以生存。漫漫人生，在面對外界突如其來、避無可避的侵犯與侮辱時，我們要有忍辱負重的彈性，因為這是一種生存的權利，尊重這種彈性，便是尊重生命。

在我們的工作中，也許你覺得需要「忍耐」是真的，但「忍辱」也許說得有些「懸」，看看下面這則真實的事例，也許你的想法會有改變。

「設計師是天底下僅次於上帝的職業，同樣是創造。」日前，年僅二十九歲就被德國戴姆勒・克萊斯勒汽車公司（賓士）聘為終身設計師的四川小夥子張帆，站在西南交大國際會議廳的講臺上，一句開場白吊住了現場所有人的胃口。在此次有關現代交通工具設計的演講中，張帆不但讓聽眾感受了來自世界頂尖汽車設計的精彩，更讓人體會到他的艱辛與成就。

張帆1975年出生於四川康定，1994年就讀於上海同濟大學工業設計系，後在清華大學工藝美術學院攻讀碩士，2000年4月獲日本三菱汽車國際設計競賽一等獎，2002年2月獲得德國「Auto Motor and Sport」雜誌主辦的「國際交通工具設計大賽」的最佳品牌設計獎，隨後被德國賓士公

司本部聘為汽車造型設計師。

對於自己在國內受教育後進入賓士公司德國本部，並擔任汽車造型設計這項核心工作的經歷，張帆說：「這個過程頗有『忍辱負重』的感覺。」他說，之所以能進入賓士公司，緣於他2002年在一次國際交通工具設計大賽中獲獎。但進入賓士公司沒多久，他就發現，在如此一個專業、尖端的領域裡，自己完全是個「蹩腳的新手」，他設計出的車型總是無法獲得投產的機會，面對周圍如此多的頂尖設計師，巨大的壓力可想而知。

當時，無論是同事還是領導，對他都毫不客氣地指出缺點，加上自己是中國人，很多「高鼻子藍眼睛」對自己存在偏見，言辭激烈。對於張帆來說，這不僅是自己的屈辱，也是中國人的屈辱。

後來的兩年時間裡，張帆忍辱負重，不斷地跟自己較勁，經常一個人在辦公室的角落裡一遍又一遍地繪圖，一次又一次地推敲自己的設計。終於，他參與設計的機會越來越多，並成功地為自己謀下了賓士公司終身設計師的「飯碗」。

許多成功人士都有過常人所沒有的痛苦經歷，但在那些經歷中，他們總是能夠忍辱負重，對前途充滿樂觀，從來沒被不幸擊倒。

我們在今後的工作中，無論遇到何種屈辱，要挺下去，加倍努力，這樣才能有機會看到勝利的曙光。

‧‧禪林清音‧‧

一般人是看得破，卻忍不過。

4. 守戒的和尚

　　佛陀在舍衛國祇園僧院傳法的時候，發生了這樣一件事：

　　一天，許多化緣歸來的和尚行走在荒野上，一群強盜看見了他們，立刻前來搶劫。和尚們被扒光了衣服，強盜頭目還不肯甘休，下令說：「這些和尚到了村裡難免會胡說八道。你們快點下手，把他們全部除掉。」

　　強盜中有一人曾出過家，瞭解佛法，提議說：「首領，沒有必要動手殺他們。這些和尚是非常慈悲的，只要用青草把他們捆住就可以了。為了不傷害青草，他們不會動彈，當然也就不會逃走了，還怕他們胡說八道嗎？」

　　強盜頭目一聽有道理，便採納了這人的建議。強盜們把所有的和尚都用青草捆起來，棄之而去。

　　被青草捆住的和尚，為了守戒，都不肯掙斷青草。他們的衣服被剝得精光，一大早就被日光暴曬，又遭到蚊子、牛虻、蒼蠅和跳蚤的叮咬；好不容易才挨到太陽西下，附近一片黑暗，夜出的禽獸在四周走動，野狐怪叫，貓頭鷹哭泣，荒郊野外頓時變得如地獄一般恐怖，令人不寒而慄。

　　許多年輕的僧人心中慌亂，怨言四起。一位老和尚見此情境，開口說道：「人生短促，比水流還快。即使天上的殿堂，也有崩塌的時候，何況人的生命，當然更是無常了。大家不必歎息這種無常的生命，要明白持戒的重要，不要掙斷青草，更不要以為這樣子白白死去想再度出生為

人很難，就覺得很遺憾。其實，我們現在能懂得佛的教義，遵守戒律，這才是最珍貴的。」

為了持守戒律，這些和尚既不能伸直被捆緊的身體，也不能挪動位置。這時，老和尚繼續說道：「我們的修行，跟現在的狀況一樣，即使遇到了恐怖，也要忍耐，甚至要把我們的生命奉獻給高尚的佛法。縱使現在我們能站起身子來，也無處可去，唯有堅守戒律，死而後已。」

年輕的僧眾，聽了老和尚的說法，紛紛端正身體，不動不搖，靜靜地坐在黑暗的荒野中。

第二天黎明，國王帶著大隊人馬出來打獵，經過這裡，看見這群和尚，心中疑惑，就命令身邊的隨從下馬察看。臣子遵照國王的命令前去察看，很快回報國王說：「他們全身赤裸裸，自覺羞愧，都垂下頭，不肯說話。但經我仔細查看，發現他們右肩的皮膚黝黑，原來是一群僧人，因為他們穿著袈裟，是偏袒右肩的。他們一定是碰到強盜，被剝去了衣服。」

國王聽見臣子的報告，心中仍然在想：「手上捆著青草，要掙脫不費吹灰之力，然而他們卻像用來祭祀的羊羔一樣，一動也不動，這是為了什麼？」

國王親自下馬，來到僧眾之間問道：「你們身體壯健無病，為何被草捆得不能動彈？是被咒術迷住，還是為了苦行？」

僧眾回答說：「纖細的青草非常脆弱，不難掙斷。但我們是被金剛戒所捆，才無心去掙斷它。掙斷草木無異殺生，我們遵照佛法的戒律，才不會掙斷它。」

國王聽見僧眾的回答，十分歡喜，親自為他們解開青

草，讚歎道：「好一群和尚，為遵守戒律，寧可捨棄自己的生命。我也要皈依偉大的佛陀，皈依無上的佛法，成為守戒的僧人。」

︰道破禪機︰

自律是忍耐的最高境界

在平常情況下，僧人守戒也許不難，但是在危及生命的情形下，要想守住清規戒律，沒有一定的自律能力恐怕不行！故事中的和尚們是非常值得尊敬的，因此，故事的最後他們獲得了國王的由衷讚歎。我們在工作中也是一樣，如果有老闆盯著，守規矩也許不難，但是如果沒有人監督，沒有人計較，你還能遵紀守法嗎？也許很多人便開始動搖了！這也是為什麼事業成功者總是占極少數比例的重大原因之一。換句話說，登峰造極的成就源於自律。

熟悉傑瑞・萊斯的人說他是個天生的運動員，他的天賦體能驚人。任何一位足球教練都想找到這樣一位天賦優異的前鋒球員。獲選進入美式足球名人榜的明星教練比爾・華西發出這樣的讚歎：「在我們所認識的人當中，沒有一個能趕得上他的體能。」單是這一點還不能使他成為傳奇性的人物，在他卓越成就的背後有一個真正的原因，就是他的自律能力。傑瑞・萊斯勤練身體，每一天都在為攀越更高境界而準備自己，在職業足球界沒有人像他這樣有自律能力的。

萊斯自我鞭策的能力，可以從他體能訓練的故事說起。當他還在高中校隊的時候，每次練習之前，摩爾高中

球隊教練查理斯‧大衛斯都規定球員以蛙跳的方式,彈跳前進到一座四十碼高的山丘,來回二十趟後才能休息。在密西西比炎熱而潮濕的天氣下,萊斯在完成第十一趟之後就感到吃不消而打算放棄。由於教練並沒有「緊迫盯人」,所以傑瑞‧萊斯輕鬆地偷偷溜回了球員休息室,但當他剛一坐定,他便意識到了自己行為的錯誤。「不可以。」他對自己說,「要忍耐,登峰造極的成就源於自律。」於是,他回到練習場上完成了他的彈跳訓練。從那天起,他再也沒有半途而廢過。

傑瑞‧萊斯被公認為美式足球前衛接球員的最佳代表,他是位專業的足球運動員,對於他來說,踢足球、練體能就是他的工作,無論自己的「工作」多麼枯燥與難熬,他都忍耐下來了,同時證明了自律所具有的強大力量。

也許你是擁有過人的才華,也許你在工作中是能夠獨當一面,也許你的口才無人能及,但沒有任何人可以在缺少自律的情況下獲得並保持成功。我們甚至可以說,無論哪一個人擁有多麼過人的天賦,若不運用自律,就絕不可能把自己的事業推向高峰。

﹝‥禪林清音‥﹞

不放逸、自制、自津、有智慧的人,不為瀑流漂蕩,能自做島嶼。

5. 老僧一炷香,能消萬劫糧

唐朝有個名叫裴休的宰相,虔誠地信奉佛教。

　　他的兒子裴文德，年紀輕輕就中了狀元，皇帝封他為翰林，但是裴休認為這種少年得志，輕易就飛黃騰達是不利於兒子成長的，因此執意把他送到寺院裡修行參學，並且要他先從最辛苦的「水頭」做起。

　　於是這位少年得意的翰林學士，不得不天天在寺院裡挑水、砍柴、燒火，忍受煙薰火燎，早起晚睡，還得跟寺院的學僧一起吃素齋！幾個月下來，風流倜儻的小夥子面皮也黑了，臉龐也瘦了，手上、肩上全是幹活磨出的繭子。每次他要求回家，父親總是說：「再等一段時間吧！」而寺院裡的學僧也不曾因為他是宰相公子就特別照顧他。

　　一晃好幾個月過去了，有一天又輪到裴文德挑水，這位身心疲憊的翰林終於忍耐不住，滿懷怨恨地發牢騷道：「翰林擔水汗淋腰，和尚吃了怎能消？」

　　寺裡的住持無德禪師剛巧聽到，微微一笑，也念了兩句詩回答道：「老僧一炷香，能消萬劫糧。」

　　裴文德嚇了一跳，從此收束身心，修行參學。

∴道破禪機∴

坦然面對苦難

　　世界超級小提琴家帕格尼尼，四歲時一場麻疹和強制性昏厥症幾乎把他送進棺材；七歲時患上嚴重肺炎，不得不大量放血治療；四十六歲時牙床突然長滿膿瘡，只好拔掉所有牙齒；牙病剛癒，又染上可怕的眼疾，幼小的兒子成了他手中的拐杖；五十歲後，關節炎、腸道炎等多種疾

病吞噬著他的肌體；後來連聲帶也壞了，靠兒子按口型翻譯他所要說的話。

但帕格尼尼似乎覺得還不夠深重，自己又設置了各種障礙和漩渦——他長期把自己囚禁起來，每天練琴十一到十二個小時。他忘記了飢餓和死亡，他用獨特的指法和充滿魔力的旋律征服了整個歐洲和世界，他發展了指揮藝術，創作出《隨想曲》、《女妖舞》和六部小提琴協奏曲以及許多吉他演奏曲。幾乎歐洲所有文學藝術大師都聽過他演奏並為之激動。許多音樂評論家稱他是「操琴弓的魔術師」，歌德評價他「在琴弦上展現了火一樣的靈魂」。一位著名藝術家大喊：「天啊，在這四根琴弦中包含著多少苦難、痛苦和受到殘害的心靈啊！」

人們不禁要問，是苦難成就了天才，還是天才特別熱愛苦難？這個問題一時難以說清，但人們都知道，彌爾頓、貝多芬和帕格尼尼被稱為世界文藝史上三大怪傑，居然一個成了瞎子、一個成了聾子、一個成了啞巴！

一顆天然的鑽石，經過切割打磨才能光華四射、璀璨耀眼；一粒細沙埋在蚌母之腹，忍受漫長的黑暗之後，才能養成明月般的珍珠，光潔圓潤、燦爛奪目。鑽石最美的光澤是從一個個傷口發出的，珍珠的晶瑩剔透是在黑暗中磨礪而成的。這多麼像人生呀！苦難磨鍊人生，苦難是上帝的恩典。苦難之於人生，不是毀壞而是造就，不是懲罰而是拯救，特別的苦難其實就是特別的恩典。

在現實生活中，我們每個人都有可能遭受到各種各樣的苦難，苦難是現實的，只有坦然地接受現實的苦難，才能夠設法成就一番事業。

千人千般苦，苦苦不相同，能受苦者乃為志士。

6. 就是這樣嗎？

心誠大師是一位生活純淨的修行者，因此受到百姓們的稱頌，都認為他是個可敬的聖者。

有一對夫婦在寺廟附近開了一家食品店，夫婦倆有一個漂亮的女兒。不料有一天，他們發現女兒的肚子無緣無故地大起來了。

這種見不得人的事，使得她的父母震怒異常！好端端的黃花閨女，竟做出不可告人的事！

在父母的逼問下，她起初不肯招認那個人是誰，但經過一再苦逼之後，她終於吞吞吐吐說出「心誠大師」四個字。

她的父母怒不可遏地去找心誠大師理論，但這位大師不置可否，沒有作任何辯解，只是平靜地答道：「真是這樣嗎？」

孩子生下來後，就被送給心誠大師。此時，他的名譽雖已掃地，但他並不以為然，只是非常細心地照顧孩子——他去向百姓化緣嬰兒所需的奶水和其他用品。雖不免橫遭白眼，或是冷嘲熱諷，他總是泰然處之，彷彿他是受託撫養別人的孩子一般。

事隔一年後，這位沒有結婚的媽媽，終於不忍心再欺瞞下去了。她老老實實地向父母吐露真情：孩子的生父是

在魚市工作的一名青年。

她的父母立即將她帶到心誠大師那裡，向他道歉，請他原諒，並將孩子帶回。

心誠大師仍然是淡然如水，沒有表示憤怒，也沒有乘機教訓他們。他只是在交回孩子的時候，輕聲說道：「就是這樣嗎？」彷彿不曾發生過什麼事，即使有，也只像微風吹過耳畔，霎時即逝。

‧‧道破禪機‧‧

辯解不是最好的方式

心誠大師在遭人冤枉的時候沒有做一絲辯解，他這樣做是非常明智的，因為無論是否是自己的過錯，為一件事情辯解，往往會使這件事情顯得格外重大，越辯則振幅越大，如同塗鴉，越描則越黑。事情的答案和謎底往往不是立刻就揭曉的。王者不辯，就是此種道理。

哈佛大學是世界最著名的大學之一。哈佛學生畢業時收到很多公司的預約是十分常見的事情。但是，教社會學的科特教授在給四年級的學生上的最後一堂課上說：「恭喜各位已經在全美一流企業找到很好的工作。各位都是頂尖的學生，資質比一般人優秀很多，初入社會時，難免遇到一些能力不如各位的同事，卻偏偏是各位的頂頭上司。工作難免會犯錯，難免會挨上司的責。但請各位牢牢記住：挨的時候，無論對錯都不要辯解。」

他這些話一開始讓學生聽著覺得十分荒唐：無論對錯，都不要辯解？這不是讓誤解越來越深嗎？這樣不是等

於公然認錯？為了一份工作，真的有必要這麼做嗎？

　　科特教授似乎看出了學生們的疑惑，接著說道：「是的，不管你是對還是錯，都不要試圖去辯解。你只管立正站好，頭愈低愈好，不斷點頭，大聲說『是的，謝謝指正』、『是的，對不起，下次不再重犯』、『是的，非常抱歉，今後改進』……」

　　科特教授接下來笑著說道：「你們應該好好想想，如果你沒有犯錯，正處在怒氣中的老闆也聽不進任何解釋，到最後，事情也會轉變成『態度不佳』的錯；這樣，事態的嚴重性只會增加。盛怒中的『斥責』就宛如『齊發的萬箭』，利箭迎面而來。因此，你千萬不要認為自己沒有錯，就抬頭挺胸努力辯解，結果被萬箭穿得滿面開花。你應該低下頭來，要彎腰，愈低愈彎愈好，讓萬箭全部掠過頭頂，隨風而去，這樣才能確保自己不受傷害。」

　　科特教授一說完，立刻迎來了全場的掌聲。

　　想想看，正處在怒氣中的老闆，能聽得進你的辯解嗎？假如你是對的，辯解的結果證明是老闆的錯，這樣會讓老闆很沒有面子，對你自己也沒有任何好處。話說回來，明明不是你的錯，卻還能立正站好，彎腰低頭，不斷地道歉，大聲感謝指正，瞭解內情的同事看在眼裡，必然會佩服你的胸襟。事後，等老闆怒氣消了，或適當時機再找機會跟老闆說明：「其實上一次……」老闆瞭解之後，內心必然會想：「罵錯了，還能如此虛心受教，未跟我公然辯駁讓我難看，這是一個成熟的職員才做得到的。」

　　你在公司也不是一天兩天，老闆自然會找機會設法補償各位的，因此不必擔心被誤會，努力工作，時間將會證

明一切的。萬一真是因為自己判斷錯誤，還強詞奪理，日後將很辛苦，可能要做許多事才補得回來。

科特教授的這一堂課對學生的人生有著很大的影響，對我們也是。只要我們為別人工作，我們就應該要知道怎樣才能成為優秀的職員，不要在老闆責的時候立刻頂嘴，這樣做只會傷害自己，哪怕是對的，也要學會默默承受他們的責。最後，事實和時間會證明自己的清白。

禪林清音

萬事得成於忍，與其能辯，不如能忍。

7. 遍體鱗傷的大蛇

一條大蛇危害人間，傷了不少人畜，以致農夫不敢下田耕地，商賈無法外出做買賣，大人無法放心讓孩子上學，到最後，每個人都不敢外出了。

大家無奈之餘，便到寺廟的住持那兒求救，大夥兒聽說這位住持是位高僧，講道時連頑石都會被點化，無論多兇殘的野獸都會被馴服。

不久之後，大師就以自己的修為，馴服並教化了這條蛇，不但教它不可隨意傷人，還指點了它許多處世的道理，而蛇也在那天彷彿有了靈性一般。

人們慢慢發現這條蛇完全變了，甚至還有些畏怯與懦弱，於是紛紛欺侮它。有人拿竹棍打它，有人拿石頭砸它，連一些頑皮的小孩，都敢去逗弄它。

某日，蛇遍體鱗傷，氣喘吁吁地爬到住持那兒。

「你怎麼啦？」住持見到蛇這副德性，不禁大吃一驚。

「我……我……我……」大蛇一時間為之語塞。

「別急，有話慢慢說！」住持的眼神滿是關懷。

「你不是一再教導我應該與世無爭，和大家和睦相處，不要做出傷害人畜的行為嗎？可是你看，人善被人欺，蛇善遭人戲，你的教導真的對嗎？」

「唉！」住持歎了一口氣後說道，「我只是要求你不要傷害人畜，並沒有讓你被人們欺負啊！」

「我……」大蛇又為之語塞。

┌─ **道破禪機** ─┐

把握好忍讓的度

做什麼事情都不能走極端，寬容忍讓也要有度。我們民族的忍讓精神在某些情況下是壞事而不是好事。大者，在民族利益面前不能軟弱忍讓。

中國近代史上受外來侵略者肆意欺辱的紀錄正是我們民族忍讓精神的消極結果；在關係到捍衛法律尊嚴的涉及原則的事情上不能忍讓，比如遭受強暴卻忍氣吞聲，讓犯罪者逃之夭夭，這實際上是縱容了犯罪。小者，在牽涉到個人尊嚴、人格、權益的事情上不該忍讓。當別人出於惡意損害了你的個人利益時，你還一味地忍讓，打你的左臉還送上右臉，這便是缺乏自尊、軟弱無能的表現了。

在現代社會，我們每個人都應當學會利用法律、政策以及其他有效辦法來維護自己的合法權益，捍衛自己的尊

嚴，這是現代人在社會求生存求發展必須學習的新內容。比如被老闆無理扣壓薪金、遭遇上司猥褻等，都是不應該忍讓的事情，從大的方面來說，每個人在維護自己的合法權益的同時也是在捍衛法律的尊嚴，只有全民大眾都這樣做，法律才真正地服務於社會，社會才能更完善，人際關係也會得到融洽的發展。

國外一家公司公開招聘銷售主管，條件只有一個——必須要能忍。經過了多輪角逐，有一部分人獲准參加最後一項特殊的考試。那天，他們雲集公司，輪流去一個辦公室應考。

第一個男人進來，只見他一頭金髮熠熠閃光，天庭飽滿，地額方圓，高大魁梧，儀表堂堂。經理帶他來到一個特建的房間，房間的地板上撒滿了碎玻璃，尖銳鋒利，望之令人心驚膽寒。

經理以萬分威嚴的口氣說：「脫下你的鞋子！將裡面桌子上的一份登記表取出來，填好交給我！」

男人毫不猶豫地將鞋子脫掉，踩著尖銳的碎玻璃取出登記表填好交給了經理。他強忍著鑽心的疼痛和腳上不斷流出的血，依然鎮定自若，表情泰然地望著經理。經理指著一個大廳淡淡地說：「你可以去那裡等候了。」男人非常激動。

經理帶第二個男人來到一間特建的屋子，屋子的門緊緊地關閉著。經理冷冷地說：「裡邊有一張桌子今桌子上有一份登記表。你進去將表取出來填好交給我！」男人推門，門是鎖著的。「用腦袋把門撞開！」經理命令道。男人不由分說，低頭便撞，一下、二下、三下……足足有半

個小時，頭破血流，門終於開了。他取出表認真地填好交給了經理，經理說：「你可以去大廳等候了。」男人非常高興。

　　就這樣，一個接一個，那些身強體壯的男人都用自己的意志和勇氣證明了自己。經理表情有些沉重。他帶最後一個男人來到一個房間，經理指著站在房間裡的一個瘦弱的老人對男人說：「他手裡有一張登記表，去把它拿過來填好交給我！不過他不會輕易給你的，你必須用你剛硬的鐵拳將他打倒……」

　　男人嚴肅的目光射向經理：「為什麼？你得有讓我認為足夠的道理。」

　　「不為什麼，這是命令！」

　　「你簡直是個瘋子，我憑什麼打人家？何況他是個瘦弱的老人！」

　　經理又帶他分別去了那個有碎玻璃的房間和緊鎖著的房間，同樣遭到了他的反對和拒絕。經理對他大發雷霆……

　　男人氣憤地轉身就走，卻被經理叫住了。經理將這些應考的人都召集在一起，告訴他們只有最後一個男人考中了。

　　那些無一不傷筋動骨的人都捂著自己的傷口審視著被宣佈考中的人，當發現他身上的確一點傷也沒有時都驚愕地張大了嘴巴，非常不服氣地大聲問：「為什麼？」

　　經理指著那些人的鼻子說：「你們都不懂什麼是真正的忍。」

　　「為什麼？」他們又異口同聲問。

經理語重心長地說：「在我們的客戶中，不乏那些故意刁難銷售人員的人，對於這些人，需要忍耐，但是也不能一味忍耐沒有限度，那樣我們公司的尊嚴就會掃地，所以我們招收的銷售主管要能忍，但更要能把握忍的度，保護公司的尊嚴。」

一定的忍讓是應該的，但不要一味地去忍，過分的忍讓就變成了一種懦弱。凡事都有一個度，把握好這個度，才是正確的處世之道。

╔═ ∴禪林清音∴ ═╗

諸事有度，諸事有節，則常足。

8. 五 百 羅 漢

很久以前，在古印度南部有個僑薩羅王國，國中出了五百個強盜，占山紮寨，攔路搶劫，打家劫舍，殺人放火，無惡不作，商客遊人和地方百姓深受其害。

地方官員多次用兵，終不獲勝，只好報知國王。國王派精兵良將前來征剿，經過激烈的戰鬥，五百名強盜戰敗，全部當了俘虜。

國王決定對這五百強盜處以酷刑。這天，刑場戒備森嚴，殺氣騰騰。兵士手持尖刀將赤身裸體，披頭散髮，被捆在刑柱上的強盜雙眼全部挖掉，有的還割掉鼻子、耳朵，然後放逐到荒無人煙的深山老林中。這座山谷林木蔥蘢，狼嗥虎嘯，陰森恐怖。強盜們衣食無著，悲傷欲絕，撕心裂肺地絕望地嚎叫著。

　　淒慘的呼叫聲傳遍四野，也傳進了釋迦牟尼的耳朵。釋迦牟尼知道這是五百強盜在生死線上掙扎呼救，便用神力送來了香山妙藥，吹進了五百強盜的眼眶。霎時，強盜們又個個重見光明。釋迦牟尼親臨山谷，給五百強盜講經說法：「正是你們以前作惡多端，才有今天的苦難。只要洗心革面，棄惡從善，皈依佛門，就能贖清罪孽，修成正果，脫離苦海，進入極樂世界。」眾強盜聽了佛的教誨，俯首悔過，口稱尊師，成了佛門弟子。

　　從此，山谷中的森林被稱做「得眼林」。很多年後，當年的五百強盜終於修成正果，成為五百羅漢。

∴道破禪機∴

心寬才能天下闊

　　寬容忍讓是中華民族的傳統美德。古人有訓，「得饒人處且饒人」，「退一步海闊天空」等等，連佛祖尚且寬容了五百強盜，更何況我們這等凡人呢？

　　有人說，寬容是一種修養，是一種處變不驚的氣度。生活中，經常會發生一些預料之外的情況，寬容便是一種大禍臨頭面不改色的瀟灑。別人批評了你，想想自己的過失；同事誤解了你，想想別人的難處；朋友出賣了你，想想終於又看清了一個人的為人。天下沒有渡不了的河，沒有過不去的山，也沒有解不開的結。人生就那麼幾十年，有什麼事值得非要耿耿於懷，搞得自己不開心呢？

　　清朝時期，宰相張廷玉與一位姓葉的侍郎都是安徽桐城人。兩家毗鄰而居，都要起房造屋，為爭地皮，發生了

爭執。張老夫人便修書北京，要張宰相出面干預。張宰相到底見識不凡，看罷來信，立即做詩勸導老夫人：「千里家書只為牆，再讓三尺又何妨？萬里長城今猶在，不見當年秦始皇。」張母見書明理，立即把牆主動退後三尺。葉家見此情景，深感慚愧，也馬上把牆讓後三尺。這樣，張葉兩家的院牆之間，就形成了六尺寬的巷道，成了有名的「六尺巷」。張廷玉失去的是祖傳的幾分宅基地，換來的卻是鄰里的和睦及流芳百世的美名。

在日常交往中，寬容忍讓是一種可取的人生態度。我們與同事在工作中總免不了有意見相左、磕磕碰碰的時候，只要不是原則性的問題，各自主動退讓，寬以待人，少計較得失，有利於減少矛盾，維護人際間的和諧，於人於己都是有益身心的事情。尤其在現代社會，人們出現過於計較個人功利的傾向，這種寬容忍讓的精神更是應當加以提倡。

在美國一個市場裡，有個中國婦人的攤位生意特別好，引起其他攤販的嫉妒，大家常有意無意地把垃圾掃到她的店門口。這個中國婦人只是寬厚地笑笑，不予計較，反而把垃圾都清掃到自己的角落。旁邊賣菜的墨西哥婦人觀察了她好幾天，忍不住問道：「大家都把垃圾掃到你這裡來，你為什麼不生氣？」中國婦人笑著說：「在我們國家，過年的時候，都會把垃圾往家裡掃，垃圾越多就代表會賺很多的錢。現在每天都有人送錢到我這裡，我怎麼捨得拒絕呢？你看我的生意不是越來越好嗎？」從此以後，那些垃圾就不再出現了。

這個中國婦人化詛咒為祝福的智慧確實令人驚歎，然

而更令人敬佩的卻是她那與人為善的寬容的美德。她用智慧寬恕了別人，也為自己創造了一個融洽的人際環境。

俗話說和氣生財，自然她的生意越做越好。如果她不採取這種方式，而是針鋒相對，又會怎樣呢？結果可想而知。我們在工作中也要時刻以寬容的心態處事，要知道，心寬才能天下闊啊！

∵·禪林清音·∵

心量狹小，則多煩惱；心量廣大，智慧豐饒。

9. 千手觀音

古時候，有個妙莊國，國王叫妙莊王。他有三個女兒，大公主愛打扮，天天濃妝艷抹，穿紅戴綠；二公主一天到晚輕歌曼舞，吃喝玩樂；三公主卻穿布衣，吃素食，在房裡讀詩文。

妙莊王年老了，他想：這王位傳給誰呢？大公主、二公主整天花天酒地，不思進取；三公主賢淑方正，人又很聰明，比較合適。故妙莊王拿定主意，要給三公主招個上門女婿，儘早成家立業。

一天，妙莊王對三公主道：「兒呀，宰相的大公子才學過人，可配我兒，我想叫老太師去做媒，如何？」三公主聽了眼中含淚，只是搖頭。

過了數日，妙莊王又說：「兒呀，當今的新科狀元才學出眾，這椿婚事你願意嗎？」三公主聽了又搖搖頭。

不幾天，妙莊王又來了：「兒呀，這回你一定滿意

了，為父給你找的這個駙馬郎是當朝首富，他家有一座金山、一座銀山……」

不待妙莊王說完，三公主把頭搖得撥浪鼓似的：「父王，女兒不願。女兒甘願侍奉父王一世，終身不嫁。」

妙莊王聽三公主說終身不嫁，立即氣得臉發青，跳起來喝道：「大膽畜生，你敢違抗父王的旨意！老實告訴你，今日這樁婚事，不管你願還是不願，一定得辦！今日定親，明日行聘，後天就成婚！」

第二天一早，新駙馬家吹吹打打來送聘禮，黃金白銀、珍珠瑪瑙源源不斷地用車子運進宮來。妙莊王看了樂得什麼似的，忙吩咐身邊宮娥，請出三公主來看看，跟這樣富貴人家結親，有多體面，多榮耀！

宮娥奉命去了，不一會兒就慌慌張張地跑來：「啟稟陛下，不好了！三公主失蹤了！」

妙莊王聞報也慌了神，頓足道：「來人呀，快給我去找三公主！」霎時間，王宮裡亂了營，宮女、太監奔來竄去到處搜尋。妙莊王又派人外出各處尋找，歷經半年，才在舟山桃花島的白雀寺裡找到了。三公主已出家當了尼姑，法號妙善。

妙莊王派大臣去勸說三公主，要她回心轉意，還俗回宮。誰知三公主心堅如鐵，毫不動搖。妙莊王勸說不成，便用重金買通白雀寺的當家師姑，要師姑虐待三公主，逼她還俗。那師姑得了銀子，黑了良心，千方百計折磨三公主。每日天不亮就叫她起床幹活，直到夜裡三星出齊，方准她回房做功課，稍有怠慢就鞭抽棍打，不給飯吃。可憐三公主自幼生長在王宮內，哪吃過這般苦？身體一天天消

瘦下來，面容一天天憔悴，但她還是咬緊牙關堅持，在苦難的煎熬中過日子。

這一年寒冬臘月，大雪紛飛，桃花島上遍地白雪覆蓋，無法打到柴草。可是三公主知道，不背柴草回去，師姑肯定不會放過她，於是冒著寒風在雪地上爬呀爬，尋找柴草；漸漸地，手腳凍麻木了，沒有一絲力氣，一頭栽倒在山溝裡……

朦朧間，她的耳邊響起「嘩嘩」的水聲，山下有人撐著船過來了。不一會兒，船靠了岸，一個白鬚白髮的老翁走上山來。那老翁走到三公主身邊，掏出一顆明晃晃的珠子，放在她唇間。「咕嚕」一聲，珠子被放進嘴裡後順著喉嚨滑下肚去。

說也奇怪，珠子一落肚，三公主頓時神清氣爽，渾身舒暢。三公主一骨碌爬了起來，在老翁的指點下，登上小船，順著河流來到桃花島東邊的一個山頭。三公主就在那座荒山上結茅為廬，與鳥獸做伴，念經修行。

這樣過了幾年，三公主的行蹤終於又被妙莊王得知。這一次他御駕親征，帶領人馬開赴東海大洋，將三公主安身的小島團團圍住。

妙莊王帶著人登岸搜山。不料，山上蛇蟲百腳一齊出洞，見人就咬。搜山的人連滾帶爬逃了回來。妙莊王氣得七竅生煙，命人用硫磺、硝石點火燒山。火借風勢，山上成了一片火海。猛見火海裡升起一團紅光，三公主身穿白袍，腳踏蓮台，隱現在紅光裡，徐徐飄向島對面的一個礁洞。妙莊王只好收兵回宮。

妙莊王回宮沒幾日，忽然奇癢難熬，渾身長出一顆顆

無名膿瘡。訪遍名醫，用盡良藥，全然無效。妙莊王躺在床上等著死神降臨。一天，一個聲音在他耳邊叫喚：「妙莊王，要想活命，快去南海普陀求你女兒！」妙莊王聽了，趕快命人準備車船去求三公主。

妙莊王來到礁洞前哀聲呼叫：「女兒呀，快來救救父王吧！女兒呀，快來救救父王吧！」

突然，洞裡透出一道亮光，只見三公主端坐蓮台，向妙莊王合十稽首道：「父王不必心焦，只需將女兒手臂拿去做藥引，父病即可痊癒。」說著，「咔嚓」一聲，折斷手臂，拋在妙莊王面前。

妙莊王接過女兒手臂，又愧又悔又擔心，只怕女兒失去手臂落下殘疾。正猶豫間，忽見洞中金光耀眼，三公主身體兩側突然長出無數條手臂。妙莊王看得呆了，欣喜道：「我女修成正果，得道成佛了！」

原來此時，三公主已位登三寶，成了救苦救難的觀世音菩薩。她修行得道的荒山就是洛迦山，後來現身的礁洞就是普陀山梵音洞。因為她在斷臂後長出手臂無數，故又被稱作「千手觀音」。

⌐∵道破禪機∵⌐

不計前嫌，以德報怨

三公主不計前嫌，以德報怨，最後終成正果。在我國歷史上，一些君主，比如楚莊王、李世民，甚至是女流之輩的武則天都是非常寬宏大量、以德報怨的，他們最後得到朝臣的信服，忠心耿耿為其效忠。

上官婉兒，是李唐時期五言詩「上官體」的鼻祖上官儀的孫女。上官儀是唐初重臣，曾一度官任宰相，參與高宗的廢後行動後被武則天發覺，上官儀與其子被斬，上官婉兒與母則淪為宮婢。

婉兒十四歲那年，太子李賢與大臣裴炎、駱賓王等策劃倒武政變，婉兒為了報仇也積極參與。但事情敗露，太子被廢，裴炎被斬，駱賓王死裡逃生，但上官婉兒則為武則天所赦。

上官婉兒十四歲時曾做了一首《彩書怨》的詩，被武則天無意中發現。武則天不相信這麼好的詩會出自一位女孩之手，便以室內剪綵花為題，讓她即興做出一首五律來，同時要用《彩書怨》同樣的韻。

婉兒略加凝思，就很快寫出：「密葉因栽吐，新花逐剪舒。攀條雖不謬，摘蕊詎知虛。春至由來發，秋還未肯疏。借問桃將李，相亂欲何如？」

武則天看後，連聲稱好，並誇她是一位才女，但對「借問桃將李，相亂欲何如」裝作不解，問婉兒是什麼意思。

婉兒答道：「是說假的花，是以假亂真。」

「你是不是在有意含沙射影？」武則天突然問道。

婉兒十分鎮靜地回答：「天后陛下，我聽說詩是沒有一定的解釋的，要看解釋的人的心境如何。陛下如果說我在含沙射影，奴婢也不敢狡辯。」

「答得好！」武則天不但沒生氣，還微笑著說，「我喜歡你這個倔強的性格。」接著她又問婉兒：「我殺了你祖父，也殺了你父親，你對我應有不共戴天之仇吧？」

　　婉兒依舊平靜地說：「如果陛下以為是，奴婢也不敢說不是。」

　　武則天又誇她答得好，還表示正期待著這樣的回答。接著，武則天讚揚了她祖父上官儀的文才，指出了上官儀起草廢後詔書的罪惡，期望婉兒能夠理解她，效忠她。

　　然而，婉兒不但沒有效忠武則天，卻出於為家人報仇的目的，又參與了政變。司法大臣提出按律「應處以絞刑」，若念其年幼，也可施以流刑，即發配嶺南充軍。

　　而武則天則認為：據其罪行，應判絞刑，但念她才十幾歲，若再受些教育，是可以變好的，所以不宜處死。而發配嶺南，山高路遠，又環境惡劣，對一個少女來說，也等於要了她的命，所以也太重些。尤其是她很有天資，若用心培養，一定會成為非常出色的人才。

　　鑒此，武則天決定對婉兒處以黥刑，即在她的額上刺一朵梅花，把朱砂塗進去，並把婉兒留在自己身邊，想用自己的力量來感化她。武則天還表示，如果她連一個十幾歲的女孩子都不能感化，又怎麼能夠「以道德感化天下」呢？

　　武則天確實把婉兒感化了。該殺而不殺，反而留在自己身邊，這已使婉兒感激涕零。此後，武則天又一直對婉兒悉心指導，從多方面去感化她、培養她、重用她。婉兒從武則天的言行舉止中，瞭解了她的治國天才、博大胸懷和用人藝術，對她徹底消除了積怨和誤解，代之以敬佩、尊重和愛戴，並以其聰明才智，替她分憂解難，為她盡心盡力，成了她最得力的心腹人物。

　　以德報怨，常常能夠以很小的代價換來敵人的信賴，

並忠心耿耿地為你付出，成為你可以依靠的人。我們在工作中也要得饒人處且饒人，不計前嫌，以德報怨，這樣才會收穫更多的朋友、更多可以相互信賴的夥伴。

╔═ˇ·禪林清音··╗

　　得饒人處且饒人。

10. 一 休 挨 打

　　從前，有一個年輕人脾氣非常不好，動不動就與人打架，因而人們都很討厭他。

　　一日，這個年輕人無意中遊蕩到了大德寺，正遇到一休禪師在講佛法，聽完之後異常懊悔，決定痛改前非，並且對一休禪師說：「師父！今後我再也不與別人打架鬥口角了，即使人家把唾沫吐到我臉上，我也會忍耐地拭去，默默地承受！」

　　「就讓唾沫自乾吧，別去拂拭！」一休禪師輕聲說道。

　　年輕人聽完，就問道：「如果拳頭打過來，又該怎麼辦呢？」

　　「一樣呀！不要太在意，只不過一拳而已。」一休禪師微笑著答道。

　　那個年輕人實在無法忍耐了，便舉起拳頭朝一休禪師的頭打了一拳，繼而問道：「現在感覺怎麼樣呢？」

　　一休禪師一點兒也沒有生氣，反而十分關切地說道：「我的頭硬如石頭，可能你的手倒是打痛了！」

　　年輕人無言以對，似乎對禪師言行有所領悟。

凡事不要斤斤計較

一休禪師的境界確實了得,可能很多人很難做到這些。在我們的工作中,如果一個人氣量狹小,遇事斤斤計較,那麼在生活中就會處處碰壁,煩惱無限。我們應該寬容地對待別人,否則,打別人一拳,你的手也會痛!

一個小鎮的商人有一對雙胞胎兒子,當這對兄弟長大後,就留在父親經營的店裡幫忙,直到父親過世,兄弟倆接手共同經營這家商店。

一切都很平順,兄弟倆齊心協力把小店打理得井井有條。可是有一天,一元美金丟失了,於是,一切都發生了變化。

哥哥將一元美金放進收銀機後,就與顧客外出辦事,當他回到店裡時,突然發現收銀機裡面的錢不見了!

他問弟弟:「你有沒有看到收銀機裡面的錢?」

弟弟回答:「我沒看到。」

但是哥哥卻咄咄逼人地追問,不願就此甘休:「錢不會長了腿跑掉的,我認為你一定看見過這一元錢。」語氣中隱約地帶有強烈的質疑意味。

弟弟委屈萬分:「哥哥你怎麼這般不信任我?」

怨恨油然而生,手足之情出現了裂痕,兄弟倆內心產生了嚴重的隔閡。

雙方都對此事一直耿耿於懷,開始不願再交談,後來決定不再一起生活,他們在商店中間砌起了一道磚牆,從

此分居而立。

二十年過去了，敵意與痛苦與日俱增，這樣的氣氛也感染了雙方的家庭與整個社區。一天，有位開著外地車牌汽車的男子在哥哥的店門口停下。他走進店裡問道：「您在這個店裡工作多久了？」哥哥回答說他這輩子都在這店裡服務。

這位客人說：「我必須要告訴您一件往事。二十年前我還是個不務正業的流浪漢，一天流浪到這個鎮上，肚子已經好幾天沒有進食了，我偷偷地從您這家店的後門溜進來，並且將收銀機裡面的一元錢取走。雖然時過境遷，但我對這件事情一直無法忘懷。一元錢雖然是個小數目，但是我深受良心的譴責，必須回到這裡來請求您的原諒。」

當說完原委後，這位訪客很驚訝地發現店主已經熱淚盈眶，並用哽咽的音調請求他：「是否也能到隔壁商店將故事再說一次呢？」當這陌生男子到隔壁說完故事以後，他驚愕地看到兩位面貌相像的中年男子，在商店門口相擁而泣，失聲痛哭。

人生難免遇上溝溝坎坎，有時候，一件特別小的事情如果不能釋懷，可能就會使你長期戴上痛苦的緊箍咒，影響你一生的生活。不要像故事中的兄弟倆一樣等生活的謎底揭開時才悔悟，晚了，二十年光陰已逝。寬容一點吧，如果你能夠在平時做到寬容待人，那麼就沒有處理不好的人際關係，沒有化解不了的恩恩怨怨。

∴禪林清音∴

　　身安不如心安，屋寬不如心寬。

11. 寫在沙上，刻在石上

有兩個朋友結伴在沙漠中旅行，在旅途中的一個地方，他們因為一件莫名的小事吵了起來，最後，其中一個還給了另外一個一記耳光。

被打的心裡覺得很不是滋味，但是他卻一句話也沒說，只是默默地伸出了自己的一根手指，在沙子上寫下：「今天我的好朋友打了我一巴掌。」

之後，他們繼續往前走，只是總感覺少了點什麼東西。經過長途跋涉，他們終於走出了沙漠，結束了沙漠之旅。

他們來到了一個湖的邊上，好久都沒有見過這麼大、這麼美的湖了。於是，他們就決定下去游泳。不幸的是，挨巴掌的那位由於過度疲勞，差點兒溺水而亡，幸好被朋友救起來。

在謝過救命之恩後，他拿起一把小刀，在石頭上很小心地刻下：「今天我的好朋友救了我一命！」

朋友看到他又寫字了，十分好奇，就問：「為什麼我打了你以後，你要把字寫在沙子上；而現在卻要把字刻在石頭上呢？」

他笑了笑，回答說：「當被一個朋友傷害時，要寫在容易忘卻的地方，歲月會負責抹去它；相反，如果得到幫助，我們要把它刻在心靈的深處，那裡雖然也有歲月的蠶食，但卻不能磨滅它的丁點兒光芒！」

「拂」去怨，「刻」下恩

　　人人心裡都有一桿秤，你心裡的那桿秤究竟是「怨」重一些，還是「恩」重一些？讓「怨」像沙子一樣被風刮走，讓「恩」像雕刻一樣永留心間吧！

　　老張做分公司的總經理已有五年。這些年中，他原來的下屬中有八名被公司提升為經理，分配到其他部門，有的獨當一面，有的還和他一樣做了分公司的總經理。看到自己曾經招聘和培養，又一起打拼過的下屬發展很快，本來應該是一件開心的事，但是，老張心裡卻有種說不清的酸澀。

　　那種感覺來自於那些被提拔的下屬對待老張的態度。以前他們在老張手下的時候，總是畢恭畢敬，既客氣又禮貌。但自從做了經理以後，老張覺得好像誰都不再把自己當回事。有的表面上還過得去，但也只不過是見了面打個招呼，賠個笑臉；有的索性就忘了本，甚至因為工作的事情在大夥和老闆面前和他爭執。

　　老張想：早知道你們是這種忘恩負義的小人，我當時一定不培養你們。想到這，老張不禁注意到了自己和現在下屬的關係。他想，他們或許以後也要被公司提拔，我可不能讓他們將來對我這麼沒良心。於是，他一方面感歎世態炎涼，人情太過現實；另一方面，收斂了自己平日在育人上投入的心血。

　　後來，他還專門就這種問題向老闆表達了自己的抱

怨。

　　他說，公司提拔員工時，沒有把提拔的權力交給被提拔者的直接上司。老張抱怨，當時關於他的那八名下屬的提升，都是公司高層決定的，而且提升任命的通知也沒有交給他發佈。所以，被提升的人不會感激老張，而是感激公司。公司這樣做，對老張現在的領導工作也沒有多大好處。但老闆聽了，並不買帳，反怪老張的邏輯古怪。看老闆的意思，似乎將來也不打算採納他的意見。

　　吃了閉門羹，老張一直悶悶不樂。他想過離開公司，但又覺得自己這些年奮鬥不容易，跳槽未必能如意。回頭想想，老闆一直待自己如朋友，何必非得和老闆爭當呢？哪個老闆不是自己當白臉？再說那些曾經的下屬，人家當年不也是不辭辛苦才為自己的分公司立下了汗馬功勞，得到升遷那是理所應得的；每個人都對直接上級尊重，這也是人之常情，自己不也這樣嗎？

　　想到這些，老張心態平衡了，他又拿出以往的激情，一面努力做事，一面培育新人。一年後，老張深得老闆讚賞，提升到總公司副總的位置，再次領導那些精英下屬了。升遷後的他沒有因得志而報復，而是如以往一樣對待他們，深得下屬們的尊敬。

　　對自己的朋友、同事寬容一些，多記一些恩，少記一些怨，在和諧的氛圍裡工作要比在勾心鬥角的氛圍裡工作好得多！

　　:・禪林清音・:

　　得理要饒人，理直氣要和。

第七篇　隨緣樂助　廣結良緣

1. 他人與自己

一位十六歲的少年去拜訪一位年長的智者。

少年問：「我如何才能變成一個自己愉快也能夠給別人愉快的人呢？」

智者笑著望著他說：「孩子，在你這個年齡有這樣的願望，已經是很難得了。很多比你年長很多的人，從他們問的問題本身就可以看出，不管給他們多少解釋，都不可能讓他們明白真正重要的道理，就只好讓他們那樣了。」

少年滿懷虔誠地聽著，臉上沒有流露出絲毫得意之色。

智者接著說：「我送給你四句話。第一句話是，把自己當成別人。你能說說這句話的含義嗎？」

少年回答說：「是不是說，在我感到痛苦憂傷的時候，就把自己當成別人，這樣痛苦就自然減輕了；當我欣喜若狂之時，把自己當成別人，那些狂喜也會變得平和中正一些？」

智者微微點頭，接著說：「第二句話，把別人當成自己。」

少年沉思一會兒，說：「這樣就可以真正同情別人的

不幸，理解別人的需求，並且在別人需要的時候給予恰當的幫助？」

智者兩眼發光，繼續說道：「第三句話，把別人當成別人。」

少年說：「這句話的意思是不是說，要充分地尊重每個人的獨立性，在任何情形下都不可侵犯他人的核心領地？」

智者哈哈大笑：「很好，很好，孺子可教也！第四句話是，把自己當成自己。這句話理解起來太難了，留著你以後慢慢品味吧。」

少年說：「這句話的含義，我是一時體會不出。但這四句話之間就有許多自相矛盾之處，我用什麼才能把它們統一起來呢？」

智者說：「很簡單，用一生的時間和經歷。」

少年沉默了很久，然後叩首告別。

後來少年變成了壯年人，又變成了老人，再後來在他離開這個世界很久以後，人們都還時時提到他的名字。人們都說他是一位智者，因為他是一個愉快的人，而且也給每一個見到過他的人帶來了愉快。

・道破禪機・

擺正與別人的關係

生活中的很多摩擦，源於我們不能擺正自己和別人的關係。把握好彼此身份是否可以互換的分寸，不光會減少許多麻煩和煩惱，也會讓你的事業一帆風順。

　　小芳畢業分到公司的時候，大家最不看好她，因為大家認為她打扮土氣、談吐可笑，而更要命的是做起事來經常出錯，害得大家都跟著加班，大家都忍不住數落她。托她代買一包零食，錢付了，東西卻忘拿了，只好再奔回去取，看著她氣喘吁吁的樣子，前輩們教導說：「小芳呀，你真是小孩子！以後要多多吸取教訓啊！」讓她打掃房間，她常常出了門才想起來忘了，還經常把自己的手錶忘在洗手間的梳粧檯上……小芳做事情雖大大咧咧，但是脾氣好，絕對不生「隔夜氣」，面對同事們的批評指責她也難過過，但吸取教訓後，第二天就不往心裡去了。

　　一同進公司的同伴們，大多喜歡和中青年主管套近乎，又由於年齡相差無幾，很能說到一起。但小芳卻同公司裡的高齡主管們挺說得來，經常陪女主管逛街，陪男主管聊天、散步，但不該她管的事情她絕對不管，比如主管的家務事等等。

　　另外，公司有什麼高升的機會，小芳也積極參與競爭，性格大大咧咧的她一點兒都不怕失敗。

　　一段時間過後，當同伴們仍然在底層辛苦幹活時，小芳已經微笑著坐在總台的位置上了。不久，小芳又坐進了辦公室，從此告別了不規則的上下班時間。

　　剛開始，大家覺得小芳是運氣好，可是後來的事實證明，大家的判斷都錯了。小芳後來換了幾家公司，都節節高升，在不同的公司竟總能得到領導的賞識。同學十周年聚會的時候，小芳已經是其中的佼佼者了，儘管大家覺得她仍然是那麼直白甚至可笑。

　　有人研究了一下，發現了小芳成功的秘密：能夠擺正

自己和他人的關係。

首先，小芳把「自己當成是別人」，工作上的一些不愉快她從來不「隔夜」，當受到委屈後，很快就排解心中的情緒，絕不在第二天把情緒帶入工作；其次，小芳「把別人當成自己」，她帶給高齡女主管心理的安撫，讓她們覺得有年輕人跟自己靠攏，說明自己還不老，小芳陪她們逛中老年商店，看懷舊電影，使她們少了許多孤獨，小芳把別人內心的煩惱當成自己的煩惱，贏得了主管的好感；再次，小芳也十分懂得「把別人當成別人」，在陪伴主管的時候，小芳也不是什麼煩惱都幫著解決，留給主管一些私人空間，讓主管特別喜歡他；最後，小芳「把自己當成自己」，抓住機會讓自己步步高升。

工作是否成功，有時候取決於人際關係處理得是否成功，所以，學會擺好與他人的關係，是必須要好好學習的一門「技術」。

┌‧‧禪林清音‧‧┐

把自己當成別人，把別人當成自己，把別人當成別人，把自己當成自己。

2. 一幅畫像

有一位富翁在孩子很小時失去了妻子，於是他請了一位管家來當兒子的保姆，並且料理其他的家務。當這個小男孩長到十幾歲時，突然生了一場大病，不治而亡。這個富翁承受不住兩度失去家人的打擊，不久之後，也因過度

悲慟而與世長辭。

　　去世前富翁把遺囑留給了空無大師，要求空無大師替他拍賣他收藏的所有畫像，拍賣完後再按照他的遺囑處理其他財產。

　　這一天，拍賣開始了，屋子內的物品很快被拍出去了，只有一幅富翁兒子的畫像沒有人買，因為沒有人會要那幅並非出自名家之筆又與己無關的畫。

　　就在拍賣快結束時，富翁的老管家——一個窮人終於下定決心要買下畫像，但她只能出得起很低的價錢。空無大師問她為什麼，這幅畫對於她來說沒有什麼用。管家說，畫上面畫的是她照顧了十五年的最親愛的小主人，她要留下來作為紀念，那是她為主人家唯一能做的事了。

　　在老管家買下畫回家後，打算仔仔細細地將它清理裝裱一下的時候，空無大師帶著富翁的遺囑來了，遺囑上說，富翁要將所有的財富送給那個因疼愛他的兒子而想要擁有畫像的人。

·道破禪機·

付出真心，關愛他人

　　因為每個人的生命都只有一次，所以我們的這一生一定要過得有意義。在生活中，付出真心、關愛自己的家人也許不難做到，但是在工作中同樣做到真心地關愛同事、關愛客戶恐怕就難了。

　　總有些人在工作中喜歡刁難別人，以留難別人為樂，不給人以方便，不肯付出真心為別人服務，這樣的人不但

得不到人緣，也會讓他自己的事業跌入低谷；而但凡那些能幹的人，他們一定是對同事、對客戶付出過真心，付出過關愛的。

吉拉德是美國公認的銷售專家，他獨創的一種有節奏、有頻率的促銷法為商界所稱道，現在已被世界五百強的許多公司所採用。他在推銷汽車的過程中，總不會忘記細緻地問清楚用戶的聯繫地址。人尚未出門，「感謝惠顧」的感謝卡片便送到了對方手裡。

凡是自己認識的人，吉拉德都將其視為潛在的客戶。他每年要給他們寄去十二封信函，傳送著一個銷售員的一片關愛。每一次均以不同的設計、色彩和形式投遞，信封上不出現與他的行業相關的名稱，信函裡看不到「請買我的汽車吧」這樣的話。據統計，他每月要寄出一萬五千封這種信函。

在元月份的信函上，出現在客戶面前的為喜慶氣氛圖案，諸如「恭賀新禧」之類的祝福語格外醒目，落款是「雪佛萊轎車喬伊‧吉拉德上」，不提買賣之事，也無其他多餘的話。

二月份透過信函向客戶說上一句「請您享受快樂的情人節」，濃濃親情躍然紙上，令人感動。

「祝您聖巴特利庫節快樂！」寫在三月份的信函上，讓愛爾蘭人怦然心動。或許收件人來自波蘭、捷克或別的國家，但這無關緊要，關鍵是吉拉德不忘向他們表示祝願，時刻將他們記掛在心頭。

接下來的有四月、五月、六月……習慣成自然，每當新的一個月開始時，不少客戶往往會對夫人這樣問道：

「收到吉拉德寄來的信函了嗎？」當然，得到的回答都是肯定的。

這樣一來，吉拉德的名字一年當中有十二次機會在愉悅的氣氛裡走進成千上萬的家庭。客戶出於感激之情，在打算買汽車時，往往第一個想到的是吉拉德，即使第二次購車，也還是去找他。

吉拉德深知得人心者得市場，懂得這個世界上沒有一次性消費的顧客，而且每一個顧客都是人際關係網中的一個點，都有一個關係群。只要充分利用每一次機會，贏得顧客的心，就一定能成為最後的贏家。

吉拉德是一位懂得關愛客戶的銷售人員，他與我們現代社會中的一些人截然不同。

我們試著把場景轉移到國內的一家手機專賣店。當你去低頭看手機時，銷售人員立即對你滿面笑容，並且盡可能詳盡地宣傳此款手機的強大功能，但當你說出「我今天先看看，改天再買」這句話後，笑容一定立刻收起，手機樣品也會被收回櫃檯，他們的視線不會再在你身上停留片刻，而開始尋找另一位客戶……如果他們能夠像吉拉德一樣貼心地記下你的聯絡方式，並且每個月、每個節日給你問候，相信你在下次買手機的時候一定會想到他吧！可是，目前，這樣做的人很少很少。

關愛自己的客戶，關愛自己的同事吧，現在開始還不晚！

禪林清音

請你用慈悲心和溫和的態度，去關愛他人。

3. 把父王永遠放在心裡

有個國王非常喜歡參禪悟道，他經常去一個禪院與德高望重的慈德禪師學禪。

隨著年齡越來越大，國王便想將王位傳給自己的兒子。但是，令老國王感到困惑的是，他有三個兒子，而且他都很疼愛，思來想去也不知該傳位給誰。

最後，他只能到禪院去尋求慈德禪師的幫助。禪師聽過老國王的苦衷之後，就給他設計了一個妙方，讓他回去試驗一下，再做定奪。於是，老國王便辭謝禪師回到了王宮。

老國王依照慈德禪師的囑咐，依次讓三個兒子回答如何表達對父親的愛。

大兒子不假思索地說：「我要把父王的功德製成帽子，讓全國的百姓天天把您供在頭上。」

二兒子也搶著說：「我要把父王的功德製成鞋子，讓普天下的百姓都知道是您在支撐他們。」

三兒子則不慌不忙地說：「我只想把您當做一位平凡的父親，永遠放在我的心裡。」

老國王稍作權衡，三兒子的回答比較適合慈德禪師給他的評判標準，於是，國王就把王位傳給了三兒子。

╔═╗ 道破禪機 ╔═╗

關愛應該發自內心

關愛是要發自內心的，流於表面的關心是做作，反而讓人反感。其實，在社會交往的過程中，如果能多一些這種發自內心的關愛，每個人的臉上肯定都會洋溢著燦爛的微笑。

提奧多·羅斯福總統深受美國人的愛戴，他的僕人們也異常喜歡他，因為他是一個發自內心去關心別人的人。

有一次，他的女僕安妮問羅斯福總統關於一隻鶉鳥的事。她從沒有見過鶉鳥，於是他詳細地描述了一番。沒多久，安妮住的小屋的電話鈴響了（安妮住在牡蠣灣羅斯福家宅的一棟小屋內）。安妮拿起電話，原來是總統打來的。他說，他打電話是要告訴她，她視窗外面正好有一隻鶉鳥，又說如果她往外看的話，就能看得到。

安妮接到電話後異常感動。這類小事羅斯福總統時常做出，僕人們能不喜歡他嗎？

有一天，羅斯福到白宮去拜訪（當時他已不是總統），當他看到廚房的歐巴桑亞麗絲時，就問他是否還烘製玉米麵包。亞麗絲說，她有時會為僕人們烘一些，樓上的人都不吃。「他們的口味太差了。」羅斯福不平地說，「等我見到總統時我會告訴他的。」亞麗絲把一塊玉米麵包給他，他一面走向辦公室，一面吃，還不時地同經過的園丁和工人們打招呼。工人艾克胡福在說到這件事時眼中含著淚說：「他對待每個人，就和他以前一樣，這是近兩

年來我們唯一快樂的日子，我們中的任何人，都不願意把這個日子跟一張百元大鈔交換。」

相信羅斯福的僕人們之所以那麼愛戴這位總統，其發自內心的對僕人的關愛是很大的一個原因。現實生活中常常會給人帶來喜悅或煩惱，帶來幸福或悲傷，帶來順利或困難，帶來成功或失敗，但無論處於何種境地，你都需要別人給予相應的發自內心的關愛。

╔═ 禪林清音 ═╗

擁有財富的人，不如擁有愛心的人。

4. 三兄弟雲遊

有兄弟三人，雖然沒有出家，但是特別喜好打坐參禪，還曾跟隨佛光禪師學禪。後來，兄弟三人為了追求更高的悟境，一起相約出外雲遊。有一天，在日落時三人借宿於一戶人家，恰巧這戶人家的男主人剛去世不久，婦人帶著七個子女生活，日子非常艱難。

第二天一早，到了三兄弟上路的時候，最小的弟弟突然對兩位哥哥說：「兩位哥哥繼續參學去吧！我決定留在這裡不走了。」

兩位哥哥對弟弟的行為非常不滿，認為他太沒有志氣，出外參學，才見到一個寡婦就動心想留下來，於是勸也懶得勸，拂袖而去。這位寡婦要獨自撫育七個年幼的孩子實在不容易，看到這位行者自願留下來幫助她，當然求之不得。

　　看到三師弟一表人才，婦人表示願意以身相許。三師弟沒有直言拒絕，只是說：「你丈夫剛死不久，我們馬上就結婚實在不好，應該為丈夫守孝三年再談婚事。」婦人一聽，對三師弟更加敬重。

　　三年以後，婦人再次提出結婚的要求，三師弟又道：「如果現在我和你結婚實在對不起你的丈夫，讓我也為他守孝三年吧！」婦人覺得三師弟說得在理，沒有強求。

　　三年後，婦人又提出要結婚，三師弟再度婉拒道：「為了我們將來更加幸福美滿，無愧於心，我們共同為你的丈夫守孝三年再結婚吧！」

　　如此三年、三年又三年，歲月如梭，一晃九年過去了，這一家的小兒女都已長大。三師弟看到他當初因同情婦人而選擇留下的心願已經完成，就向婦人說明自己矢志參禪的決心，然後與這家人道別，獨自踏上了繼續學禪的漫漫長路。

·:·道破禪機·:·

當愛心被誤解……

　　故事中的三師弟是個一心幫助別人的人，哪怕遭到很多人的誤解，依然「我行我素」。然而在我們的工作中，「互幫互助」的現象越來越少，一方面是因為競爭很激烈，各人都有各人的小算盤；另一方面可能是因為曾經付出的幫助被人誤解，越幫越忙。比如，幫助另一組的同事列印一下文件，會被誤會「竊取機密」；幫助同事拿包，萬一同事丟了什麼，第一個懷疑的就是你……所以很多人

都是「各人自掃門前雪，不管他人瓦上霜」。

當你的愛心可能被誤解，你還會幫助別人嗎？

去年春節過後，透過參加招聘會的現場招聘，小朱跳槽到了台北一家有名的私營企業從事管理工作。之所以選擇到私營企業，是因為小朱覺得私營企業用人靈活，每個人都憑自己的能力吃飯，個人的發展空間更大。

由於小朱是學企業管理的，再加上有五年的企業管理實踐，到了公司後小朱很快就摸清了企業效益遲遲不能好轉的原因，並對症下藥制定了新的管理制度。沒到一年，公司經濟效益就有了好轉。看在眼裡，喜在心頭，小朱暗想自己在這裡一定會幹出一片天地來的。

公司的效益好了，老闆自然也經常在其他員工面前稱讚小朱，說小朱是所有他聘用的人當中最有頭腦、最能幹的一個。面對老闆的誇獎和重用，小朱自然高興，並比以前更加努力地工作。

一天，公司來了一個新同事，什麼也不會，什麼也不懂，好像跟老闆有些關係才進公司的。小朱為人善良，看到新同事在工作上遇到很多困難，就主動幫忙，但沒想到她的幫忙卻引起了同事們一連串的誤會。

同事們開始揣測，小朱是不是和新同事「好上了」，不然幹嘛每天那麼照顧新同事；還有人猜測小朱這樣幫助新同事就可以和老闆拉近關係，「加官進爵」⋯⋯流言的當事人小朱一開始還沒怎麼在意，依然「我行我素」地幫助新同事，最後她也覺察出了一些不對勁，但閉口不說。

不久，流言傳到了老闆的耳朵裡，老闆叫小朱來談話，讓她適當地避避嫌，對人別太熱情，小朱覺得很委

屈，也實在受不了同事們的疑心，便提出了辭職。

　　小朱面對同事、老闆的誤解這麼做對嗎？我們看了下面這個小故事就知道答案了。

　　從前，有位年輕的獵手，他槍法極準但總捕獵不到大雁，苦惱的他向一位長者求教。長者把他領到一片大雁棲息的蘆葦地，指著站得最高的一隻大雁說：「那隻大雁是放哨的，我們管它叫雁奴。它只要一發現異常情況就會向雁群報警，所以接近雁群往往是很困難的，但我有辦法。你現在故意驚動雁奴再潛伏不動。」年輕人照做了。雁奴發現年輕人後立即向同伴發出警告，正在棲息的雁群聞訊後紛紛出逃，但沒發現什麼，便又飛回原地。長者讓年輕人如法炮製了好幾回。

　　終於，幾乎所有的大雁都以為雁奴謊報軍情，紛紛把不滿發洩在雁奴身上，可憐的雁奴被啄得傷痕累累。「現在，你可以逼近雁群了。」長者提醒道。於是，年輕人大搖大擺地走進了蘆葦地，雁奴雖瞧在眼裡但也懶得再管，年輕人舉槍……

　　悲劇往往就是這樣發生的：忠誠的人被誤解，被誤解的人不能堅持到底！試想一下，如果三師弟受不了誤解而在中途離開，那麼他就永遠不可能「洗脫罪名」；如果小朱能夠繼續留在公司，用實際行動證明她的清白，結局也許能夠改變。

　　當你的愛心被人誤解，只要你問心無愧，那麼，就不用活在別人的輿論中。你不用奢望別人能理解你，即使是最親的人；樂觀一些，看清自己的方向，堅定自己的選擇，繼續做下去，不要後悔，時間可以為你澄清一切。

懷慈悲心，做慈悲事，則心中太平。

5. 辜負

慧忠國師感激侍者為他服務了三十年，想對他有所報答，幫他開悟。

一天，慧忠國師呼喚一聲：「侍者！」

侍者立刻回答：「國師！要我做什麼？」

「不做什麼！」慧忠國師無可奈何地說。

過了一會兒，慧忠國師又叫道：「侍者！」

侍者立刻回答：「國師！要我做什麼呢？」

「不做什麼！」慧忠國師又無可奈何地說。

這樣進行了多次，慧忠國師對侍者改口叫道：「佛祖！佛祖！」

侍者茫然不解地反問：「國師！您在叫誰呀？」

慧忠國師不得已，就明白地開示他：「我在叫你啊！」

侍者不明所以：「國師！我是侍者，不是佛祖呀！」

慧忠國師這時只有對侍者慨歎：「你將來可不要怪我辜負你，其實是你辜負我啊！」

侍者仍然強辯說：「國師！不管如何，我都不會辜負你，你也不會辜負我呀！」

慧忠國師說：「事實上，你已經辜負我了。」

：道破禪機：

用平等心態做人做事

　　慧忠國師本想替侍者開悟，告訴他「眾生平等」，哪知侍者從骨子裡就認為自己是侍者，始終不明白自己是與慧忠國師平等的一個人！他就如同下面故事中的小草一樣，以為自己柔弱渺小，不如他物，其實大自然對待它們都是平等的。

　　山上有一棵大樹和一株小草。

　　小草為自己的渺小自卑，大樹因自己的高大狂妄。太陽說：「你們是平等的，我絕不厚此薄彼。」

　　小草為自己的柔弱自卑，大樹因自己的挺拔狂妄。春風說：「你們是平等的，我絕不厚此薄彼。」

　　小草為自己的乾澀自卑，大樹因自己的茂盛狂妄。雨水說：「你們是平等的，我絕不厚此薄彼。」

　　有一天山上起了大火，火勢迅猛，很快就要燒到它們身邊。小草為自己惹火燒身的命運哭泣，大樹因自己葬身火海的遭際咆哮。山火說：「你們是平等的，我絕不厚此薄彼。」

　　說到「平等」與「不平等」，我們會輕易聯想到的就是，很多管理者在管理下屬的時候，會「因人而異」，這樣所帶來的負面效果是大家人人自危，員工覺得公司的不公正，讓領導在員工面前失去威信，員工中間也會形成很多隔閡和矛盾。因此，在處理下屬的工作關係時，一定要制度面前人人平等，這樣才能營造一種和諧的氛圍。

　　小章和小娟同在建築公司任職，他們一男一女，是老闆的左右手，兩人經常「爭強鬥勝」，良性競爭，所以公司的整個風貌都是積極向上的。一次，老闆接到一個新的建築項目，考慮再三後，老闆把這個項目給了小章。小娟知道後，心裡很不平，認為一定是老闆「偏心眼」，為什麼？因為按照公司的規矩，一個專案最後落給誰負責，必須經過正規的競爭，在方案上小娟並不輸給小章，她是思來想去找不到自己輸的理由。

　　這時候，同事小梅給小娟提了個醒，說老闆曾經向她確認過小娟是否懷孕，這下小娟找到原因了。

　　小娟是個個性很強的人，面對如此不平等的待遇，她按捺不住自己的情緒，敲開了老闆的門。

　　「老闆，對不起，打擾你了！關於專案的事，有一點我想不通。」小娟深吸一口氣，以平靜的口吻對老闆說。

　　老闆放下手裡正在批改的文件，說：「哦，關於那個專案的事情，公司不是已經定下來了嗎？你還有什麼問題？」

　　「我想問問，我輸給小章，是輸在哪兒？」小娟的嗓門兒有點變高了。

　　老闆一時無語，說：「你們的方案相差不多，在伯仲之間，經過我們的商量，還是決定讓小章負責這個專案。」

　　看到老闆不正面回答自己的問題，小娟說：「老闆，我是個直性子的人，我想問問，這個專案沒有交給我，是不是因為我懷孕了？」

　　老闆看見小娟捅破了這層窗戶紙，索性就說：「小娟

啊，你知道就好，你懷孕了以後，精力一定跟不上，為了不影響專案，所以……」

「我還沒有做過你怎麼就知道我會影響專案？」小娟毫不示弱地說。

老闆語塞了。小娟接著說：「老闆，我知道你也是考慮到大局，可是我覺得我懷孕不會影響這個專案，這個專案最多三個月就能完成了，離我的預產期還有好幾個月呢，我保證不會有什麼不妥。」

老闆吸了口菸，說：「那我們再研究研究！」

三天後，老闆把小章和小娟同時叫到辦公室，對他們宣佈了公司的最新決定：「這個專案由小娟負責，但考慮到小娟的特殊身體狀況，如果在專案進行過程中有什麼意外，小章立即替補小娟。」小娟聽後很高興，同事們也覺得小娟很「厲害」，據理力爭，挽回了自己的權益。

在我們的工作中，女性朋友有時多少會受到一些不平等的待遇，但很多時候她們都默默忍耐了，認為這是一條「潛規則」。其實不然，女人和男人無論在何時都應該被平等對待。在工作中只有職業分工的不同，並沒有其他的任何分別，正所謂「眾生皆平等」。

‥‥禪林清音‥‥

心態平等，我們就能處於一個和諧的世界。

6. 慧能折箭

慧能大師即將圓寂時，對自己的弟子們說道：「你們

來看一看，是否能把這些捆在一起的箭折斷？你們試過之後我將會給你們解釋一下與它們連在一起的秘密。」

大弟子把箭捆拿了過去，用盡全力也沒折斷。二弟子接過來試了試，但也是白費力氣。三弟子試了試，也沒有成功。這捆箭沒有一個人能折斷，連一根箭也沒有折斷。

這時大師說道：「你們真是些沒有力氣的人。現在讓我來演示給你們看看，遇到這類情況，我能用我的力氣來做些什麼吧。」

然後，大師把箭捆拆開，接著毫不費力地將它們一一折斷。大師又說道：「你們看到了吧，這就是團結的力量。徒兒們，願同門之情把你們聯合起來。請你們答應我，你們之間將親密無間。但願我在臨去之時，能聽到你們的這一承諾。」

┌┅‧‧道破禪機‧‧┅┐

團結力量大

「團結就是力量，這力量是鐵，這力量是鋼……」傳唱已久的《團結就是力量》用最鮮明的語言點出了團結的意義。在我們的工作中，團結協作有多少好處已經不需要更多論述。現在很多公司已經學會並且能夠很好的開展「團隊合作」，讓集體的光芒燃燒到最亮。

然而在這裡，關於「團結」有必要說一說的是在團結的過程中要注意的兩點：

第一，團隊中的成員不要各有各的小算盤。

「偷油喝的老鼠」是說明這個道理的最好例子。一

天，三隻老鼠結伴去偷油喝。可是油缸非常深，而且油在缸底，它們只能聞到油的香味，根本喝不到油。聞著油的香味，它們十分痛苦、焦急，但卻無可奈何，於是它們就靜下心來集思廣益。

終於，它們想出了一個很棒的辦法，就是它們中的第一隻咬著第二隻的尾巴，第三隻趴在缸沿上再咬著第一隻的尾巴，然後把它們吊下缸底去喝油，這樣第二隻老鼠就喝到了油。它們取得了一致的共識：大家輪流喝油，有福同享。

最先被吊下去喝油的老鼠在缸底想：「油只有這麼一點點，大家輪流喝一點太不過癮了！今天算我運氣好，不如趁機痛快地喝個飽。」

這時夾在中間的那隻老鼠也在想：「下面的油沒多少，萬一讓它喝光了，那我豈不是要喝西北風嗎？我幹嗎這麼辛苦地吊在中間而讓它獨自享受那誘人的香油呢？我看乾脆自己跳下去喝個痛快算了！」

趴在缸沿的老鼠則在上面想：「油是那麼的少，等它們兩個喝足了，哪裡還有我的份！倒不如把它們放了，自己跳到缸底一解嘴饞。」

於是，中間的老鼠狠心地張開了咬著缸底老鼠的尾巴的口，缸沿上的老鼠也迅速放了中間老鼠的尾巴。它們爭先恐後地跳到缸底，貪婪地搶喝起油來，然而由於缸太深了，加上腳滑，它們再也逃不出油缸了。

當我們大家全心朝著一個方向努力時，團結的力量就會變成一根槓桿，彙集成倍的力量，撬起成倍的重量，那時它變成六變成九變成三十變成三百……但有時候一加一

並不等於二，當大家各為其事，總是以自己為出發點考慮去辦事情時，一很可能就變成了零或者變成了負數，因為它總是在削弱本有的力量，有時還會讓自己陷入險境，就像故事中的三隻小老鼠一樣。

第二，在團隊協作中，一定要明確分工。

小宏明天就要參加公司的開業典禮了，一大早他就把設計好的宣傳單拷貝好，在早晨的會議上說了一下：「誰有空就把宣傳單複印二百份。」當時大家都在各忙各的，沒有誰作出明確的反應。小宏就琢磨著算了，這事兒還是自己找空辦了吧。散會後大家都去忙自己的事情，這件事情就沒有再被提起。

同事甲在忙完了自己手頭的工作，想到小宏說的話，便悄悄地一個人把宣傳單複印好了二百份，放到小宏的抽屜裡；同事乙在複印自己的東西時，也想起了小宏說的話，便隨手幫他複印了二百份，也放到了小宏的抽屜裡；同事丙在走廊碰見小宏時順便問了句：「早晨你讓複印什麼？」小宏就告訴了他複印宣傳單的事情，他便幫小宏複印了二百份，小宏感激不盡。

當小宏拿著同事丙幫自己複印的二百份宣傳單打開自己的抽屜時，他愣了……

一個團隊僅有良好的願望和熱情是不夠的，要積極引導並靠明確的規則來分工協作，這樣才能把大家的力量形成合力。

管理一個專案如此，管理一個部門也是如此，沒有規矩，不成方圓，沖天的幹勁若沒有好的分工也是發揮不出「團結」的作用的。

⋯⋯禪林清音⋯⋯

內心沒有分別心，就是真正的修行。

7. 受重用的徒弟

　　甲乙兩個同齡的小和尚都在法門寺當學徒，並且是同時進的寺廟。可是乙很受師父的青睞，經常交辦他比較重要的任務，而甲卻只能幹一些粗活。

　　甲很不滿意師父的不公正待遇。終於有一天他到師父那兒發牢騷了。

　　師父一邊耐心地聽著他的抱怨，一邊在心裡盤算著怎樣向他解釋清楚他和乙之間的差別。

　　「徒兒，」師父開口說話了，「你今早到集市上去一下，看看今天早上有什麼賣的。」

　　甲從集市上回來向師父彙報說，今早集市上只有一個農民拉了一車馬鈴薯在賣。

　　「有多少？」師父問。

　　甲趕快戴上帽子又跑到集市上，然後回來告訴師父一共四十袋馬鈴薯。

　　「價格是多少？」

　　甲又第三次跑到集市上問來了價錢。

　　「好吧。」師父對他說，「現在你坐到蒲團上一句話也不要說，看看你師弟乙怎麼說。」

　　乙很快就從集市上回來了，並彙報說，到現在為止只有一個農民在賣馬鈴薯，一共四十袋，價格是多少多少，

馬鈴薯品質很不錯，他還帶回來一個讓師父看看。乙接著介紹說，這個農民一個鐘頭以後還會弄來幾箱番茄，據他看價格非常公道。昨天他們鋪子的番茄賣得很快，庫存已經不多了。他想這麼便宜的番茄廟裡肯定會要進一些的，所以，他不僅帶回了一個番茄做樣品，而且把那個農民也帶來了，他現在正在外面等回話呢。

此時師父轉向了甲，說：「徒兒，現在你肯定知道為什麼乙比你更得我喜歡和重用的原因了吧？」

✦∴道破禪機∴✦

把事做到盡善盡美

比別人多努力一些，把事做到盡善盡美，就擁有更多的機會。現實生活中，不少人像甲那樣，上司吩咐什麼，就幹什麼，自己從不用腦，結果長期不被重用，還慨歎命運的不公平。而那些辦事效率高、頭腦靈活的人，不僅圓滿完成主管交給的任務，還主動給主管出主意，自然會得到主管的賞識和青睞。

「糟了！糟了！」張經理放下電話就叫了起來，「那家便宜的東西根本不合規格，還是原來王老闆的好。可是，我怎麼那麼糊塗，打電話把他臭了一頓，還寫了一份終止合作的協議！」

「是啊！」秘書李小姐轉身站起來，「我那時候不是要您先冷靜冷靜再寫協議嗎，可是您不聽啊！」

「都怪我在氣頭上，想他一定騙了我，要不然別人怎麼都那樣便宜。」張經理來回踱著步子，指了指電話，

「把電話號碼告訴我，我親自打過去向人家道歉，希望能挽回！」

李小姐一笑，走到張經理桌前：「不用了！經理，那封信我根本沒寄。」

「沒寄？」

「是的！」李小姐笑吟吟地說。

「嗯……」張經理如釋重負，停了半晌，又突然抬頭，「可是我當時不是叫你立刻發出去嗎？」

「是啊！但我猜到您會後悔，所以壓下了。」李小姐笑笑。

張經理低下頭去，翻記事本：「那麼，最近讓你發高雄的那幾封信，你也壓下了？」

「沒有。」李小姐說，「我知道什麼該發，什麼不該發……」

張經理開心地笑了：「你真是個稱職的秘書！」

這個季度的獎金，李小姐得到的特別多。

故事中的李小姐利用自己的才智幫助主管挽回了損失，她這種員工能不受到主管的賞識嗎？

我們在工作中要多發揮自己的主觀能動性，不能機械地被動應付，而應當在客觀條件允許的情況下，利用一切可利用的資源，發揮好助手作用、參謀作用、執行作用和協調作用，把事情做到盡善盡美，這樣才會在大浪淘沙的競爭中立於不敗之地！

：禪林清音：

臨事須替別人想，論人先將自己想。

8. 太子救虎

這幾天一直下著大雪，大師和五百弟子在石室裡靜心修道。他們用神通力看見山谷中有一隻母虎，剛生下七隻小虎，母虎緊緊抱著幼虎躺在雪地上，用自己的體溫幫小虎取暖，一刻都不敢離開，它怕一離開，七隻小老虎就會凍死了。

北風越吹越強勁，雪越下越大，一連下了三天。母虎又餓又冷，虛弱得一點力氣都沒有，快要昏死過去。

母虎心想：「不如把小老虎吃了吧！」正張開大口卻想到：「它們畢竟是我的親生孩子啊！」只好用最後一點力氣忍著饑餓和內心的煎熬，祈禱大風雪趕快過去，但忍著忍著，母虎就快撐不住了。

大師看到這種情況，心生不忍，就對弟子們說：「你們誰能夠捨棄自己的身體，去救濟饑餓的老虎呢？」

太子聽到老師的話，馬上說：「我去吧！」

大師問：「太子學佛的時間很短，為什麼會忽然發揚自己的慈悲心捨棄身體呢？」

太子回答：「弟子認為，捨去我一個小身體，救回了八條生命，非常值得！」

大師聽後，對太子說了四個字說：「功德無量！」

聽完大師的話，太子獨自走出室內，來到深谷上方的懸崖邊，對大家告別：

「我今天捨棄身體，希望大家帶著歡喜的心情，不要阻止我，應該替我高興。」

　　大師和其他弟子送太子到懸崖邊，聽到這話都紛紛掉下眼淚。

　　「你們把我剩下的骨頭舍利子安置在一個塔裏，任何人只要來到塔前誠心供養，不管小病大病，不用一百天，一定治好。如果我所說的話會真正實現，天空馬上就下香花雨。」

　　說也奇怪，太子話剛說完，天空中忽然出現許多香氣撲鼻的白色曼陀羅花，像下雨一樣不斷落下。大家看到這種情形都感到不可思議。

　　這時，太子解開衣服，縱身跳下懸崖。老虎得到一具菩薩的肉，母子都活了過來。

　　懸崖上所有人看見太子被老虎吃了，骨頭肉片散亂一地，不由得大聲號哭，聲音震動整個山谷。天上眾神看到這樣的景象，深深為太子的慈悲而感動，他們一面吹奏著仙樂，一面說著：「好啊！這真是大慈悲而且有情意啊！」

　　國王和王后知道了這件事，趕忙帶著太子妃和大臣來到山中。一看到地上散落著的太子的骨頭，國王悲慟欲絕，放聲大哭；王后趴在太子的屍骨上，哭得整個人快昏厥過去；太子妃跪著前進，把太子的頭扶起，一邊整理他的頭髮，一邊流淚說：「我寧願自己粉身碎骨，也不願我的丈夫變成這樣。」

　　所有人都哭哭啼啼的，為太子的死感到傷心。

　　在大家悲痛欲絕之時，佛陀來了，他說：「太子是個有佛心之人，在他的前世，已經捨棄過九百九十九次生命了，今天再捨棄了一次，就可以達成他成佛的願望，希望

你們替他歡喜。」

眾人聽說太子可以成佛，都欣喜不已。

∵道破禪機∵

幫助別人就是幫助自己

幫助別人就是幫助自己，在你向需要幫助的人伸出援手的時候，其實你就向自己伸出了成功之手。

多年前一個感恩節的早上，有對年輕夫婦極不願醒來，他們不知道如何以感恩的心過這一天，因為他們實在是窮得可憐。耶誕節的「大餐」想都別想，能有點簡單的食物吃就不錯了。早先若是能跟當地的慈善團體聯絡，或許就能分得一隻火雞及烹烤的佐料，可是他們沒這麼做，為什麼呢？跟其他不少家庭一樣，要有骨氣，是怎麼樣就怎麼過這個節。

貧賤夫妻百事哀，無可避免地，沒多久這對夫婦就爭吵起來。隨著雙方越來越烈的火氣和咆哮，看在這個家庭最長的孩子眼裡，只覺得自己是那麼無奈和無助。

然而命運就在此刻改變了。沉重的敲門聲在耳邊響起，男孩前去開門，一個高大男人赫然出現在眼前，他穿著一身皺巴巴的衣服，滿臉的笑容，手提著一個大籃子，裡頭滿是各種所能想到的應節東西：一隻火雞、塞在裡面的配料、厚餅及各式罐頭等，全是感恩節大餐必不可少的。

這家人一時都愣住了，不知道是怎麼一回事。門口的那人隨之開口道：「這份東西是一位知道你們有需要的人

要我送來的，他希望你們曉得還是有人在關懷和愛你們的。」起初，這個家庭中做爸爸的還極力推辭，不肯接受這份禮，可是那人卻這麼說：「得了，我也只不過是個跑腿的。」帶著微笑，他把籃子擱在小男孩的臂彎裡轉身離去，身後飄來了這句話：「感恩節快樂！」

就是那一刻，小男孩的生命從此就不一樣了。雖然只是那麼小小的一個關懷，卻讓他曉得人生始終存在著希望，隨時有人——即使是個陌生人——在關懷著他們。在他內心深處，油然興起一股感恩之情，他發誓日後也要以同樣的方式去明其他有需要的人。

十八歲時，小男孩終於有能力來兌現當年的許諾。雖然收入還很微薄，但在感恩節裡仍買了不少食物，不是為了自己過節，而是去送給兩戶極為需要的家庭。他穿著一條老舊的牛仔褲，假裝是個送貨員，開著自己那輛破車親自送去。當他到達第一戶破落的住所時，前來開門的是位拉丁婦女，帶著提防的眼神望著他。她有六個孩子，數天前丈夫拋下他們不辭而別，目前正臨著斷炊之苦。

這位年輕人開口說道：「我是來送貨的，女士。」隨後他便回轉身子，從車裡拿出裝滿了食物的袋子及盒子，裡頭有一隻火雞、配料、厚餅及各式的罐頭。見此，那個女人當場傻了眼，而孩子們卻爆出了高興的歡呼聲。

忽然這位年輕媽媽攫起年輕人的手臂，沒命地親吻著，同時操著生硬的英語激動地喊著：「你一定是上帝派來的！你一定是上帝派來的！」

年輕人有些靦腆地說：「噢，不，我只是個送貨的，是一位朋友要我送來這些東西的。」隨後，他便交給這位

269

婦女一張字條，上頭這麼寫著：

「我是你們的一位朋友，願你一家都能過個快樂的感恩節，也希望你們知道有人在默默地愛著你們。今後你們若是有能力，就請同樣把這樣的禮物轉送給其他有需要的人。」

年輕人把一袋袋的食物不停地搬進屋子，使得興奮、快樂和溫馨之情達到最高點。當他離去時，那種人與人之間的親密感和相助之情，讓他不覺熱淚盈眶。回首看見那個家庭的張張笑臉，他對自己有能力幫助他們竟生出一股感恩之心。他的人生至此有了一個圓滿的輪迴，年少時的悲慘時光原是上帝的祝福，指引他一生以幫助他人來豐富自己的人生。

就從那一次的行動開始，他展開了不懈的追求，直到今日以行動回報當年他及家人所得到的幫助，提醒那些受苦的人們天無絕人之路，總是有人在關懷他們。

這個年輕人就是美國最成功的心理勵志專家、全球頂尖潛能成功學權威安東尼‧羅賓。他在海邊的一座城堡中建立了安東尼‧羅賓潛能研究機構，開設教育課程，向全世界的人們傳授潛能開發之道。他先後幫助了世界各地許多團體和數百萬人走上成功之路。美國陸軍、運通公司、IBM、ATT以及美國許多職業球隊都受過他的恩澤，甚至美國總統、世界級企業總裁也請教過他。

然而安東尼‧羅賓最了不起的地方不在於那些榮譽，而是他透過向別人傳授潛能開發的知識，在使別人獲得了成功的同時也使自己獲得了成功。因此在職場生涯中，你的出手幫忙也許一時得不到好處和回報，但是你既然種下

了「福根」，它遲早會開花結果的！

┌─── ·禪林清音· ───┐

助人者，福雖未至，禍已遠離；不助人者，禍雖未至，福已遠離。

9. 一 休 娶 妻

一休是日本的著名禪師。有一天，他正在禪房內打坐，突然來了一位信徒向他哭訴自己因為治病而債臺高築。現在債主每天都逼上門來討債，他整日提心吊膽，半夜才敢回家。這樣的日子他真不想過了，想一死了之。一休婉言相勸，問他除死之外還有沒有別的辦法，信徒搖搖頭說沒有，這可讓一休為難了。

信徒見狀，又大哭起來說：「沒法活了，沒法活了，只可惜苦了我女兒一個人孤零零地活在世上。」

一休聽到這裡，忙對他說：「你不是還有一個女兒嗎？你可以為她找個女婿，讓女婿來幫你還債呀！」

信徒一聽這話又愣住了：「師父有所不知！我女兒剛剛八歲，誰又會娶她呢？」

「那你就把女兒嫁給我吧，我替你還債。」一休微笑著對他說。

信徒聽後，大驚失色道：「這……這，你是我的師父，怎麼可能做我的女婿？何況我女兒還這麼小！」

但是一休並不在意，只是揮揮手對他說：「沒問題，我做你的女婿，一定能幫你還債，你就趕快回去準備此事

吧！」

信徒回去後將此事告訴了鄰居，於是一傳十，十傳百，一休娶妻的消息轟動了全城。迎親那天，看熱鬧的人把門前擠得水洩不通。一休見狀立刻在門前擺上桌椅，拿出文房四寶，舞文弄墨起來；後又拿出《狂雲集》，簽名售書。《狂雲集》本來就是集詩歌、書法於一體的著作，再加上一休的簽名，更是錦上添花。眾人見了自然爭相購買，以至於竟然忘了自己是來湊熱鬧的了。過了不大一會兒，就積了一大籮筐錢。

一休問信徒：「這些錢夠你還債嗎？」

信徒高興得幾乎要流眼淚，連連說：「夠了！夠了！多謝師父！多謝師父！」一邊說一邊準備向一休叩頭謝恩。

一休趕忙將他拉起來說道：「好了，好了，問題解決了，我的任務也完成了。女婿我也不用做了，還是做你的師父吧！」說罷轉身而去。

☐ 道破禪機 ☐

換個方式幫助別人

一休是個十分聰明的和尚，他為了幫助自己的信徒，不惜「娶妻」，但他並沒有死心眼兒地真的娶妻，而是借娶妻的名義，換了種方式幫助別人。我們在工作中幫助別人的時候，儘管是為他人好，但是有些方法是他人接受不了的，就像人們接受不了「和尚娶妻」一樣——儘管和尚是為了幫助別人。

所以，幫助別人要講究技巧，必要的時候，巧妙地換個方式，便可達到異曲同工之妙。

小趙的父親是市里有名的建築設計師，開了一個「趙氏設計工作室」，這兩年在市里口碑不錯，工作室的效益也是越來越好。

小趙子承父業，在大學學的也是設計，畢業後理所當然地進了父親的工作室。

一次，父親接到了市圖書館的建築設計任務，工作室裡的成員都躍躍欲試。在工作室裡有個規矩，同樣一個任務，各人設計各人的，誰的方案得到客戶的認可，那麼，這個設計方案就歸誰，所以工作室裡的每個設計人員都鉚足了勁兒，希望能夠拿下這個任務。

可是，這次競爭不像以前那樣沒有顧慮了，因為工作室裡多了小趙。作為老闆的兒子，工作室的其他設計人員不知道老闆是否會對自己的兒子偏心，大家心裡都忐忑不安。

快人快語的小李按捺不住，他主動找到了老闆，當面問及此事，小趙的父親和顏悅色地說：「就算工作室多了小趙，我也不會偏心，更不會幫助小趙搞設計，你們放心。你們設計的圖紙我都會呈交給客戶看，讓客戶來定奪最後選取誰的方案，所以，在公正、公平上我是一碗水端平的，你們放心，一個個都拿出自己的實力吧！」聽老闆說完這段話，所有人心裡都放下了一塊石頭。

話說兩頭，小趙得知工作室接到圖書館的建築任務時，內心也十分開心，他非常想借這個機會證明自己的能力，因為自打他來了工作室，同事們就以看待「太子爺」

的眼光來看待他，認為他是靠自己老爺子打下的天下來吃碗現成飯。儘管自己的內心也有些許忐忑，但至少這是個證明自己的機會，所以小趙十分珍惜，每天都在電腦前一遍遍地畫圖、改圖。

看著兒子這麼用心，小趙的父親很欣慰，但他明白，小趙雖然有天分，可是對於工作室那些「久經沙場」的老將們來說，還是嫩了點兒，如果自己不出手幫幫忙，小趙贏的幾率很小。然而自己又不能明目張膽地幫忙，一面是工作室其他成員那兒說不過去，另一方面小趙的自尊心也很強，不見得樂意接受他的幫助。

在思索了幾天之後，小趙的父親用化名在網上開了一個自己的設計博客，博客上有許多經典的設計圖紙，小趙的父親讓小趙時常登陸這個博客，看看有沒有收穫。

小趙第一次登陸就被這個博客吸引了，因為主人獨到的設計方案和設計理念徹底讓小趙折服了。小趙在網上和「博主」取得了聯繫，他們時常單獨聊天。「博主」是個退休的設計人員，目前已經不再搞設計，搞這個博客就是為了能夠將自己的所學發揮更大的用處。小趙和「博主」聊得很投緣，不久，小趙把自己的設計圖紙交給「博主」看，「博主」提了很多修改意見，小趙的設計方案一步步趨於完美。

最後交稿的時候到了，小趙在眾人的驚歎聲中取得了設計權，打響了漂亮的第一炮。小趙的父親笑得格外甜。

可以這樣說，小趙的父親做了一件「兩全其美」的事情，既讓兒子在工作室有了一席之地，又沒有落下口舌，秘訣只在於，他「換個方式」明自己的兒子。

我們在工作中也可以「換個方式」明別人，也許會令工作關係更和諧。

遇難不幫老時悔。

10. 夜深時的一盞燈

在一個漆黑的夜晚，遠行參禪的雲遊僧走到了一個荒僻的村落中，漆黑的街道上，村民們絡繹不絕地默默前行。

雲遊僧轉過一條巷道，看見有一團昏黃的燈光從巷道的深處靜靜地照過來，他百思不得其解，夜這麼深了，誰家還亮著燈呢？

旁人說：「這燈啊，每天都亮著，無論多晚。」

雲遊僧愣了，他問身旁的一位村民：「是他家每天都有人晚歸？」

旁人也搖頭不知。

雲遊僧離那燈光漸漸近了，昏黃的燈光漸漸從深巷移游到了雲遊僧的鞋上。雲遊僧敲門，問主人道：「敢問施主，你家裡是有人未歸？」

那主人告訴他：「不是的，這條路上漆黑一片，可是來往的路人卻很多，我為了大家的方便，便點了這盞燈。」

雲遊僧微笑著點了點頭。

⁘道破禪機⁘

在細節之處幫助別人

在黑暗的夜晚，為行人點一盞燈籠，這一細節上的關懷，讓很多人倍覺溫暖。工作中也是一樣，有時候你出手相助，幫一點點小忙，就能令事情意想不到地扭轉乾坤。

騰雲閣飯店這幾年發展順利，可是近來有一樁事不順當——附近的一塊地皮對於飯店開分店太合適了，可是，覬覦這塊地的公司有好幾家，前後半年內，騰雲閣的董事長不知見過地主多少次，費盡口舌，但那老婦人卻還是沒有決定把地賣給哪家公司。

一天下午，老婦人來到了騰雲閣飯店的門口，飯店的接待人員看到了老婦人，便打開門，請老婦人進去。老婦人說：「還有午飯嗎？」

「對不起，我們午飯時間已經過了，現在您可以享用下午茶。」服務員有禮貌地說，「您可以試試我們這裡的小點心，味道都還不錯。」

「那怎麼辦？我這老太婆就是不喜歡吃那些點心，我想吃米飯炒菜！」老婦人說。

「對不起，飯店有飯店的規矩。」服務員為難極了。

「那怎麼辦？我一會兒還要在這個飯店見一位客人，如果去其他飯店吃東西，再趕回來恐怕時間也來不及了，如果在這裡等，那我餓著肚子該有多難受啊！」

「那……如果您不介意，我的午餐可以給您！我們服務員吃午餐都比較晚，所以我還沒有吃，只要您不忌口，

菜的味道還是不錯的！」

　　服務員見老婦人猶豫的樣子，便自己拿來了餐盒，說：「別客氣，請吃吧！我沒什麼關係。」

　　等老婦人吃完午餐，服務員收拾桌子的時候，騰雲閣的董事長推門進來了，他直奔老婦人的桌前，但還沒等他開口，老婦人就搶先說：「我把土地賣給你！」

　　老婦人為何突然之間決定把地賣給騰雲閣飯店？最大的原因可能是女服務員的那一頓員工的簡餐吧！一個公司的員工有如此高的服務水準，在細節之處為客人著想，這樣的公司一定也是一家有道德、人性化的公司，把地賣給這樣的公司是最放心的。

　　我們在工作中，不要放過一些可以幫助別人的細節，可能這些細節會令你的工作有一個連你都意想不到的轉變呢！

```
┌┈·禪林清音·┈┐
```

　　因小果大，莫以惡小而為之，莫以善小而不為。

11. 朋友

　　宋朝佛窟惟則禪師，本是長安人。他自幼喜愛佛法，少年出家後，在浙江天臺山佛窟庵修行。

　　到了天臺山，他用樹枝和茅草蓋了一間草庵，平日以泉水滋潤咽喉，每天只在中午採摘山中野果充饑，每日如此，不知過了多少年。

　　這天，有一個強盜路過草庵，見到一個修道老僧，心

生歹念，問佛窟禪師：「您在此打坐多久了？」

佛窟禪師回答道：「大概已有四十寒暑。」

強盜又好奇地問道：「只有你一個人在此修行嗎？」強盜心想，如果只是老和尚一個人，搶起來那可就不費吹灰之力啊！

佛窟禪師點頭道：「深山老林，一個人在此都嫌多，還要那麼多人幹什麼？」

強盜心中暗喜！正準備出手，佛窟禪師說：「雖只有我一人，但朋友卻有很多。」只見禪師拍掌三聲，一時間一群虎豹從庵後湧出，禪師道：「你看到了吧，我的朋友很多，山河大地，花草樹木，狼蟲虎豹，都是我的伴侶。」

強盜大驚失色，倉皇而逃。

‥道破禪機‥

朋友不分高低貴賤

如若禪師沒有「朋友」的幫忙，相信難逃強盜那一劫。但話說回來，如果禪師沒有以待人的態度去待獸，這些動物也不會成為禪師的朋友，並在危險的時候出來幫助禪師。

職場中爾虞我詐，很多人結交朋友就專挑那些有錢、有權、有勢的人，只把那些人當做朋友來交，而那些沒錢、沒權、沒勢，對自己看似沒有任何幫助的人，在他們眼中就不被重視，更不會花心思與人結交。

一個名叫皮斯阿司的年輕貴族，在他家裡有一個黑人

奴隸達蒙，從小皮斯阿司就愛和達蒙玩耍。為此他的哥哥姐姐都勸過他，說達蒙是低下的種族，和這樣的人交朋友會降低自己的身份！可是皮斯阿司不聽，他覺得達蒙和自己都是真心對待彼此，為什麼不能做朋友？因此，皮斯阿司成了達蒙唯一的貴族朋友。

三十年河東，三十年河西，皮斯阿司的家族衰落了，皮斯阿司也因別人陷害被判絞刑，將在某個法定的日子被處死。皮斯阿司是個孝子，在臨死之前，他希望能與遠在百里之外的母親見最後一面，以表達他對母親的歉意，因為他不能為母親養老送終了。

他的這一要求被告知了國王。國王感其誠孝，決定讓皮斯阿司回家與母親相見，但條件是皮斯阿司必須找到一個人來替他坐牢，否則他的這一願望只能是鏡中花水中月。這是一個看似簡單其實卻是近乎不可能實現的條件──有誰肯冒著被殺頭的危險替別人坐牢，這豈不是自尋死路？但茫茫人海就有人不怕死，而且真的願意替他坐牢，他就是皮斯阿司的朋友達蒙。

達蒙住進牢房以後，皮斯阿司回家與母親訣別。人們都靜靜地看著事態的發展。日子如水，皮斯阿司一去不回頭。眼看刑期在即，皮斯阿司卻沒有回來的跡象。人們一時議論紛紛，都說達蒙上了皮斯阿司的當。

行刑日是個雨天，當達蒙被押赴刑場之時，圍觀的人都在笑他的愚蠢，那真叫愚不可及，幸災樂禍的大有人在。但，刑車上的達蒙，不但面無懼色，反而有一種慷慨赴死的豪情。追魂炮被點燃了，絞索也已經掛在達蒙的脖子上。有膽小的人嚇得緊閉了雙眼，他們在內心深處為達

蒙深深地惋惜，並痛恨那個出賣朋友的小人皮斯阿司。

但，就在這千鈞一髮之際，在淋漓的風雨中，皮斯阿司飛奔而來，他高喊著：「我回來了！我回來了！」

這真是人世間最感人的一幕！大多數的人都以為自己在夢中，但事實不容懷疑。這個消息宛如長了翅膀，很快便傳到了國王的耳中。國王聞聽之後，也以為這是癡人說夢。國王親自趕到刑場，他要親眼看一看自己優秀的子民。最終，國王萬分喜悅地為皮斯阿司鬆了綁，並親口赦免了他。

真正的朋友，應該是那種可以不分高低貴賤，可以不惜一切幫助你的人；應該是那種除了用語言交流，還可以與你用心靈交流的人；應該是那種無論身在何處，但總能想起為你送去一份牽掛的人，這種牽掛並不用說出來，便可讓人心領神會；應該是那種當你遇到挫折時，在背後默默鼓勵你的人；應該是那種從不求索取，而只願付出的人；應該是那種當你心情不好而傷害自己時，罵醒你的那個人……

╔┅‥禪林清音‥┅╗

與善友為鄰可以得益，與惡友為鄰受害的可是整個身心。

第八篇　從容淡定　寧靜致遠

1. 種蘭花不是為了生氣

塵緣大師非常喜愛蘭花，在平日誦經健身之餘，他花費了許多的時間栽種和欣賞蘭花。

這年夏天，他要外出雲遊一段時間，臨行前交代小和尚：「徒兒，要好好幫我照顧這幾盆珍貴的蘭花。」

大師走後，小和尚細心地照顧著蘭花。但有一天，小和尚在給蘭花澆水時，卻不小心將蘭花架碰倒了，所有的蘭花盆都跌碎了，蘭花散了滿地。

小和尚非常恐慌和難過，打算等塵緣大師回來後，向他道歉。

「師父會怎麼懲罰我呢？要知道蘭花可是他最心愛的東西呀！」小和尚自言自語道。

塵緣大師回來了，很快知道了事情的經過，不但沒有責怪小和尚，反而安慰他說：「我種蘭花，一來是希望用來觀賞消遣，美化環境，二是用來陶冶情操，不是為了生氣而種蘭花的。」

⋯道破禪機⋯

別為小事生氣

讓我們不如意、不愉快的事經常會在不同的時間和地點發生，生氣肯定是我們不高興後的最明顯的反應。

霍華德先生是一家大型超級市場的老闆，他每天都會去巡視他的商場。

一個月前，霍華德先生因為突發心臟病而被送進醫院接受治療。由於泰得醫生與霍華德先生交往時間很長，知道霍華德先生是個脾氣暴躁易激動的男人，便勸告他說：

「如果您還想每天起床後再看見自己的親人和您的商店的話，您就必須在您發脾氣前做深呼吸，再想出一個能消氣的辦法。如果您不這麼辦的話，我只能為您開始物色一位好牧師了，因為您的病只有您自己和上帝能幫助您了。」

出院後的第一天，霍華德先生就一大早來到他的商店。他有好幾個星期沒看見他的商店和員工了，而他更希望看見商店裡有川流不息的人群。他走到一個貨區發現有位女士想買鞋子，可是等了很久也沒有人招呼她，而他的店員們也不在工作崗位上。他發現他們並不是因為忙碌而不能分身，而是簇擁在一起聊天。

他的心跳開始加速，呼吸也不平穩起來了。突然，他想起了泰得醫生的話，於是他邁著緩慢的步子走到那位女士面前，蹲下身子為她試穿她想要的鞋，然後交給服務員拿去包裝後便離開了那裡。當他做完這些後，他覺得也沒

什麼可太值得生氣的了。

他到了五十歲才第一次發現，原來解決問題的辦法不是要生氣後才找到。

我們經常看到很多睿智的人，在工作中他們處理問題總是不急不緩，遊刃有餘。他們有著超常的能力和智慧嗎？不是，其實他們只是更懂得心理的調適而已。我們也可以儘量避免生氣，如果可能的話我們不妨把內心的煩躁和苦惱全部說出來，如果想生氣了，找個能讓你放鬆的物件談談倒是個不錯的方法。

據說在日本，有的公司將老闆的模擬像放置在一個特定的地方供員工發洩，可以想像每天那個老闆像不是被吐滿了口水就是被人天天指著爛罵。

還有一種方法被人們廣為使用，就是轉移注意力。當我們的情緒已經有要發作的前兆，我們可以將注意力放到別的方面去。

好的方法很多，比如說可以去旅遊、娛樂、學習都是不錯的選擇。經常聽到有人講，生氣了就出去大吃一頓；還有人是去洗澡，其實洗澡是個比較好的方法，不像吃可能還會有「後遺症」。

其實有一句老話說得很好：「退一步海闊天空。」確實，有什麼東西是我們不能放下的呢？如果我們在工作中能夠心胸開闊、虛懷若谷，那麼，這世界上還會有多少矛盾和分歧呢？

∴禪林清音∴

別為小事生氣，退一步海闊天空。

2. 武士求道

　　白隱禪師過著平靜隨和的生活，人們都說他為人純潔，心地善良。

　　這天，名叫信重的武士向白隱禪師請教說：「真有地獄和天堂嗎？你能帶我去參觀參觀嗎？」

　　「你是做什麼的？」白隱禪師問。

　　答曰：「我是一名武士。」

　　「你是一名武士？」禪師大聲說，「哪個蠢主人會要你做他的保鏢？看你的那張臉簡直像一個討飯的乞丐！」

　　「你說什麼！」武士熱血上湧，伸手要抽腰間的寶劍，他哪受得了這樣的譏嘲！

　　禪師照樣火上澆油：「哦，你也有一把寶劍嗎？你的寶劍太鈍了，砍不下我的腦袋。」

　　武士勃然大怒，「嗆」的一聲抽出了寒光閃閃的利劍，對準了白隱禪師的胸膛。

　　此刻，禪師安然自若地注視著武士說道：「地獄之門由此打開！」

　　一瞬間武士恢復了理智，覺察到了自己的冒失無禮，連忙收起寶劍，向白隱禪師鞠了一躬，謙卑地道歉。

　　白隱禪師面帶微笑，溫和地告訴武士：「天堂之門由此敞開！」

憤怒是地獄之門

憤怒是一種情緒，是一種帶有殺傷力的情緒，不論是對自己還是他人都會造成嚴重影響和不良後果的行為。易怒的人更像是一個會隨時會被引爆的地雷，一不小心就一觸即發。憤怒是地獄之門。

從古至今，很多人都壞在一個「怒」字上，包括一些名人志士。古代兵書中就有激將法，設法讓對方發怒。發怒的人，很容易喪失理智，做出蠢事。《三國演義》中的張飛、關羽、周瑜幾乎都是死在一個「怒」字上。當然，現實生活中因怒而壞事的例子也並不少見。比如，人多擁擠的公車上，無意間的碰撞常常引起爭吵，甚至廝打；同事之間，因為一句閒言碎語，而大打出手……過後想想都是這些針尖兒大的事，傷了大家的和氣。就如伯萊斯‧畢令斯所說：「使我們不快樂的，都是一些芝麻小事，我們可以躲閃大象，卻躲不開一隻蒼蠅。」就這樣一個簡單的道理，很多人卻看不開。拓寬自己的心理容量吧，不要為區區小事而計較個人得失，要學會理解，學會容忍，多檢討自己，總之，給憤怒一條出路——學會調適憤怒。

日本本田技研工業總公司的創始人和總經理本田宗一郎以對人太粗暴而聞名。他一看見員工做得不對，拳頭立刻就會飛過去。而那些雖沒有做錯，但只會照葫蘆畫瓢，沒有一點創新的人和做錯事闖大禍的人一樣，同樣會遭一頓好打。有的人挨打後還不知道是怎麼一回事，以為他大

概是發瘋了，但事後本田宗一郎還是會告訴員工挨打的原因。由於一般都是不知不覺動手的，所以事後本田宗一郎會馬上反省，向員工說對不起。

本田宗一郎就是典型的易怒性格的人，但他對自己的情緒做出了適當的調試——事後及時向員工說對不起。易怒是本田宗一郎的本性，要徹底改掉恐怕很難，但是「道歉」幫他彌補了自己所犯的過錯，員工們也深知老闆的秉性，也不會過於計較。我們每個人都有調控自己情緒的能力，當你的憤怒之火準備噴出時，記住，你同時打開了地獄之門；當你平息自己的怒火，或者及時為自己所犯的過錯向別人道歉時，你便打開了天堂之門。

禪林清音

節慾戒怒，是保身法；收斂安靜，是治家法；隨便自然，是省事法；行善修心，是出世法。守此四法，結局通達。

3. 工作也是修行

一天，有一位女士來找秀峰禪師，埋怨工作很辛苦，上司給壓力，下屬又不合作，她想不如出家好了，以後不用再面對這些工作上的煩惱。

秀峰禪師對她說：「工作不就是修行嗎？可知現在對工作生厭就想出家，如果對出家也生厭了，那又怎樣？」

女士無言以對。

秀峰禪師開導她說：「如果工作你也應付不了，去

寺院你又應付得了嗎，例如寺院生活的清規或辛苦等？不
要抱怨自己的工作，你要明白為什麼公司要雇用你，為什
麼你的上司要賞識你。你的職責就是為公司解決難題，所
以你要盡好你的職責。你可以嘗試去瞭解你上司的煩惱，
如果你明白，你就懂得處理他現在面對的難題。你覺得很
難交給下屬去處理工作的情況也一樣，譬如你做衣服，你
有什麼要求，你要清晰地告訴對方。對方明白了，才可以
按你的要求去做。就是這樣你要解釋給你的下屬知道，要
怎麼做和為什麼要這樣做，你給他們方向，他們才明白應
如何做。其實生活就是修行，做好工作，盡到我們的職責
也是一樣，如果我們馬馬虎虎，下次還可以接到新的訂單
嗎？不要一味地抱怨上司和下屬，只要做好我們的職責，
這就是人世修行的不動心！」

那位女士聽完這番話，面上重現喜悅的神色，頂禮而
去。

﹝道破禪機﹞

不要抱怨，盡職盡責

很多人在工作中都會遇到上面故事中的女士一樣的困
境，上司給壓力，下屬又不合作，工作中又有一大堆的瑣
事要處理，於是很多人就開始抱怨。

其實，凡事只要盡到自己的職責就好，不要心存抱
怨，這樣對工作沒有任何好處。

「煩死了，煩死了！」一大早就聽小華不停地抱怨，
一位同事皺皺眉頭，不高興地嘀咕著：「本來心情好好

的，被你一吵也煩了。」

小華現在是公司的行政助理，事務繁雜，是有些煩，可誰叫她是公司的管家呢，不找她找誰！

其實，小華性格外向，工作起來認真負責，雖說牢騷滿腹，但該做的事情，一點也不曾怠慢。設備維護，辦公用品購買，交通費、通訊費報銷，買機票，訂客房……小華整天忙得暈頭轉向，恨不得長出八隻手來。再加上為人熱情，中午懶得下樓吃飯的人還請她幫忙訂餐。

剛交完電話費，財務部的小李就來領膠水，小華不高興地說：「昨天不是剛來過嗎？怎麼就你事情多，今兒這個，明兒那個的？」接著抽屜開得劈里啪啦，翻出一個膠棒，往桌子上一扔：「以後東西一起領！」小李有些尷尬，又不好說什麼，忙賠笑臉：「你看你，每次找人家報銷都叫親愛的，一有點事求你，臉馬上就長了。」

大家正笑著呢，銷售部的王娜風風火火地衝進來，原來影印機卡紙了。小華臉上立刻晴轉多雲，不耐煩地揮揮手：「知道了。煩死了！和你說一百遍了，先填保修單。」她把單子一甩說：「填一下，我去看看。」小華邊往外走邊嘟嚷：「綜合部的人都死光了，什麼事情都找我。」對桌的小張聽完氣壞了：「這叫什麼話啊？我招你惹你了？」

年末的時候公司民主選舉先進工作者，大家雖然都覺得這種活動老套可笑，暗地裡卻都希望自己能榜上有名。獎金倒是小事，誰不希望自己的工作得到肯定呢？主管們認為先進非小華莫屬，然而一看投票結果，五十多張選票，小華只得十二張。

　　有人私下說：「小華是不錯，就是嘴巴太厲害了。」

　　小華很委屈：「我累死累活的，卻沒有人體諒……」

　　像小華這樣，工作都替別人做到家了，嘴上為逞一時之快，抱怨上幾句，結果前功盡棄。冷語傷人，說者無心，聽者有意。所以，既然做了，就心甘情願些吧，抱怨是無濟於事的，相反，還會埋沒你的功勞。

　　抱怨，在日常生活中幾乎隨處可見，許多人利用抱怨來發洩不愉快和宣洩自己心中的不滿，但是，如果隨時隨地亂抱怨，只會讓聽的人心煩和討厭。

　　從情緒活動的角度來分析，抱怨是由不愉快的心情所引起的，並又導致新的不愉快。任何不良情緒的反應都是需要控制的，首先要充分認識抱怨的危害性，不要圖一時的痛快而不顧一切後果地亂發一氣，要懂得抱怨雖然人人都會，但靠抱怨而解決問題的從來很少。

　　為了消解因抱怨而被激化的各種矛盾，抱怨者和被抱怨者雙方都要積極主動地「從我做起」。比如，職工對食堂伙食品質下降有抱怨，主管就應加強管理，把伙食品質抓上去，這叫「客觀消解法」；有抱怨的職工也要多多體諒食堂和主管的具體困難，少說抱怨話，協助做好工作，這叫「自我消解法」。只要把抱怨的原因找到了，問題解決了，抱怨自然也就銷聲匿跡了。

　　當自己遇到不愉快的人或事，怨氣怒氣即將湧上心頭時，趕緊進行回避和轉移，多想些使人高興的事。也有不少人是出於憂國憂民之心，對一些腐敗的社會現象看不慣，往往容易表現出強烈的不滿情緒。這時，就需要對不滿加以「昇華」而不僅僅是「消解」了。魯迅說過：「不

滿是向上的車輪。」意思是說，不滿與安於現狀相比，還是有著積極意義的。

將「不滿」轉化為激勵自己「向上的車輪」，以實際行動積極投身於社會建設，做好各項本職工作，盡自己的最大努力克服客觀條件中的不利因素。如果每一個抱怨者都能這樣想、這樣做，許多矛盾自然就可以化解了。

‥禪林清音‥

不可說，不可說。

4. 葡萄園的雇工

早晨五點，悅淨大師出去為自己廟裡的葡萄園雇民工。

一個小夥子爭著跑了過來。悅淨大師與小夥子議定一天十塊錢，就派小夥子幹活去了。

七點的時候，悅淨大師又出去雇了個中年男人，並對他說：「你也到我的葡萄園裡去吧！一天我給你十塊錢。」中年男人就去了。

九點和十一點的時候，悅淨大師又同樣雇來了一個年輕婦女和一個中年婦女。

下午，三點的時候，悅淨大師又出去，看見一個老頭站在那裡，就對老頭說：「為什麼你站在這裡整天閒看？」

老頭對他說：「因為沒有人雇我。」

悅淨大師說：「你也到我的葡萄園裡去吧！」

到了晚上，悅淨大師對他的弟子說：「你叫所有的雇工來，分給他們工資，由最後的開始，直到最先的。」

老頭首先領了十塊錢。

最先被雇的小夥子心想：老頭下午才來，都掙十塊錢，我起碼能掙四十塊。可是，輪到他的時候，也是十塊錢。

小夥子立即就抱怨悅淨大師，說：「最後雇的老頭，不過工作了一個時辰，而你竟把他與幹了整整一天的我同等看待，這公平嗎？」

悅淨大師說：「施主！我並沒有虧負你，事先你不是和我說好了一天十塊錢嗎？拿著你的錢走吧！我願意給這最後來的和給你的一樣。難道你不許我拿自己所有的財物，以我所願意的方式花嗎？或是因為我對別人好，你就眼紅嗎？」

∵道破禪機∵

笑對「不公」

「公平」這個問題在工作中被很多人提及，明明是自己先進公司，卻被那個晚進來好幾年的人課長，真是「不公平」；「我」剛開始來公司底薪才三萬元，現在招聘的人底薪都是四萬元，公司也真是的，這麼不公平……每個公司都有人感歎命運的不公，我們來看看下面故事中的小玉是如何對待那些「不公平」的。

從大學本科畢業到現在，小玉已經在這家民營公司裡工作了整整九年。她進公司的時候，正值公司初創，除了

老闆只有四五個員工，所以，小玉可算是這家公司的「元老」了。小玉辦事聰明而且努力，又懂得察言觀色，無論是在外面銷售跑業務，還是回到公司兼顧行政工作，樣樣都幹得有聲有色，深得老闆的賞識。然而小玉當時並沒有得到任何「名分」，老闆安慰她說，公司規模小，等公司規模擴大了再說。

　　三年以後，公司有了起色，老闆告訴小玉，她所在的銷售部將招入一名男經理，他有多年的外企銷售工作經驗，希望小玉能夠好好配合他。面對這個突然的消息，小玉雖隱隱覺得不公平，但過了一會就笑著安慰自己：人家在外企工作過，相比之下，自己的資歷的確很淺，正好可以趁機多學點東西。

　　新經理上任之後，小玉在拜會客戶時總是與他同往。過了一段時間，她發現自己的客戶逐漸轉移到了經理手中。經理在掌握了相對穩定的老客戶後，就招聘來更多的女孩子，要求小玉和她們一起去爭取新的客戶。這自然是一份更加辛苦卻不見得討好的工作，更何況作為「元老」的她，現在竟和剛進公司的女孩在同一起跑線上工作。於是她去找經理談話，可是他只用一句「除了銷售這裡不需要其他人」便將所有的辯解置之不理。

　　小玉沒有繼續抗爭，而是默默接受了這種安排。憑著聰明肯幹，她手中逐漸又有了一批較穩定的客戶。雖然在職位上，她仍舊得不到認可，但憑藉過人的業績，她的收入卻已是相當不錯。老闆對小玉的顧全大局精神很是滿意，於是便在一次公司大會上充分肯定了她的成績，同時宣佈她被任命為公司副總經理。

故事裡的小玉面對自己的不公平沒有在領導面前叫嚷、訴苦，而是默默承受，繼續努力，等待下一次出頭之日。其實，很多時候，公司之所以「不公平」總有公司的考量，就如同葡萄園裡的年輕人一樣，大師願意給老人多一些錢，這是大師的決定，自有大師的考量，不是年輕人能做主的，也是眼紅不來的。面對工作的種種不公，我們不要感歎命運，而是應該繼續積極努力地工作，希望下一次機會來臨的時候，能夠青睞自己。

⋯禪林清音⋯

無色無相，無瞋無狂。

5. 想買的人才挑剔

小和尚把寺廟裡自產的果子拿到集市上去換米，結果遇到了一位難纏的客人。

「這水果這麼爛，一斤也要換二斤米嗎？」客人拿著一個水果左看右看。

「我這水果很不錯的，不然你去別家比較比較。」

客人說：「一斤水果一斤半米，不然我不換。」

小和尚還是微笑著說：「施主，如果我同意以一斤水果和你換一斤半米的話，對剛剛和我交換的人怎麼交代呢？」

「可是，你的水果這麼爛。」

「如果是很完美的，可能一斤水果就換三斤米了。」小和尚依然微笑著。

不論客人的態度如何，小和尚依然面帶微笑，而且笑得像第一次那樣親切。

客人雖然嫌東嫌西，最後還是以二斤米換一斤水果的方式換了十斤水果。

有人問小和尚何以能始終面帶笑容，小和尚笑著說：「只有想買貨的人才會指出貨如何不好。」

┌‥道破禪機‥┐

微笑著面對刁難

在忙碌的工作中，我們總會遇到一些「刁難」，無論這些「刁難」來自哪個人，都會讓我們傷心、難過，影響我們的情緒，甚至令很多人都不想再去單位上班，困擾不已。

青青分在機關任行政助理，時間不長。她的同事中有一個小她兩歲的女孩，比她參加工作早。青青初來乍到，自然非常地謙虛，在工作中有意地處處請教。可是那個女孩卻態度生冷，還時常刁難青青。

青青向朋友訴苦說：「看得出她對我存有戒心，我想是因為我的學歷、相貌及能力都比她強。不僅如此，我與她同住在一間集體宿舍中，她也是處處找我的麻煩。我的熟人來玩，她表現得極不友好，甚至還在背後說我的閒話，議論來宿舍找我的男孩子。有一次她丟了五百元，她就懷疑是我或者是來我這裡玩的朋友偷的，說話夾槍帶棒的。我十分傷心，我對她很尊重，可她總是處處為難我。我因此吃不下飯，睡不好覺，時間長了，甚至不想去上

班，我不知道如何去與她解釋和溝通。」

青青在面對這些刁難的時候不知所措，那麼你呢，你是怎麼做的呢？怨天尤人？置之不理？一氣之下辭職？……其實，我們應該微笑，因為對方之所以刁難你，肯定是你身上有他想要的東西，比如故事裡的青青就是因為各方面比那個女孩好才招致她的刁難。客戶刁難你也一定有原因，可能是想要更大的折扣，可能是嫉妒你的口才、你的學識……這時候的你，其實最好的做法就是微笑，用和善、友好的態度與對方溝通。

喬治‧羅納曾在維也納當過多年律師，二次大戰期間，他逃到瑞典，變得一文不名，急切地需要一份工作。他能說能寫幾國的語言，希望能在一些進出口公司找到一份秘書的工作。但是，絕大多數公司都回信告訴他，因為正在打仗，他們不需要這類人才，不過他們會把他的名字存在檔案裡……

在這些回覆中，有一封信這樣寫道：「你完全沒有瞭解我們的生意，你又蠢又笨，即使我需要替我寫信的秘書，也不會請你這樣一個連瑞典文也寫不好，信裡全是錯字的人。」

喬治‧羅納看到這封信時，氣得發瘋。喬治‧羅納想回一封信，氣氣那個人，但他冷靜下來對自己說：「等等！這個人至少告訴了我，他們可能需要一個秘書，他對我的信裡瑞典文的挑剔也許正是在考驗我，如果他根本不想要我，是不會挑出我的毛病的！」

於是，他調整心態，用和善的態度重新寫了一封感謝信：「你寫信給我，我實在是感激不盡，尤其是在你並不

需要秘書的情況下。我對自己將貴公司的業務弄錯一事表示抱歉。之所以給你回信，是因為聽他人介紹，說你是這個行業的領導人物。我的信上有很多文法上的錯誤，而自己卻無法自知，我備感慚愧，而且十分難過。現在，我計畫加倍努力去學瑞典文，改正自己的錯誤，謝謝你幫助我不斷進步。如果你願意聘用我的話，我願意將我薪水的百分之三十當做學費，為期半年。」

不久，喬治‧羅納就收到了公司的聘書。

工作中，你會碰到各種各樣的人，也會碰到形形色色的事。故事中的喬治‧羅納就遇到了上司的刁難，他生氣之餘，用和善的態度不斷與上司溝通，果然爭取到了一份工作。

尷尬、無奈的刁難是我們在工作中無法避免的，也是不能不正視的，若總是彆彆扭扭，對於雙方的工作、生活都會不利，用和善的態度微笑去面對才是最好的做法。

‧‧禪林清音‧‧

感激磨難你的人，因為他助長了你的智慧。

6. 人面瘡

當悟達禪師還是一個雲水僧時，有一天途經京師，看到一位西域異僧身患惡疾，無人理睬，於是就為他擦洗敷藥，細心地照顧他。

病僧痊癒後，對悟達禪師說：「將來如果有什麼災難，你可以到西蜀彭州九隴山找我！」

　　多年後，悟達禪師的法緣日盛，唐懿宗非常景仰其德風，特封悟達禪師為國師，並欽賜檀香法座。這時，悟達禪師自覺尊榮，也漸漸起了傲慢之心。一日，悟達禪師膝上忽然長了個人面瘡，眉目口齒皆與常人無異。悟達禪師遍尋群醫，都無法醫治，束手無策之時，忽然想起昔日西域異僧的話，於是就依約來到九隴山，找到西域異僧並道明來意。

　　西域異僧胸有成竹地指著松旁的溪水說：「不用擔心，用這清泉可以除去你的病苦。」

　　悟達禪師正要掬水洗滌瘡口，人面瘡竟然開口說道：「慢著！你知道為什麼你的膝上會長這個瘡嗎？西漢史書上袁盎殺晁錯的事情你知道吧？你就是袁盎轉世，而我就是當年被你屈斬的晁錯。十世以來，輪迴流轉，我一直在找機會報仇，可是你卻十世為僧，清淨戒行，一直苦於沒有機會下手。直到最近你因為集朝野禮敬於一身，起了傲慢之心，有失道行，我才能附在你身上。今日蒙迦諾加尊者慈悲，以三昧法水洗我累世罪業，從今以後不再與你冤冤相報。」

　　悟達禪師聽後，不覺汗如雨下，連忙俯身捧起清水洗滌，突然一陣劇痛，昏了過去。當他醒過來的時候，膝上的人面瘡已經消失不見，眼前也沒有什麼西域異僧。

∴道破禪機∴

傲慢之心不可有

　　悟達禪師一時的傲慢讓他嚐到了自釀的苦果，我們在

工作中何嘗不需要注意一下自己的傲慢情緒呢？

王麗工作的那家公司倒閉半年了，她依然沒有找到工作。不是沒公司願意錄用她，而是她在原來那家公司工作時月薪為四萬元，所以她發誓一定要找一份月薪不低於四萬元的工作，面試的時候如果對方開出的工資低於四萬元，她就會傲慢地對對方說：「要我的公司蠻多的，我還不想馬上定下來，我要選擇一個我認為最好的工作。」

父親看著傲慢的女兒不肯降低求職要求，便要女兒跟他一起去賣菜。其他菜父親賣的和別人一個價，而唯有菜花，人家賣30元一斤，父親非賣40元錢一斤。父親說自己的菜花是全市最好的，可是一連幾個人來問過價後都嫌貴。王麗有點著急了，對父親說：「我們也降為30元一斤吧。」

父親不同意：「我們的菜花是整個菜市場裡最好的，不愁沒有人買。」

有個人來問價錢了，他非常喜歡王麗家的菜花，但就是嫌貴。他軟磨硬泡，最後一跺腳狠狠心說：「38元一斤，我都要下。」可是父親仍然一塊錢也不讓。

時間一分一秒過去了，市場內的菜價也在慢慢下跌。許多菜農的菜花大都賣完了，沒有賣完的因是挑剩下的而賣到20元一斤，但父親卻只降價到30元一斤。王麗急了，建議父親也賣20元一斤，但父親仍不同意，他仍堅持說自家的菜花是最好的。

中午過後，不能隔夜賣的菜花已被降價到了15元一斤。黃昏時分，有的人乾脆開始賣50元一堆，而王麗家的菜花經過一天的日曬已經毫無優勢，但父親仍然堅持不降

價。天快黑時，一個中年婦女過來問：「這堆菜花35元賣不賣？」看來不賣就只有拿回家自己吃了，於是父親就賣了。

回家的路上，王麗埋怨父親太固執，以至於白白浪費機會，反而少賣了好多錢。父親沒有反駁，只是笑了笑，意味深長地說：「總以為早上能以一斤40元的價格把菜花賣掉，誰知越等越不值錢。」

王麗深深地被父親的話觸動了，她想：我不就是這樣嗎？於是第二天，她就到一家公司上班了，月薪參萬元。

傲慢有時候只會讓自己越來越「不值錢」。故事中只是體現了在找工作時的傲慢情緒，平時在工作中也要時刻注意不要讓傲慢情緒滋生，那樣，對你的工作只會有害無益。

簡小姐出身貴族，衣著得體，從某些角度看，她倒也有些魅力。她經常向人們暗示自己來自一個英國貴族的鄉村府第，那裡風景如畫，從她的口中經常能聽到這樣的話：「每年這個季節，我父母那兒的玫瑰開得真是漂亮。我真希望你們能去參觀。」多數人都相信簡小姐的話，但在公司裡，簡沒有一個朋友。簡小姐沒有朋友的原因就是因為她的傲慢。

好的人際關係一碰觸「傲慢之心」便會化為烏有，我們在工作中即使有一些足以讓自己「傲慢」的事情，也要學會「藏」。

╞┅┅禪林清音┅┅╡

智慧有如一盞燈，輕易地就能照亮千年煩惱的暗室。

7. 黑白和尚比武

從前有兩位小和尚，一個姓黑，一個姓白，為了拜師學藝，做進一步的修煉，因而討論各自分開去尋求名師，但他們倆也約定好，十年後的今天，一定再回到分手的渡船碼頭，不見不散。

歲月如梭，十年一晃就過去了！兩人依約回到渡船碼頭見了面，白和尚問黑和尚說：「黑大哥，你的功夫一定精進很多，你究竟練就了什麼絕活呢？」

黑和尚很自豪地說：「我拜了達摩禪師的一位傳人為師，練就了『蘆葦渡江』的無上功夫，現在就讓你開開眼界！」說完後立刻摘下一根蘆葦，丟入江中，乘著蘆葦渡江而過。

白和尚跟著其他人坐著渡船過江。兩人碰面後，黑和尚就很得意地向白和尚說：「白老弟，你看如何？偉不偉大？老弟你練了什麼無上的功夫？趕快也露一手，讓貧僧瞧一瞧！」

白和尚說：「我每天認真地吃飯，認真地睡覺，專心一意地當和尚，連敲鐘念經都要很專一，萬般事情努力去做，而後一切隨緣而行！師父說我這是無上的『智慧與心法』，比你那拳腳功夫要強得多！」

黑和尚聽了之後，哈哈大笑，沒好氣地大聲說道：「口氣倒不小，這也算是功夫？不能吃，不能喝，也不能保護自己，你這十年都白活了！」

白和尚聽了這話後，覺得黑和尚太囂張，他先不露聲

色，然後正經八百地問黑和尚：「黑大哥，你還練了其他功夫嗎？」

黑和尚用難以置信的眼神，瞄了白和尚一眼，回問白和尚說：「老弟啊，難道我用十年的時間，練就達摩神功的『蘆葦渡江』還不算夠厲害嗎？」

白和尚搔了搔頭後回答道：「黑大哥，你是很厲害！可是我只付給船夫三文錢就可以渡江，為什麼你要花十年的時間去練它？難道你的十年工夫只值三文錢？」

黑和尚當場愣住了，哭喪著臉，一下子不知如何回答！

「要是沒有船呢？」黑和尚的師父不知何時來了，他突然朗聲說道。

這回該白和尚語塞了。

黑和尚的師父接著說：「任何武功和修為都有它的不足之處，對於自己的所能，不應該狂妄自大，學無止境，謙虛為上。」

∴道破禪機∴

「謙虛」二字擺心中

法國思想家孟德斯鳩說：「我從不歌頌自己，我有財產，有家世，朋友們說我風趣，可是我絕口不提這些。固然我有某些優點，而我自己最重視的優點，即是我謙虛……」英國哲學家斯賓塞認為：「成功的第一個條件是真正的虛心，對自己的一切敝帚自珍的成見，只要看出與真理的衝突，都願意放棄。」美國科學家佛蘭克林說：

「缺少謙虛就是缺少見識。」

愛因斯坦由於創立了「相對論」而聲名大振。有一次，他九歲的小兒子問他：「爸爸，你怎麼變得那麼出名？你到底做了什麼呀？」

愛因斯坦說：「當一隻瞎眼甲蟲在一根彎曲的樹枝上爬行的時候，它看不見樹枝是彎的。我碰巧看出了那甲蟲所沒有看到的事情。」

謙虛不僅是成功的要素，它與內心的平靜也是緊密相連的。內心的平靜是做人的一種高度的「心眼」。我們越不在眾人面前顯示自己，就越容易獲得內心的寧靜，這樣，就容易引起別人的認同，得到別人的支持。

事業上立於不敗之地的人都是決不會濫用優點和榮譽的，他們不會等待著去享受榮譽，而是會繼續努力去做那些需要去做的事。

正如俄國科學家巴甫洛夫所諄諄告誡的：「決不要陷於驕傲。因為一驕傲，你就會在應該同意的場合固執起來；因為一驕傲，你就會拒絕別人的忠告和友誼的幫助；因為一驕傲，你就會喪失客觀的準繩。」

一個人要想在工作上順心如意，取得成功，必須要能謙恭禮讓，盡力做到以下四點：

第一，位高而心愈下：地位愈高時，態度愈要謙和。

第二，祿厚而自彌約：當獲得高位厚祿時，千萬不可志滿得意，應該簡樸自約，低調行事，避免惹禍上身。

第三，寵甚而思以懼：當長官寵信或工作順遂時，更要懷有戒懼之心，爬得愈高，愈要謹慎。

第四，道崇而自謙退：當你的聲名如日中天，讓人崇

敬時，更要謙虛謹慎。

```
┌··禪林清音··┐
```

受恩深處宜先退，得意濃時便可休。

8. 拾得與寒山

　　唐代豐乾禪師，住在天臺山國清寺。一天，他在松林漫步時，山道旁忽然傳來小孩啼哭聲，他循聲一看，原來是一個稚幼的男孩，衣服雖不整，但相貌奇偉。問了附近村莊的人家，沒有人知道這是誰家的孩子，豐乾禪師不得已，只好把這男孩帶回國清寺，等待人家來認領。因小男孩是豐乾禪師撿回來的，所以大家都叫他「拾得」。

　　拾得在國清寺安住下來，漸漸長大以後，上座就讓他擔任行堂（添飯）的工作。時間長了，拾得也交了不少道友，尤其與其中一個名叫寒山的貧子相交最為莫逆。因為寒山貧困，拾得就將齋堂裡吃剩的飯菜用一個竹筒裝起來，給寒山背回去食用。

　　有一天，寒山問拾得說：「如果世間有人無端地誹謗我、欺負我、侮辱我、恥笑我、輕視我、鄙賤我、惡厭我、欺騙我，我要怎麼做才好呢？」

　　拾得回答道：「你不要理會他們不正確的看法，再過幾年，你且看他如何。」

　　寒山再問道：「除此之外，還有什麼處世秘訣，可以躲避別人惡意的糾纏呢？」

　　拾得回答道：「只這一點，便足夠了！」

::道破禪機::

不要在乎他人不正確的看法

電影《手機》的票房曾在中國電影史上創下輝煌，它的故事原型——小說《手機》的作者劉震雲在剛開始學習寫小說的時候，卻被周圍人嗤之以鼻：「劉震雲還能寫小說？那不是給聾子念經——白忙活嘛！」可是事實證明，劉震雲寫小說不是「白忙活」，相反，他的小說被拍成電影，紅遍中國。

在這個事實的背後，值得我們思索的是，劉震雲成功的根本到底是什麼？如果當他聽到朋友們對他的錯誤評價時，他信了，罷手不寫小說了，還會有今天的劉震雲嗎？所以，他的成功在於不理會他人不正確的看法。

這樣的例子還有很多：

「我長大以後要去打NBA。」當年幼的柏格斯向小夥伴們說出這句話時，他們都捧腹大笑，竟然還有一個孩子笑得跌倒在地。柏格斯長得太矮了，他在同伴中是最矮小的一個——他的身高只有160公分，這樣的身高即使在東方人裡也算比較矮的了，更不用說是在200公分都不算高的NBA了。

可柏格斯沒有因為小夥伴們的嘲笑而放棄努力，他熱愛籃球，下定決心要打NBA。他天天和夥伴們奔跑在籃球場上，其他人都回家了，他還在練球，他在籃球場上花了比別人多幾倍的時間。

柏格斯深知，像他這樣的身高，要想進入NBA必然得

有過人之處。他逐漸學會了怎樣充分利用自己矮小的優勢：行動靈活迅速，像一顆子彈一樣；運球的重心很低，不會失誤；個子小不引人注意，抄球常常得手。

終於，柏格斯成功了。在NBA中，柏格斯是夏洛特黃蜂隊中表現最傑出、失誤最少的後衛之一，不僅控球一流，遠投精準，甚至在高人陣中帶球上籃也無所畏懼。他像一隻小黃蜂一樣，滿場飛奔。

柏格斯是NBA有史以來創紀錄的矮個子球員。他把別人眼中的不可能變成了現實。在夥伴們眼中，柏格斯是不可能打NBA的，但是比柏格斯身材高的同伴沒有進入NBA，柏格斯卻創造了奇蹟。

阿里巴巴創始人馬雲說過一句話：「不要在乎別人怎麼看你，關鍵是你怎麼看這個世界。」人生是短暫的，每一天都是你生命的一部分，與其把時間花在在意別人對你的看法上，不如好好想想這個世界對於你來說意味著什麼、生命的意義是什麼、快樂的意義是什麼。

如果你確定自己的方向是正確的，那又何必去在意那些嘈雜的聲音呢？

在面對工作時也是同理，如果你的上司或同伴認為你無能，你的同事輕視你學歷低……只要你對自己還有一丁點兒的信心，就不要在乎他們的看法，那樣會很累，只要在乎你自己應該做什麼，自己是否已經足夠努力，就可以了，因為「路遙知馬力，日久見人心」。相信自己，走自己的路吧！在你付出努力並取得一定的成績之後，他們會對你刮目相看的。

另外，在自己努力過後，如果還是比不上別人，要明

白人外有人，總有人比你更優秀，要重視工作的過程，不要過分重視結果，要抱著一種欣賞、體驗快樂的心情和熱情，爭取每時每刻都能從工作中感受到快樂。

：禪林清音：

遇輕蔑者，讓他，由他，避他，耐他，敬他，勿理睬。

9. 曇翼法師和採薇少女

有一天，日薄西山，天色向晚，曇翼的草庵門前突然出現了一位妙齡少女，身披彩服，容貌嬌麗，臂彎處挎著一個竹籃，裡面放著一頭小豬，鮮白可愛，另有兩顆大蒜斜放籃中，青蔥碧綠。情景交融，更襯托出那位少女的美麗。

少女金蓮款動，來到曇翼的身前說：「我進山採薇，不想越走越遠，忘了歸期。現在天色已晚，想回去又怕路上豺狼當道，傷害了性命。所以，我想在你這裡借住一宿，明早再行。」話沒說完，一個媚眼已向曇翼飄來。

曇翼一見，心中惶恐不安，他想這位少女神色輕佻，說是入山採薇，實際上只怕是來壞和尚清修的，隨即說道：「不行！佛教以女色為大戒。這深山野林之中，四處無人，你來借宿，於我大大不便。我想你還是趁著天色尚早，趕緊下山回家去吧。」

那位少女一聽曇翼不許，便哭了起來，她抽泣著說：「都說和尚心地仁慈，愛惜生靈，誰知今天我卻遇上了一

位假仁假義的和尚，眼看著由我落入虎狼嘴裡而不加保護，我的命真是太慘了啊！」

曇翼見少女如此說法，心中也覺不安起來：「是啊！救人性命原本是我佛家的本色，她雖是一名女子，我總不能眼見她死於路上吧！」

想到這裡，曇翼只好答應了少女的乞求，同意讓她住下來。他把草庵中僅有的一張繩床讓給少女，自己於庵外粗略地鋪置一下，露宿起來。

睡到半夜，屋裡的少女突然高聲呼叫起來，說是肚子疼，請求曇翼為她按摩。曇翼心想，對方的詭計終於使出來了，便以持戒為辭，堅決拒絕。

豈知那位少女卻越叫越急，在床上翻滾不已，痛得汗流滿面。曇翼進屋一看，知道少女是真的病了，便以布裹起錫杖，遙為按摩。

許久之後，少女腹痛漸止，慢慢地睡去了。曇翼暗呼僥倖，急忙出屋去了。

第二天一早，那位少女醒來，突將彩衣化做祥雲，將小豬變成白象，將大蒜變成蓮花，然後凌空飛起，端坐蓮花之上，對曇翼說：「我是普賢菩薩，今日特來相試，你的修為果然不錯了。」言畢，倏忽而逝，原來，那位少女竟是普賢菩薩的化身。

此事當時就流傳開來。據說，會稽太守孟顗聞知此事後，立即上報朝廷，皇帝特意降詔，為曇翼建造了一座法華寺。後來法華寺被改稱為天衣寺，以頌揚普賢彩衣化祥雲的奇蹟，並稱讚曇翼的德行修為。

·：道破禪機·：

堅決抵制不良誘惑

誘惑，往往如故事裡的採薇姑娘一樣，披著美麗的外衣，讓人起「非分之想」。如果你能抵制住這些不良誘惑，那麼，你會「修成正果」；如果你寄僥倖心理，嘗試了這些誘惑的果子的話，那麼，你將失去現在所擁有的一些東西。

小魚問大魚：「媽媽，我的朋友告訴我，釣鉤上的東西是最美的，但就是有一點兒危險。要怎樣才能嘗到這種美味而又保證安全呢？」

「我的孩子，」大魚說，「這兩者是不能並存的，最安全的辦法是絕對不去吃它。」

「可是它們說，那是最便宜的，而且它不需要任何代價。」小魚說。

「這可完全錯了！」大魚說，「最便宜的很可能恰好是最貴的，因為它讓你付出的代價是整個生命。你知道嗎？它裡面裹著一只可能會奪去你生命的釣鉤。」

「要判斷裡面有沒有釣鉤，必須掌握什麼原則呢？」小魚又問。

「那原則其實你都說了。」大魚說，「一種東西，味道最美又便宜，似乎不用付出任何代價，釣鉤很可能就在裡面。」

誘惑，連魚都能認識到其危害性，更何況具有能動意識的我們呢？

　　1856年，亞歷山大商場發生了一起盜竊案，共失竊八隻金錶，損失十六萬美金，在當時這是相當龐大的數目。

　　就在案子尚未偵破前，有個紐約商人到此地進貨，隨身攜帶了四萬美元現金。當他到達下榻的酒店後，先辦理了貴重物品的保存手續，接著將錢存進了酒店的保險櫃中，隨即出門去吃早餐。

　　在咖啡廳裡，他聽見鄰桌的人在談論前陣子的金錶竊案，因為是一般社會新聞，這個商人並不當一回事。

　　中午吃飯時，他又聽見鄰桌的人談及此事，他們還說有人用一萬美元買了兩隻金錶，轉手後就淨賺三萬美元，其他人紛紛投以羨慕的眼光說：「如果讓我遇上，不知道該有多好！」

　　然而，商人聽到後，卻懷疑地想：「哪有這麼好的事？」

　　到了晚餐時間，金錶的話題居然再次在他耳邊響起，等到他吃完飯，回到房間後，忽然接到一個神秘的電話：「你對金錶有興趣嗎？老實跟你說，我知道你是做大買賣的商人，這些金錶在本地並不好脫手，如果你有興趣，我們可以商量看看，品質方面，你可以到附近的珠寶店鑑定，如何？」

　　商人聽到後，不禁怦然心動，他想這筆生意可獲取的利潤比一般生意優厚許多，所以他便答應與對方會面詳談，結果以四萬美元買下了傳說中被盜的八隻金錶中的三隻。

　　但是第二天，他拿起金錶仔細觀看後，卻覺得有些不對勁，於是他將金錶帶到熟人那裡鑑定，沒想到鑑定的結

果是，這些金錶居然都是假貨，全部只值兩千美元而已。直到這幫騙子落網後，商人才明白，打從他一進酒店存錢，這幫騙子就盯上了他，而他一整天聽到的金錶話題，也是他們故意安排設計的。

歹徒的計畫是，如果第一天商人沒有上當，接下來，他們還會有許多花招準備誘騙他，直到他掏出錢為止。

每個人都希望自己的事業蒸蒸日上，但乞丐不該羨慕狗嘴裡那塊可能帶有病菌的肉，人們不該追逐非分之想的名利或毒害性的物質，如果你敢嘗試，那麼，你肯定馬上栽跟頭。

在誘惑面前，我們要有防禦的心理戒備，要考慮方法、方式和後果。我們不能讓慾望膨脹，不能衝動，也不能顧及面子，因為多數情況下，誘惑可能會帶來一時的快樂，但其弊端卻是深遠的。誘惑，就像釣魚的鉤子，吃到了誘餌，卻可能以生命為代價。在誘惑面前，要以戒備準備謀害你的兇手一樣舉起「自制」的武器，因為，不良誘惑，往往會造成生命不能承受之痛。

┌─ ･･禪林清音･･ ─┐

風亦不動，樹亦不動，乃汝心動也。

10. 如意論師和健馱羅國王

玄奘《大唐西域記》記載了這樣一個有趣的故事：

佛陀去世一千年後，印度健馱羅出現了一位名叫如意的論師，年少好學，才辯超群，僧俗二道對其皆極為敬

仰。那時，健馱羅國王的名字叫超日王，喜歡佈施，常聚有餘以給不足，又好騎馬打獵，遊戲玩樂。

有一次打獵，國王要圍獵一頭野豬，卻最終被那野豬逃走了，不知去向。國王於是發佈文告說：「有尋知野豬蹤跡者，賞金錢一億。」這樣的賞賜應該說是極重的了，但與如意論師相比便算不上什麼。如意論師有一慣例，凡請人剃頭一次，便賜給金錢一億。

健馱羅國的史臣覺得把這兩件事記在一起肯定會很有趣，便在史書上同時記錄了下來。後來國王翻閱史書，見到了這兩條記載，心裡立即不痛快起來，認為自己受到了如意論師的羞辱。他想，自己尋野豬賞錢一億不過是偶爾一次；和尚的頭卻是常剃的，如意論師每次都賞給理髮匠一億，這不是說他一個出家和尚比我堂堂國王還富有嗎？真是氣煞人也！

自此之後，健馱羅國王心中快快不樂，總想借機侮辱如意一番，以泄心頭之恨。

如何侮辱如意論師呢？如意既然是位文化人，健馱羅國王便謀劃動用文化界的力量，向如意論師發難。他暗中召集了一百位外道學者，都是學富德高之輩，準備利用他們同如意論師進行辯論。諸家外道早就對佛教嫉恨萬分，見有此良機，當然與健馱羅國王一拍即合，要與如意論師一比高低。於是，健馱羅國王立即派人送信，請如意論師前來論辯。如意論師不知就裡，對辯論也不以為然，想也不想，便跟著國王的信使赴會來了。

辯論開始，健馱羅王宣佈說：「這裡的外道論師都是教中精英，如意論師則是沙門中的名流長者。今日這番辯

311

論，如意論師如勝，本王自當盡力崇敬佛法；如意論師若敗了，本王也就不客氣，要驅逐屠戮沙門了。請各位好自為之。」

如意論師這才知道此番辯論原來是衝自己來的，遂收起輕敵之心，與外道論師進行辯論。結果，如意論師果然大發雄辯之威，不一時便將百名外道中的九十九位盡數駁倒，只有一人仍然下席來與他爭辯。

如意一看此人也沒什麼了不起，便按著自己所思所想，侃侃而談，毫不停滯，視那位外道論師如無物。那位外道見根本插不上話，便只好站在邊上聽。

後來如意論師談及煙與火的問題，先說了火，而後才說了煙，與人們先談煙後說火的說法有異。那位外道論師便大聲嚷道：「如意論師辭義有誤，有煙必有火，此是常理。如意論師卻先火而後煙，犯了常識性的錯誤。」

健馱羅王眼看自己的圖謀就要成空，看到有此時機，便不顧身份，也大聲嚷嚷：「如意錯了，如意錯了。」

實際上，如意並沒有錯。別人說有煙必有火，是從結果反推原因；如意說有火才有煙，是從原因順推結果，兩種說法當然都成立。但如意論師已經沒有辯解的機會，當他想要為自己的立論作解釋時，健馱羅國王和眾位外道卻認為自己一方已經獲勝，亂哄哄地慶祝起來，根本沒人聽聽如意要說什麼了。如意論師氣恨至極，恥於見辱，便咬斷舌根，自殺而死了。

如意論師可能是佛教僧侶中死得最冤的一位了，其死因不過是由於健馱羅王的嫉恨。實際上，健馱羅王對整個佛教並沒有一點成見，即使是對如意論師本人在學術上的

成就，此人也極為佩服。這是有證據的。

據說，後來世親為雪如意論師之恥，曾求健馱羅王再次舉行辯論，那時，健馱羅王便公開宣稱如意論師是位「哲人」了。所以，如意論師之死，不過是因為他常賜大量金錢於人，因而招致了國王的嫉妒。在王權超越一切的時代，任何一種容易引起國王氣憤的行為都是非常危險的，如意之死也就可以想見了。

∴∵道破禪機∴∵

招「妒」即是招「禍」

嫉妒是人類最普遍、最根深蒂固的感情之一。嫉妒心理對嫉妒者和被嫉妒者雙方都有很大的危害，一方面，由於嫉妒者心中容不下比自己強的人，往往不擇手段地諷刺、孤立對方，甚至產生過激行為，從而破壞了同事之間的團結；另一方面，被嫉妒者會遭遇一些「莫名」的不同程度的身體及心理傷害，比如故事中的如意論師，付出了一個人最沉重的代價——生命。因此，在我們的工作過程中，要遠離嫉妒這一萬惡之源，在不嫉妒他人的基礎上，更要注意說話、做事的分寸，不要招惹他人的嫉妒。

在遠古時代，摩伽陀國有一位國王飼養了一群象。象群中，有一頭象長得很特殊，全身白皙，毛柔細光滑。後來，國王將這頭象交給一位馴象師照顧。這位馴象師不只照顧它的生活起居，也很用心教它。這頭白象十分聰明、善解人意。過了一段時間之後，人象之間已建立了良好的默契。

313

有一年，這個國家舉行一個大慶典。國王打算騎白象去觀禮，於是馴象師將白象清洗裝扮了一番，在它的背上披上一條白毯子後，才交給國王。

國王就在一些官員的陪同下，騎著白象進城看慶典。由於這頭白象實在太漂亮了，民眾都圍攏過來，一邊讚歎，一邊高喊著：「象王！象王！」這時，騎在象背上的國王，覺得所有的光彩都被這頭白象搶走了，心裡十分嫉妒。他很快地繞了一圈後，就不悅地返回王宮。一入王宮，他問馴象師：「這頭白象有沒有什麼特殊的技藝？」

馴象師問國王：「不知道國王您指的是哪方面？」

國王說：「它能不能在懸崖邊展現它的技藝呢？」

馴象師說：「應該可以。」

國王就說：「好，那明天就讓它在波羅奈國和摩伽陀國相鄰的懸崖上表演。」

隔天，馴象師依約把白象帶到那處懸崖。國王就說：「這頭白象能以三隻腳站立在懸崖邊嗎？」

馴象師說：「這簡單。」他騎上象背，對白象說：「來，用三隻腳站立。」果然，白象立刻就縮起一隻腳。

國王又說：「它能兩腳懸空，只用兩腳站立嗎？」

「可以。」馴象師就叫它縮起兩腳，白象很聽話地照做。

國王接著又說：「它能不能三腳懸空，只用一腳站立？」

馴象師一聽，忙說：「這不行，白象會死的！」

國王冷笑一聲，說：「你讓它照做！」

故事的結局很悲慘——白象掉入了懸崖。

故事中「國王」可以看做是我們工作中的主管或同事，你的優秀如果讓他們產生嫉妒的情緒，那麼，你也很可能被推上「懸崖」。所以，有才華、有能力並沒有錯，錯的是太張揚，遭人嫉妒。在我們的工作中，要有意識地避免鋒芒畢露、功高蓋主，職場即戰場，謹慎行事為上。

⋯禪林清音⋯

嫉妒，是難以踢開的絆腳石。

11. 儒生進城

明代，一位儒生從鄉下進城去，隨行的書童挑著很多的書。漸行到傍晚了，他開始擔心天黑前進不了城，而這時一條河擋住了前進的道路，幸好有一位禪師在此擺渡。

儒生急切地問禪師：「我們是否能在城門關閉之前趕到？」

禪師認真打量了書童幾眼，說道：「你們若是徐徐而行，還可以在城門關閉之前到達；若是急急忙忙趕路，恐怕就不能在城門關閉之前趕到了。」

雖說佛、道、儒三者同理，但儒與佛畢竟是兩家。儒生認為禪師是正話反說，故意調侃，很有些惱火：若是快速前進趕不到，慢慢而行豈能到達？

儒生可不想露宿荒郊野外，所以就一個勁兒督促書童向前趕路。可是，沒走多遠，只顧挑著書籍一溜小跑的書童，沒有注意腳下，被石頭絆了一跤，擔子摔出老遠，捆書的繩子也斷了，書籍散了一地。小書童還磕破了膝蓋，

疼得啼哭抹淚，半天才爬起來。等他們重新收拾好書籍，趕到城下時，那兩扇無情的大門已經關閉了。

儒生和書童想快點趕路是對的，但就是因為求快而在忙亂中失誤了，結果不但沒快反而更慢了。

‧‧道破禪機‧‧

欲速則不達

在「時間就是金錢」的現代社會裡，一切講求快速；放眼望去，吃的是「速食麵」，讀的是「速成班」，走的是「捷徑」，渴望的是「瞬間發財」，以至於造成社會追逐功利、普遍短視的現象。

速度，有時候不見得是一件好事。

有個小孩在草地上發現了一個蛹，他撿回家，要看蛹如何羽化成蝴蝶。

過了幾天，蛹上出現了一道小裂縫，裡面的蝴蝶掙扎了好幾個小時，身體似乎被什麼東西卡住了，一直出不來。

小孩於心不忍，心想，我必須助它一臂之力。所以，他拿起剪刀把蛹剪開，幫助蝴蝶脫蛹而出；可是它的身體臃腫，翅膀乾瘦，根本飛不起來。

小孩以為幾小時之後蝴蝶的翅膀會自動舒展開來；可是他的希望落空了，一切依舊，那隻蝴蝶註定要拖著臃腫的身子與乾瘦的翅膀，爬行一生，永遠無法飛翔了。

大自然的道理是非常奧妙的，每一個生命的成長都充滿了神奇與莊嚴，瓜熟蒂落，水到渠成。蝴蝶一定得在蛹

中痛苦地掙扎，一直到它的雙翅強壯了，才會破蛹而出。小孩善意的一剪，反而害了它的一生。

從這個故事裡，我們可以體會出揠苗助長、欲速不達的真諦。磨鍊、挫折、掙扎，這些都是成長必經的過程。別忘了日本名將德川家康的一句名言：「人生必須背負重擔，一步一步慢慢地走。」

大學畢業後，聰明、漂亮的鍾燕決心要出人頭地，她希望自己在同學中搶先獲得自己的「第一桶金」。鍾燕的專業是服裝設計，本來畢業時是和一家著名的服裝企業簽了工作意向的，但由於那家企業在外地，鍾燕經過考慮沒有去。如果去了，鍾燕將會受到系統的專業學習和鍛鍊，並將一直會沿著服裝設計的路子走下去。可是一想到會幾十年在一個不變的環境裡工作，可能永遠沒有出頭之日，這點讓鍾燕徹底斷絕了去那裡的念頭。

她在台北找了幾家做服裝的公司，可是大公司不願意要沒有經驗的學生，小公司的條件又讓鍾燕看不上，無奈只有轉行，到一家貿易公司做市場行銷。

一段時間以後，由於業績遲遲得不到提高，鍾燕感到身心疲憊，對工作產生了厭倦。心氣很高的她感到還是自己幹更好，於是聯繫了幾個同學一起做服裝生意。本以為自己科班出身，做服裝生意有優勢，可是服裝銷售和服裝設計畢竟不是一回事，不到半年，生意虧本不說，同學間也因為利益不均鬧得不歡而散。無奈，鍾燕只好再找地方打工，掙了錢用於還債。由於對工作環境的不滿意，鍾燕又換過幾個地方，幾年下來，她感到幾乎找不到自己前進的方向了。專業知識忘得差不多了，由於沒有實踐經驗，

再想做已經很難。經歷倒是很豐富，跨了幾個行業，可是沒有一段經歷能稱得上成功。現實的殘酷使鍾燕陷入很尷尬的境地，這是她當初無論如何沒有想到的。

像鍾燕這樣不滿足於現狀的人，總是希望命運能青睞自己，給予自己更多的賞賜，他們忘記了「一個人要學會循序漸進，不要幻想一步登天」。假如她懂得先紮紮實實幹好一份工作，然後再去尋找有沒有更好的機會，一步一步走向成功，就不會有今天的局面了。

充滿幻想有時候會成為一種動力，有時候也會成為一個陷阱。任何成功都需要積累，需要付出，甚至需要大量的、長時間的奮鬥。沒有端正心態，被不切實際的目標所驅使，就會忘掉循序漸進、步步為營的處世原則，使自己陷入徒勞和無奈。

‧‧禪林清音‧‧

人之所以痛苦，在於追求錯誤的東西。

做人很難，但只要有一顆慈悲心就不難。

——淨心長老法語

國家圖書館出版品預行編目資料

禪林清音・工作篇／范天涯　著
　　──初版，──臺北市，大展，2013〔民102.06〕
　　面；21公分，──（心靈雅集；77）
　　ISBN 978-957-468-954-5（平裝）

224.515　　　　　　　　　　　　　102006626

禪林清音・工作篇

著　　者／范　天　涯

責任編輯／魯　金　良

發 行 人／蔡　森　明

出 版 者／大展出版社有限公司

社　　址／台北市北投區（石牌）致遠一路2段12巷1號

電　　話／(02) 28236031・28236033・28233123

傳　　真／(02) 28272069

郵政劃撥／01669551

網　　址／www.dah-jaan.com.tw

E-mail／service@dah-jaan.com.tw

登 記 證／局版臺業字第2171號

承 印 者／傳興印刷有限公司

裝　　訂／建鑫裝訂有限公司

排 版 者／千兵企業有限公司

授 權 者／安徽教育出版社

初版1刷／2013年（民102年）6月

定　價／250元

大展好書　好書大展
品嘗好書　冠群可期

大展好書 好書大展
品嘗好書 冠群可期